前近代南インドの
社会構造と社会空間

水島 司

東京大学出版会

A Study of the Social Structure and Spheres
in Pre-Modern South India
Tsukasa MIZUSHIMA
University of Tokyo Press, 2008
ISBN978-4-13-026133-3

図表 I-1 チングルプット（ジャーギール地域）

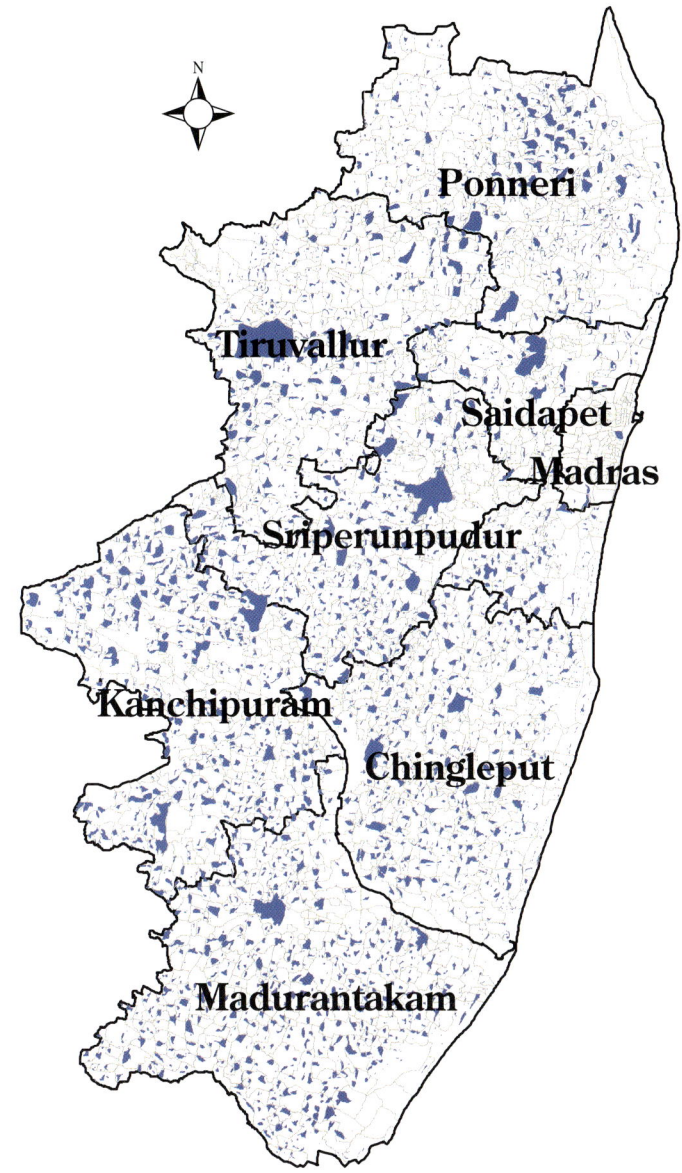

図表 I-4A 役人の分布（ポンネリ地域）

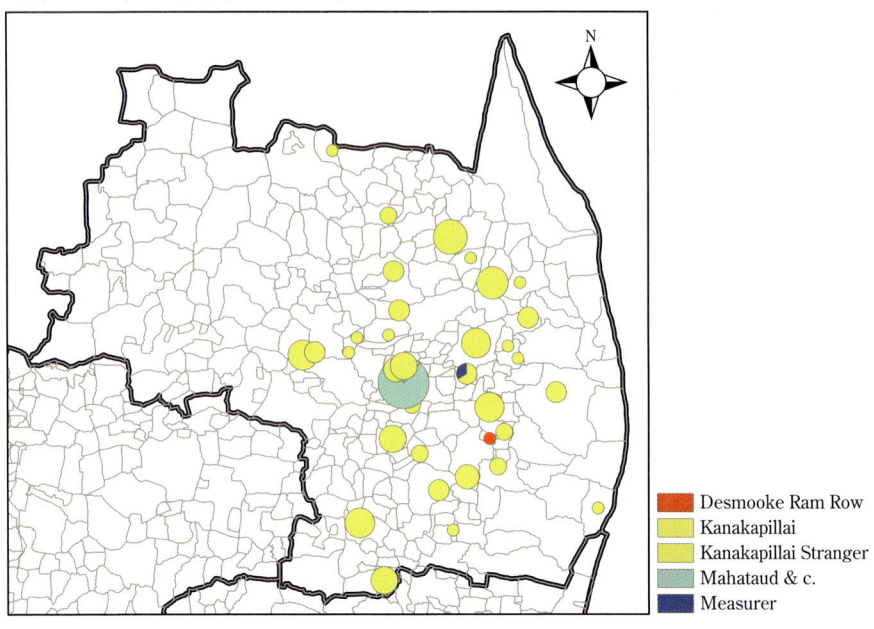

図表 I-4B 治安維持関係者の分布（ポンネリ地域）

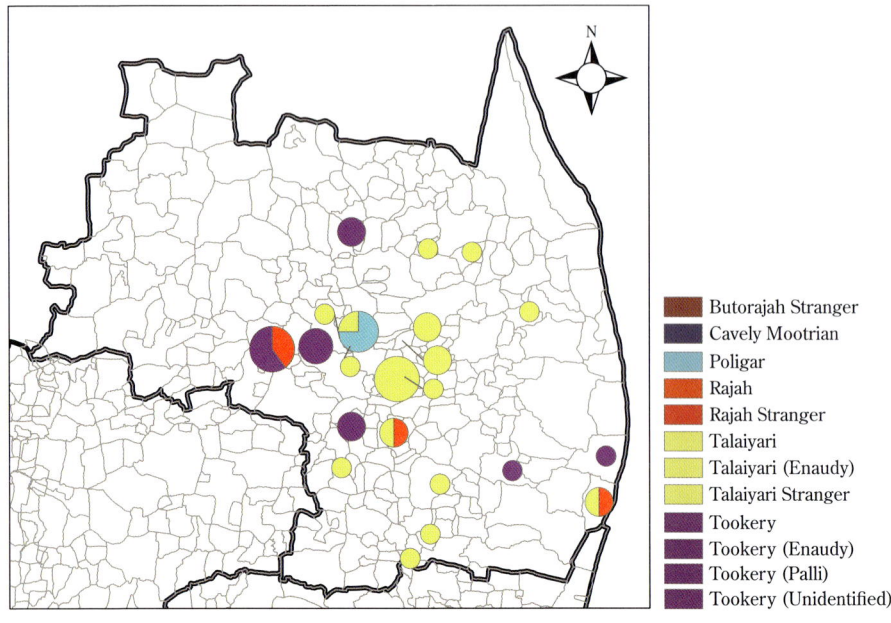

図表 I-4C　村落職人の分布（ポンネリ地域）

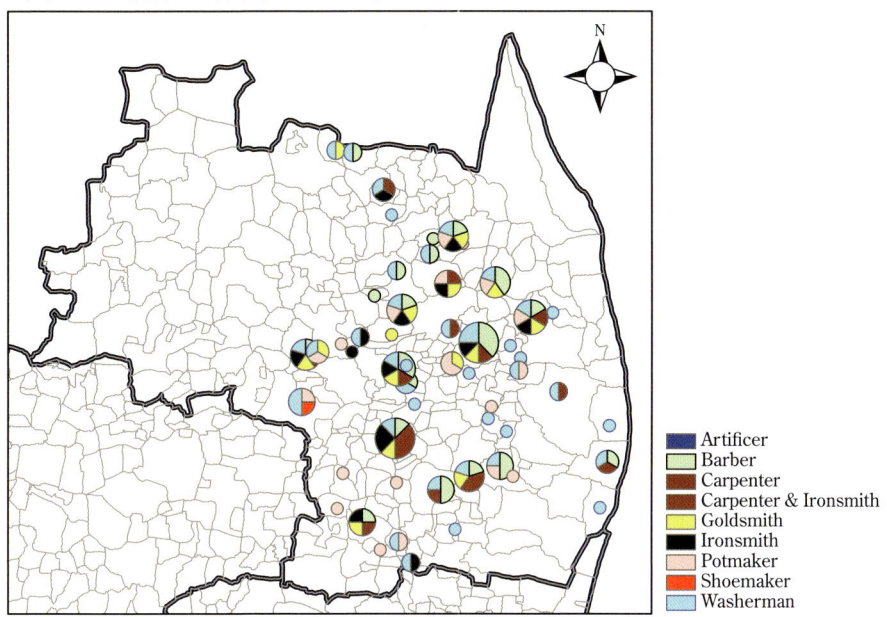

図表 I-4D　商工関係者の分布（ポンネリ地域）

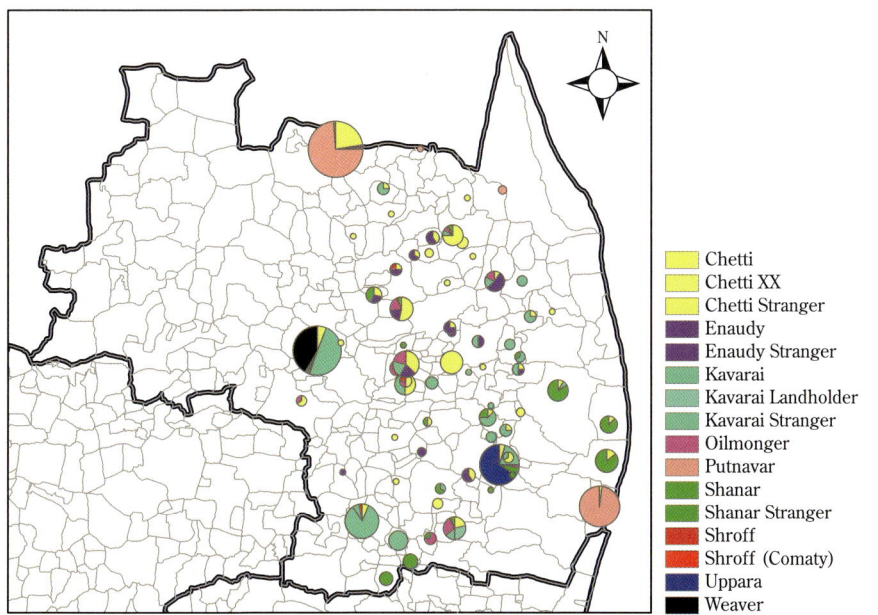

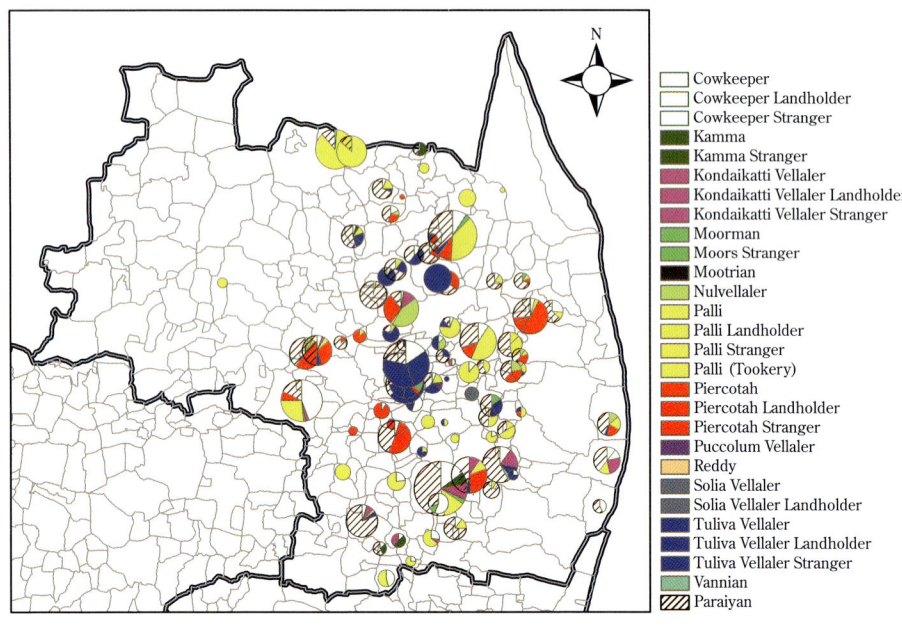

図表 I-4E　農業従事者の分布（ポンネリ地域）

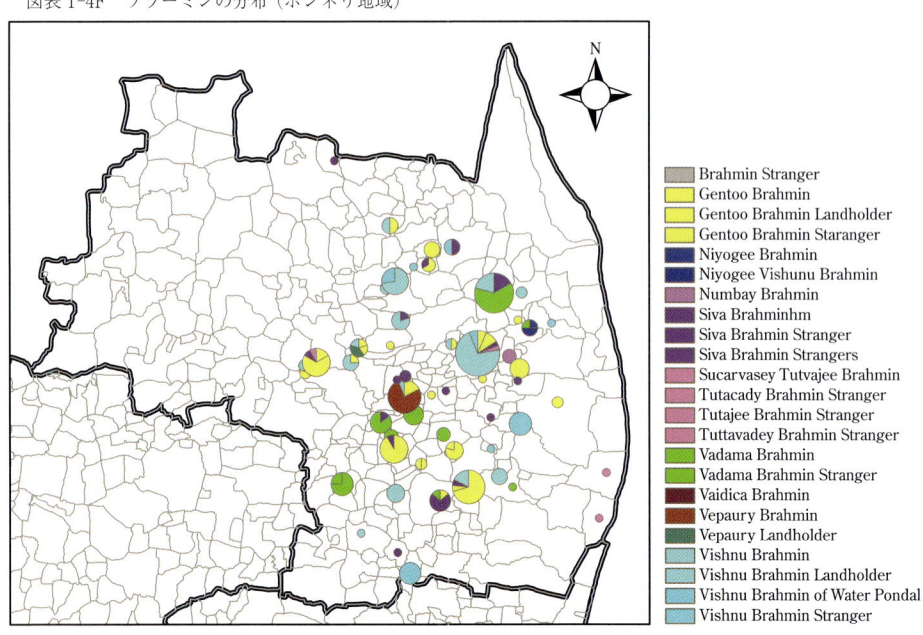

図表 I-4F　ブラーミンの分布（ポンネリ地域）

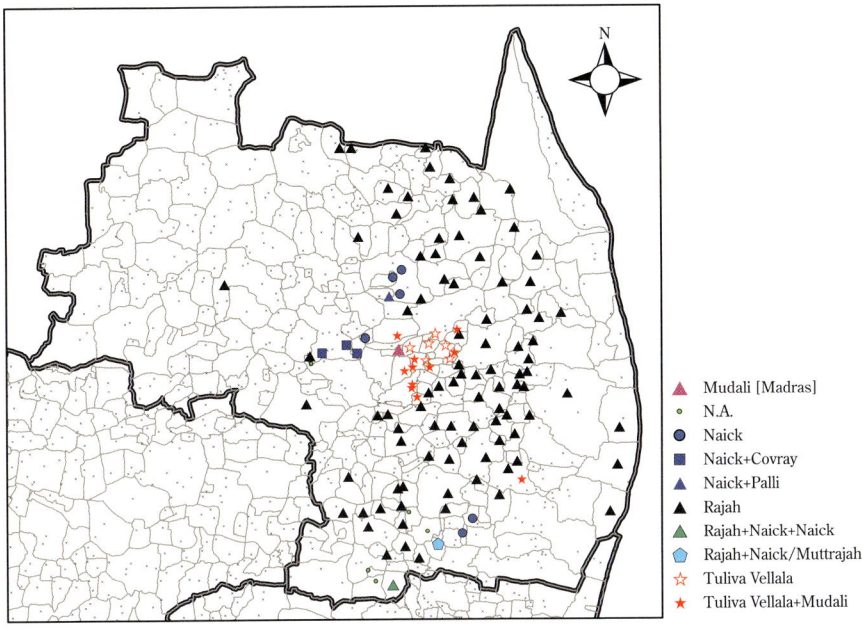

図表 I-7 ポリガールの称号・カースト分布

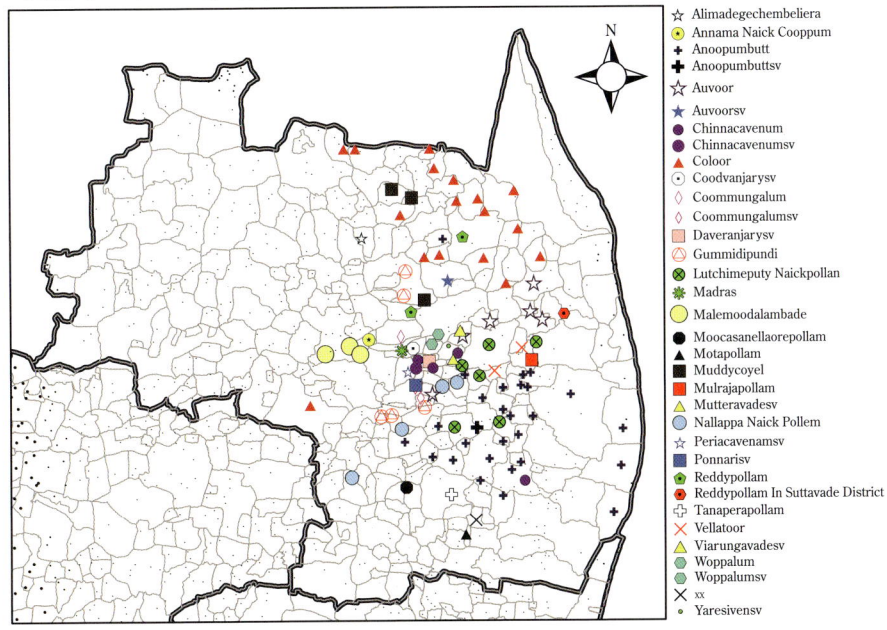

図表 I-8 ポリガール村の分布（ポンネリ地域）

図表 I-15A 役人の分布
　　　　　（シャーラーヴァッカム地域）

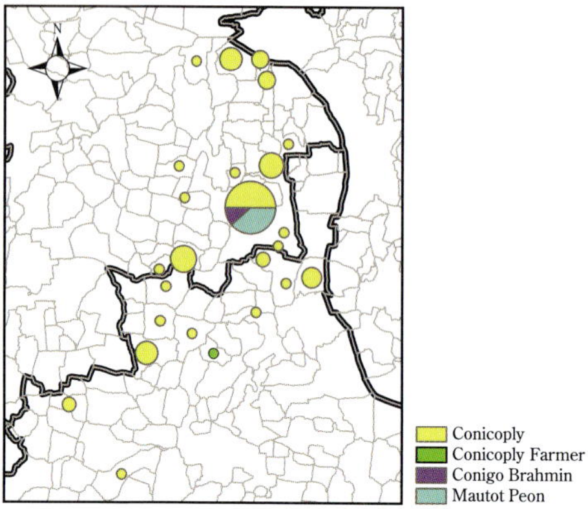

図表 I-15B 商業関係者の分布
　　　　　（シャーラーヴァッカム地域）

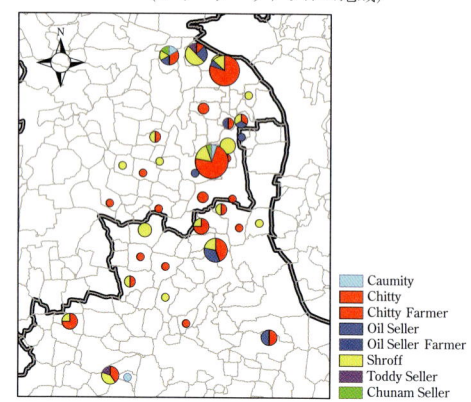

図表 I-15C 軍事関係者の分布
　　　　　（シャーラーヴァッカム地域）

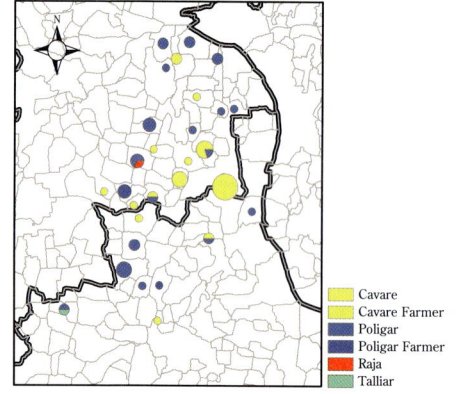

図表 I-15D 各種サーヴィス職の分布
　　　　　（シャーラーヴァッカム地域）

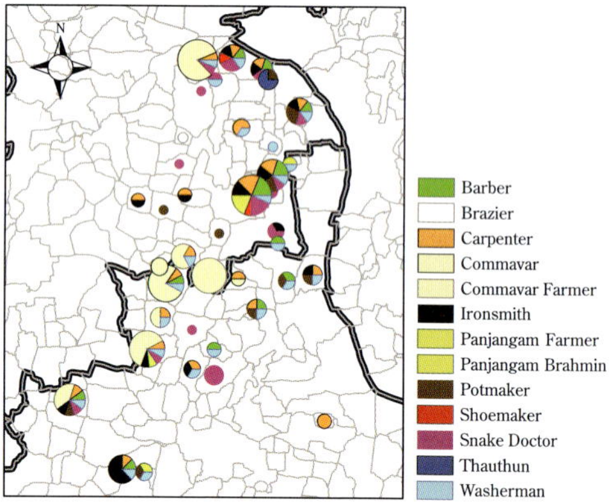

図表 I-27A 「村落機構に付随する古くからの免税地」の受け手と面積の分布（A）
(シャーラーヴァッカム地域)

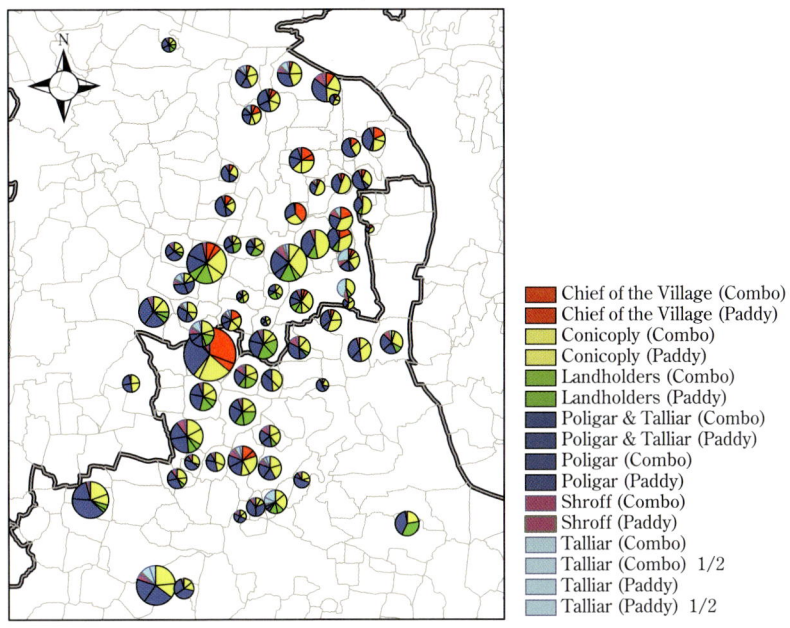

図表 I-27B 「村落機構に付随する古くからの免税地」の受け手と面積の分布（B）
(シャーラーヴァッカム地域)

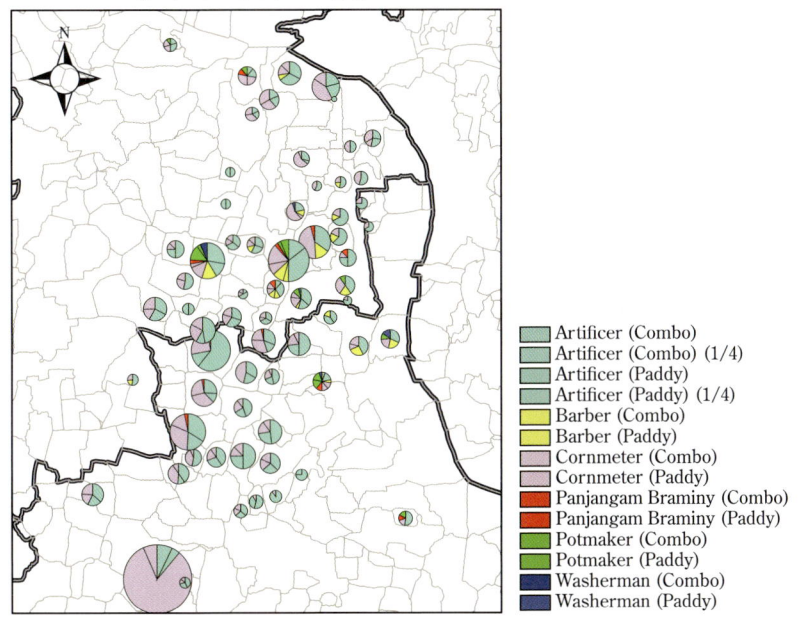

図表 I-29 「村落機構に附随する新規免税地」の受け手と面積の分布
（シャーラーヴァッカム地域）

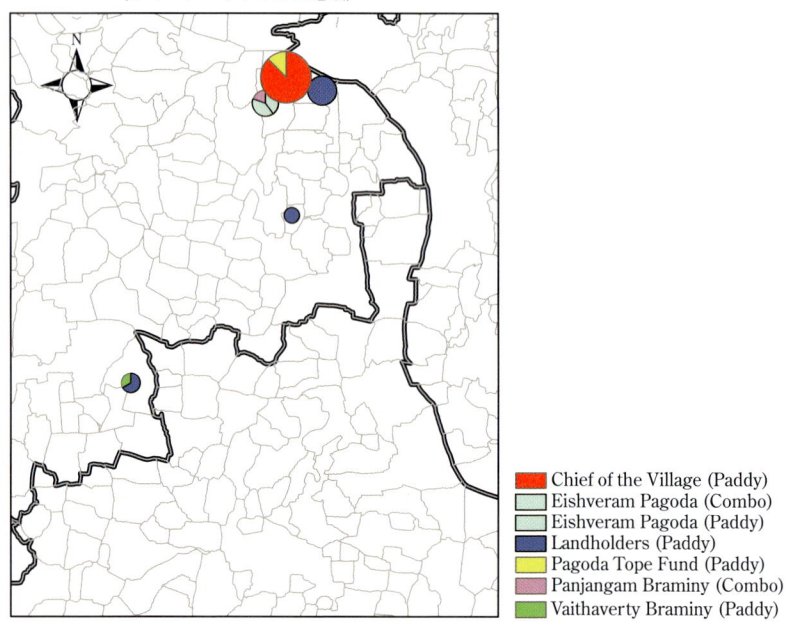

図表 I-34 「村外者の財産である古くからの免税地」の主な受け手の分布
（シャーラーヴァッカム地域）

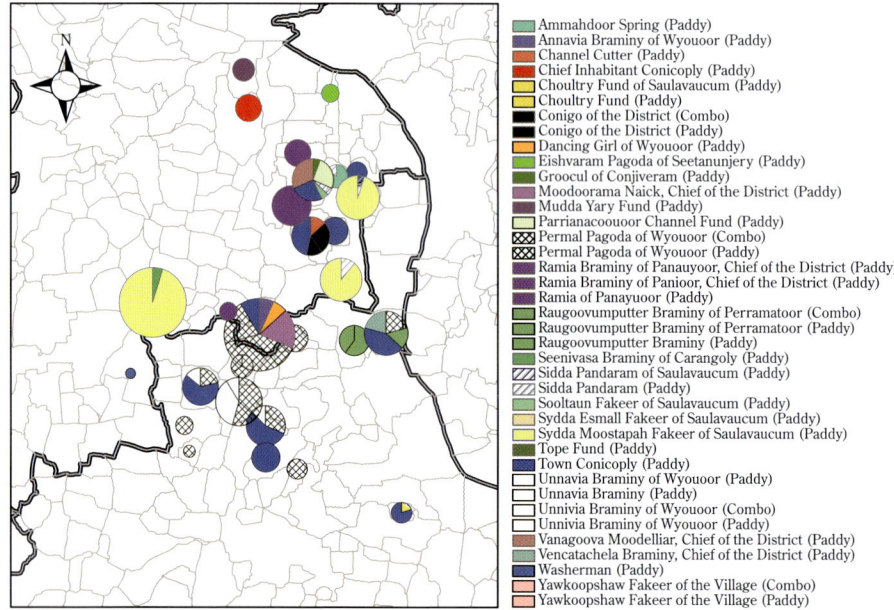

図表 I-37 「村外者の財産である新規免税地」の主な受け手の分布
　　　　（シャーラーヴァッカム地域）

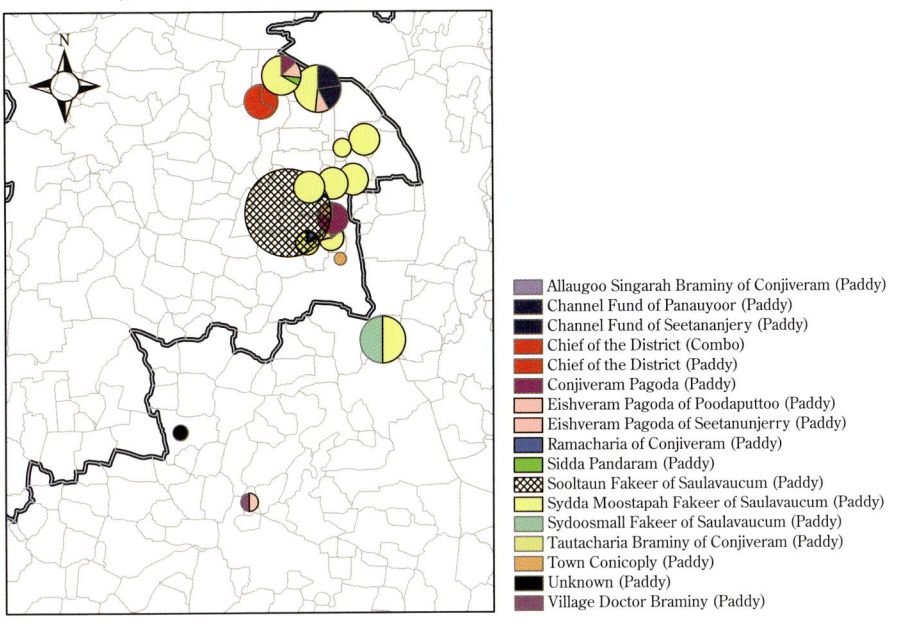

図表 I-44 「計量前に支払われる手当」の受け手の分布　（シャーラーヴァッカム地域）

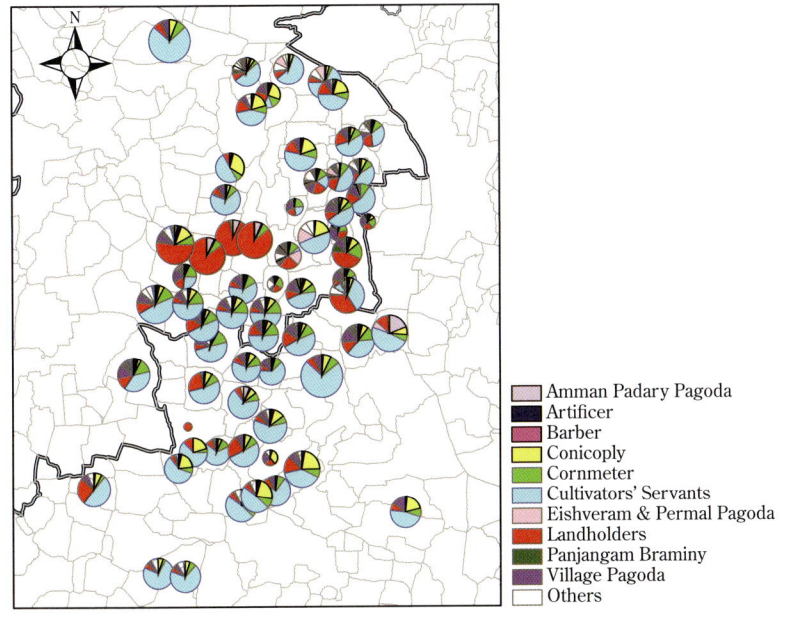

図表 I-47 「国家と耕作者が折半する手当」の受け手の分布（シャーラーヴァッカム地域）

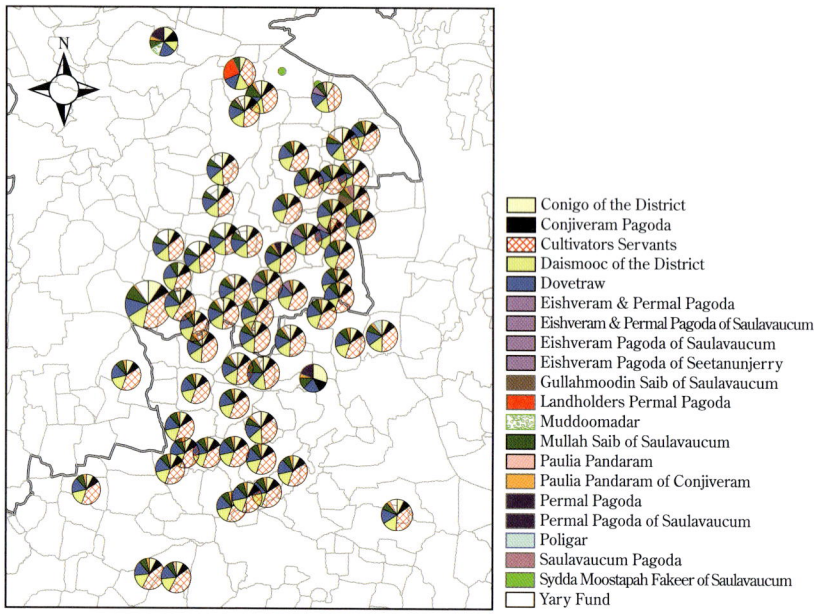

図表 I-50 「国家のみによって支払われる手当」の受け手の分布（シャーラーヴァッカム地域）

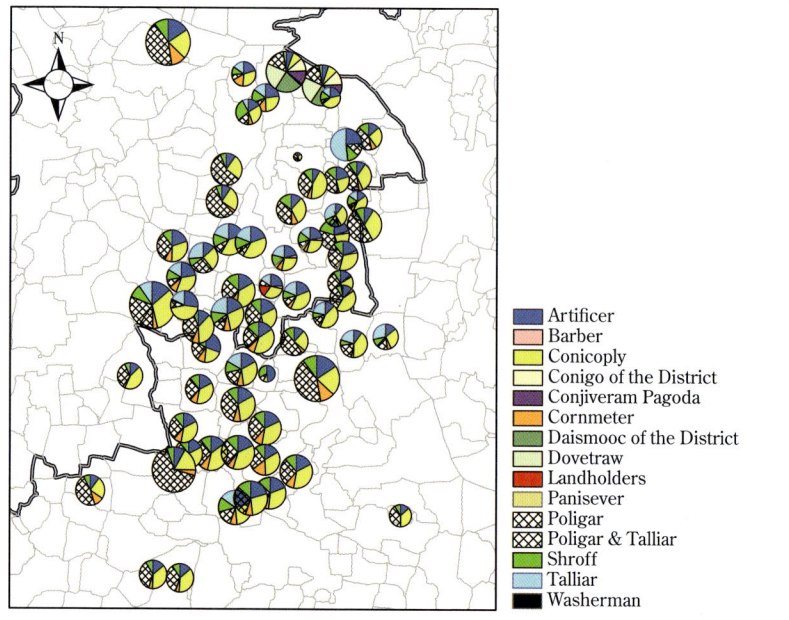

図表 I-65　寺院権益の広がり（チングルプット地域）

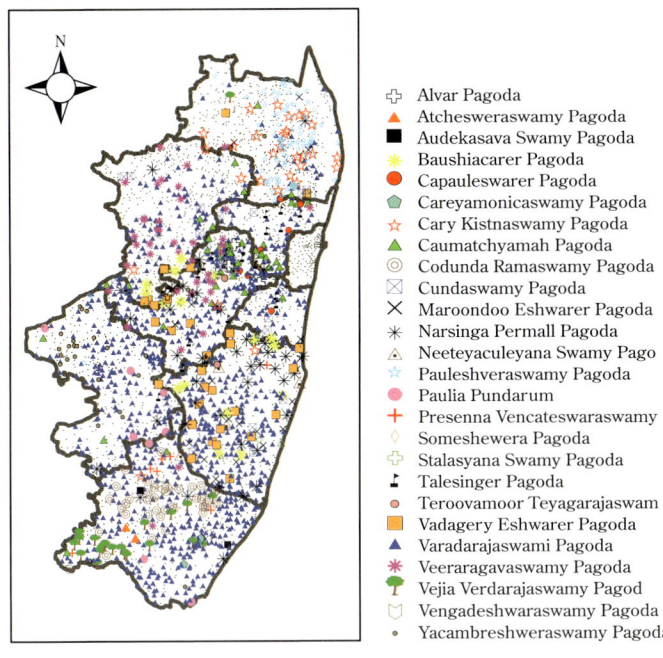

図表 I-71B　新規免税地の年別与え手構成グラフ（ポンネリ地域）

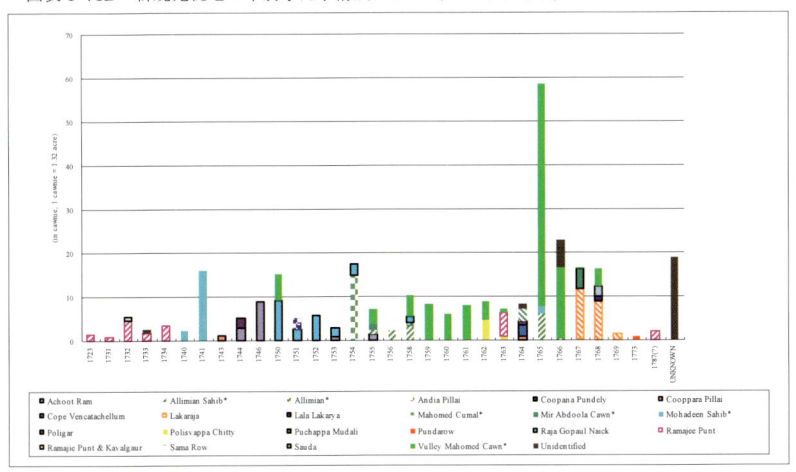

Source:『バーナード報告』(vol. 68, Ponnary) より作成
Notes: 1. ＊はムスリム
　　　 2. 人名の表記方式が原史料では一定しておらず，また，手書きであるために，一部で非常に読み取りが困難な場合がある。その結果，同一人物が別の人物として集計されている場合がありうる。

図表Ⅲ-9　ポンネリ地域におけるミーラーシダールのカースト構成

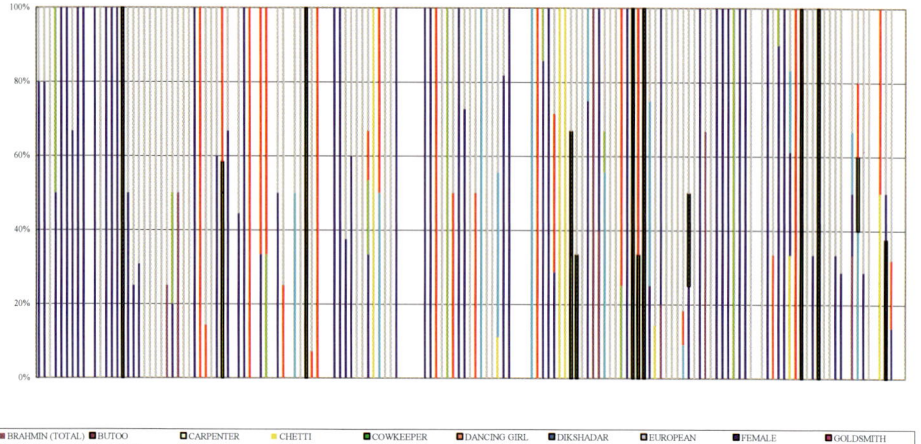

図表Ⅲ-10　ポンネリ地域におけるミーラーシダールのカースト別シェア構成

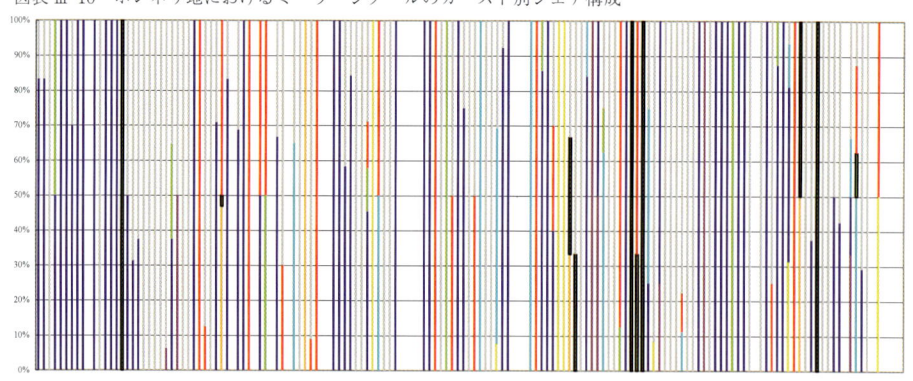

Source：『ミーラーシダール権益調査報告』より作成

図表Ⅲ-13 マガン別ミーラーシダールのカースト構成

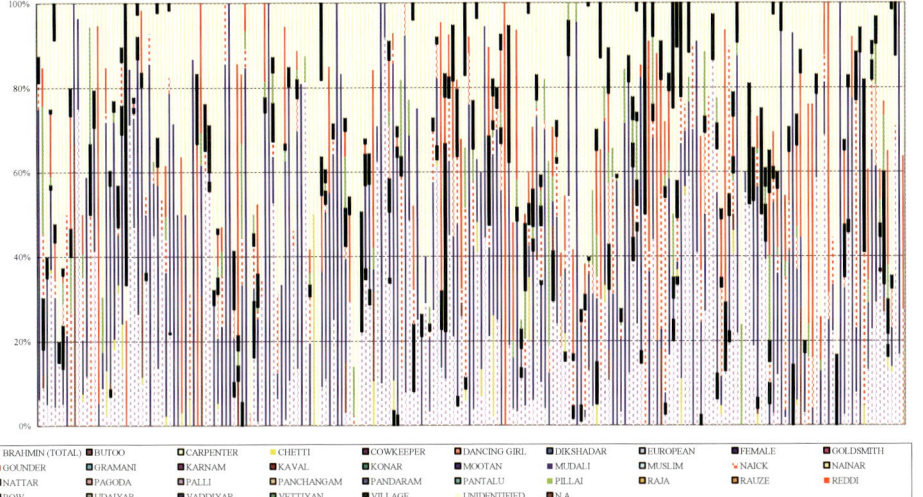

Source:『ミーラーシダール権益調査報告』より作成

図表Ⅲ-14 マガン別ミーラーシダールのカースト別シェア

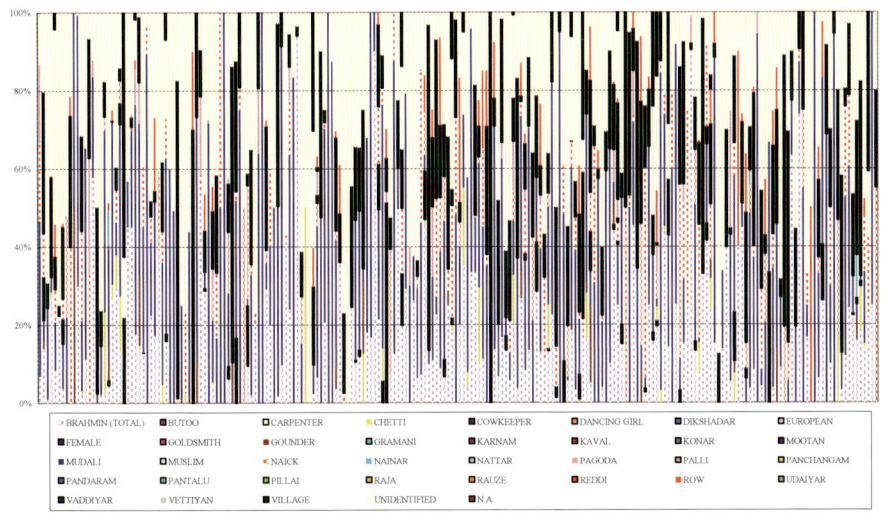

Source::『ミーラーシダール権益調査報告』より作成

図表Ⅲ-18 新規免税地がミーラーシダールに対して与えられている村々の位置

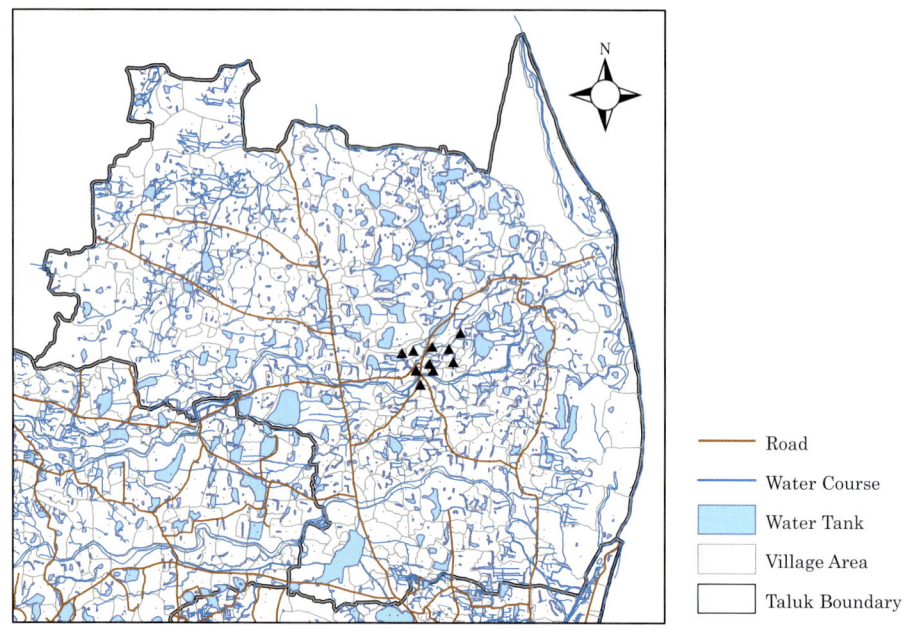

図表Ⅲ-19 ミーラーシダールがポリガール職についている村と新規に免税地を得た村の分布

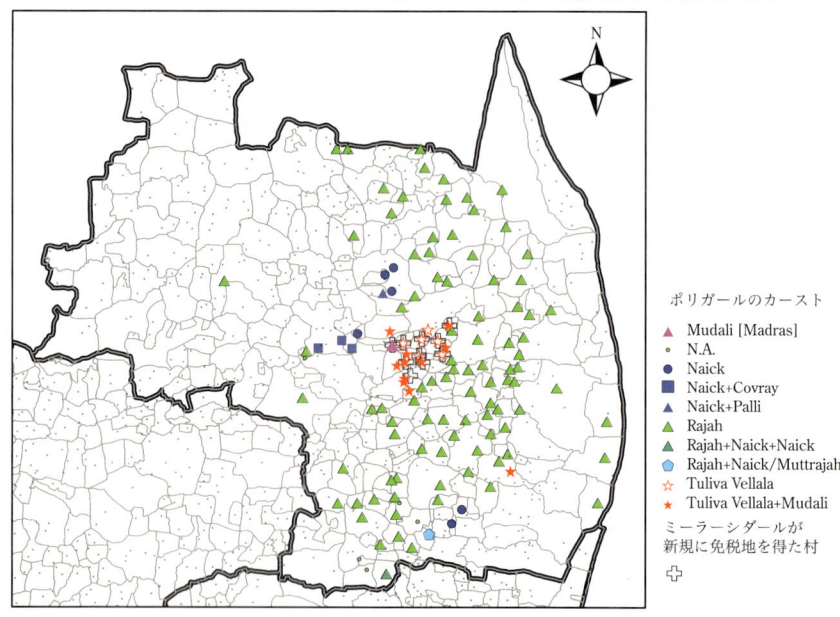

はじめに

　本書は，18世紀半ばから19世紀初頭にかけて南インド社会に生じた社会変化を，チングルプット地域（植民地支配初期にはジャーギール（Jagir）と呼ばれた。2007年時点ではティルヴァッルール県（Thiruvallur）とカーンチーブラム県（Kancheepuram）に相当）を事例として解明しようとするものである。筆者は，南インドのいくつかの地域を対象に，18世紀半ばから20世紀後期の社会変化に関して，これまで，*Nattar and the Socio-Economic Change in South India in the 18th-19th Centuries*（東京外国語大学アジア・アフリカ言語文化研究所，1986），『18-20世紀南インド在地社会の研究』（東京外国語大学アジア・アフリカ言語文化研究所，1990）をはじめとしていくつかの論考を発表してきた。最近になり，以来20年前後にわたって継続してきた関連資料の電算機処理をようやく終えることができたことから，本書ではその処理結果を地理情報システム（GIS : Geographical Information System）と結合させ，空間的な分析を進めた。これらの作業の結果，実証部分の厚みが格段に増しただけではなく，より明快な分析結果の提示をおこないえたと思っている。

　従来の筆者の議論と比較して，新たな論点として登場しているのは，第一にミーラーシダールと呼ばれる村落領主層の中から村落リーダーが台頭し，両者の間には根本的な性格の違いがあるとした点である。両者ともミーラーシダールと呼ばれていたことから，その性格の違いを理解することが難しかったが，本書においてはその歴史的役割が全く異なることをさまざまな角度から論じた。第二に，前書の刊行段階と比べ大きく前進した18世紀に関する研究，特に活発に展開されている「18世紀問題」論争との関連で，新たな視点を本書での議論にとりいれることができた。たとえば，本書の中核的な議論である村落リーダーの性格を，18世紀問題での中間者論と関連させて議論することができた。第三に，17～18世紀の国際的な交易活動の重要な一分肢である綿布および地金の国際的な動きと，南インドの内的（自生的）な発展のリンケージを示

した。この点については，筆者はこれまでの論著の中でも，かなり早い時点から議論してきたつもりであるが，近年装いを新たに展開してきているグローバル・ヒストリーへの関心をもつ読者や，南インド地域史への関心を一義としない読者もいるであろうから，この点はあらためて強調しておきたい。

南インドでは，極めて早い時点でかなりおおざっぱな形で実施されたザミンダーリー制に比べて，はるかに肌理の細かい調査と準備が必要であったライヤットワーリー制が主に実施されたために，村落レベルの資料や，個人名のわかる資料が比較的多く残されている。本書は，これらの資料のデジタル化のみでも，極めて長い時間と労力，経費をかけて準備することになったが，その際，三菱財団，文部科学省，学術振興会から研究費の助成を受けた。ここに記して謝意を表したい。また，大量の手書き数値資料をデジタル化し，さらには綿密なデバッグの作業を続けて下さった方々，特に丸山弘子，チェン・スーリンのお二人は，本書の影の執筆者とも言える存在である。これらの根気の要る作業は，本書の基本作業の大半を占めるものと言って過言ではない。

地理情報システムに関しては，「イスラーム地域研究」（代表　佐藤次高）第四班「地理情報システムによるイスラーム地域研究」（代表　岡部篤行）の諸メンバー，特に，岡部篤行，貞広幸雄，増山篤の三氏に多くの御教示をいただいた。くわえて，高橋昭子，南埜猛両氏にも，度々技術的助言をいただいた。資料収集においては，1970年代からタミルナード州立文書館で資料の利用やマイクロ撮影の便宜をはかっていただいたし，旧インド省文書館（現英国図書館）のスタッフにも同様に多くの協力と助言をいただいた。いくつもの内外の研究会や学会などで本書と連関する報告をおこなってきたが，その際にも多くの方々から御意見をいただくことができた。調査地のインドの人々をはじめ，多くの名前をあげることのできない方々にお世話になった。深く感謝する次第である。

なお，本書の分析は多くの図表をもとにしているが，出版上の理由からその全てを印刷することができなかった。GIS分析において図表は根本的な意味を持ち，したがってそれを公開し，他の研究者に供することが不可欠であると筆者は考えている。とりわけ議論の元になっている統計に関しては，デジタルデータの形で提供することが今後の研究の発展にとって重要である。本書では，東京大学出版会の山本徹氏に特に御配慮いただき，それら関連する図表の全て

をCD-ROMの形で提供し，行論上必要不可欠なものについてのみ印刷することとした。この場合，全ての図表には章ごとに通し番号「図表I-1, I-2……」を付け，それらのうちCD-ROMのみに収録されている図表については，通し番号を踏襲しながら本文中に「図表I-2A（CD），図表I-2B（CD）……」という形で表記した。多少煩雑であろうが，CD-ROMについても参照していただければ幸いである。

　本書の出版にあたっては，日本学術振興会より平成19年度科学研究費補助金（研究成果公開促進費：課題番号195082）の助成を受けたことを記し，謝意を表したい。

2007年12月

水　島　　司

目　次

はじめに　i
図表一覧　viii

序　論 …………………………………………………… 1

インドの18世紀／18世紀問題／ベイリーの中間層論／無任所資本家／中間層と中間者／脆弱な権力と大きな権益／社会的文法／社会的文法の変化／ナーッタール・ミーラーシダール・村落リーダー／ミーラーシダールと村落リーダー／ミーラース体制と商工業活動の展開／農村－都市間の農産物取引／本書の課題／手法／章構成と主な資料／空間的位置・日付・出典の表記および単位について

第1章　18世紀南インドの在地社会とミーラース体制 ………… 35

第1節　在地社会での生産と分業 ………………………… 35
ポンネリ地域のカースト構成と分業／ポンネリ地域のカースト構成の特徴／シャーラーヴァッカム地域のカースト構成と分業／在地社会の広がり／チングルプット全域の経済活動

第2節　ミーラース体制 …………………………………… 53
農業生産と消費市場／農業従事者と非農業従事者／『バーナード報告』／ミーラーシダール／免税地／手当／国家の取り分／『ティルヴェンディプラム報告』／主な村落サーヴィス職の手当と特権／共通手当（joint charges）／国家と耕作者との取り分／ナーッタールの権益／ナーッタールとミーラーシダール／寺院の権益／ポリガールの権益

第3節　社会的文法 ………………………………………… 100
ミーラース体制とカースト／ミーラース体制と国家／国家と軍事領主／国家と寺院／社会的文法／ミーラース体制の変容

第2章　商業交易活動の展開とミーラース体制の崩壊 ………… 115
　第1節　商工業活動の展開 ……………………………………… 115
　　　　　商工業活動／ミーラース体制と商工業活動／国家と商工業活動
　　　　　／ミーラース権の売買
　第2節　農村―都市間の交易の展開 …………………………… 131
　　　　　海外交易の展開／綿業／綿布生産の拡大と地金流入／植民地都
　　　　　市の成長と農産物取引／植民地都市の成長の経済的要因／植民
　　　　　地都市の成長の政治的要因／植民地都市の成長と国内政治要因
　　　　　／農産物取引規模の算定方法／マドラスにおける農産物取引の
　　　　　試算／マドラスでの農産物取引の試算結果／ポンディチェリに
　　　　　おける農産物取引の試算／ポンディチェリの農産物取引試算結
　　　　　果／農産物取引額と税額
　第3節　ミーラース体制の変質と商業交易活動の展開 ………… 179
　　　　　商品・運輸ネットワーク／商人とその役割／まとめ

第3章　村落リーダーの台頭と18世紀の政治経済変動 ……… 189
　第1節　ミーラーシダール …………………………………… 194
　　　　　ミーラーシダールの数と分布／ミーラーシダールの村落領有／
　　　　　複数の村落にシェアをもつミーラーシダール
　第2節　ミーラーシダールとカースト構造 …………………… 200
　　　　　ミーラーシダールとカースト／ミーラーシダールの支配とカー
　　　　　スト構造／村落と在地社会
　第3節　村落リーダーの出現 ………………………………… 210
　　　　　『バーナード報告』での村の長，住民の長／村落領主層と村落
　　　　　リーダーの異同／『ミーラーシダール権益調査報告』での村落
　　　　　領主層と村落リーダー
　第4節　ミーラーシダール権益の取引 ………………………… 218
　　　　　ミーラーシダール権益の取引／ミーラーシダール権益の取引例
　　　　　／遠方のミーラーシダールによるミーラース権所有例／無人の
　　　　　村のミーラーシダール権益取引／商業交易活動の展開とミー
　　　　　ラーシダール権益取引
　第5節　村落リーダーの活動 ………………………………… 229
　　　　　村の長による徴収と支出

結　語 …………………………………………………………… 241

参考文献　243
索　　引　254

図表一覧

紙幅の都合から、以下の一覧にある図表の全てが付録の CD-ROM に収録されているものの、本書に印刷されているのはその一部だけである。下記の図表のうち、CD-ROM のみに収録され本書中に印刷されていないものは、CD とした。また、それら CD-ROM のみに収録されている図表については、本文中で、図表 I-2A（CD）、図表 I-2B（CD）……という形で図表番号に（CD）をつけて表記した。

第1章

I-1	チングルプット（ジャーギール地域）	口絵
I-2A	村名（ポンネリ地域）	CD
I-2B	Map Code（ポンネリ地域）	CD
I-3	村別カースト構成（ポンネリ地域）	CD
I-4A	役人の分布（ポンネリ地域）	口絵
I-4B	治安維持関係者の分布（ポンネリ地域）	口絵
I-4C	村落職人の分布（ポンネリ地域）	口絵
I-4D	商工関係者の分布（ポンネリ地域）	口絵
I-4E	農業従事者の分布（ポンネリ地域）	口絵
I-4F	ブラーミンの分布（ポンネリ地域）	口絵
I-5	ポリガール別管轄村数（ポンネリ地域）	CD
I-6	カースト別ポリガール数と管轄村数（ポンネリ地域）	41
I-7	ポリガールの称号・カースト別分布（ポンネリ地域）	口絵
I-8	ポリガール村の分布（ポンネリ地域）	口絵
I-9A	村名（シャーラーヴァッカム地域）	CD
I-9B	Map Code（シャーラーヴァッカム地域）	CD
I-10	村別住居構成（シャーラーヴァッカム地域）	CD
I-11A	主な職種（シャーラーヴァッカム地域）	43
I-11B	主な職種（シャーラーヴァッカム地域）	43
I-12	マガンの分布（シャーラーヴァッカム地域）	CD
I-13	世帯構成と権益受給村数（シャーラーヴァッカム地域）	CD
I-14	権益を得ている者の村別マガン別権益一覧（シャーラーヴァッカム地域）	CD
I-15A	役人の分布（シャーラーヴァッカム地域）	口絵
I-15B	商業関係者の分布（シャーラーヴァッカム地域）	口絵
I-15C	軍事関係者の分布（シャーラーヴァッカム地域）	口絵
I-15D	各種サーヴィス職の分布（シャーラーヴァッカム地域）	口絵
I-16	村別人口（チングルプット地域）	50
I-17	土地利用（チングルプット地域）	51
I-18	各種商品作物の作付分布（チングルプット地域）	CD
I-19	商店分布（チングルプット地域）	CD
I-20	手織機の分布（チングルプット地域）	CD
I-21	カースト構成（アフラパーッカム村）	55
I-22	地目構成（アフラパーッカム村）	57
I-23	地目構成（シャーラーヴァッカム地域）	57
I-24	「村落機構に付随する古くからの免税地」の受け手（アフラパーッカム村）	

図表一覧 ix

		……58
I-25	「村落機構に付随する古くからの免税地」の受け手（シャーラーヴァッカム地域）	……CD
I-26	「村落機構に付随する古くからの免税地」の主な享受者と面積（シャーラーヴァッカム地域）	……60
I-27A	「村落機構に付随する古くからの免税地」の受け手と面積の分布（A）（シャーラーヴァッカム地域）	……口絵
I-27B	「村落機構に付随する古くからの免税地」の受け手と面積の分布（B）（シャーラーヴァッカム地域）	……口絵
I-28	「村落機構に附随する新規免税地」の村別受け手構成と面積（シャーラーヴァッカム地域）	……CD
I-29	「村落機構に附随する新規免税地」の受け手と面積の分布（シャーラーヴァッカム地域）	……口絵
I-30	村外者の財産である古くからの免税地（アフラパーッカム村）	……61
I-31	村外者の財産である新規免税地（アフラパーッカム村）	……61
I-32	「村外者の財産である古くからの免税地」の村別受け手と面積（シャーラーヴァッカム地域）	……CD
I-33	「村外者の財産である古くからの免税地」の主な受け手（シャーラーヴァッカム地域）	……62
I-34	「村外者の財産である古くからの免税地」の主な受け手の分布（シャーラーヴァッカム地域）	……口絵
I-35	「村外者の財産である新規免税地」の村別受け手と面積（シャーラーヴァッカム地域）	……CD
I-36	「村外者の財産である新規免税地」の主な受け手（シャーラーヴァッカム地域）	……63
I-37	「村外者の財産である新規免税地」の主な受け手の分布（シャーラーヴァッカム地域）	……口絵
I-38	国家と耕作者との生産物分配比率（アフラパーッカム村）	……65
I-39	「脱穀前に支払われる手当」の受け手とその額（アフラパーッカム村）	……66
I-40A	「脱穀前に支払われる手当」の村別手当量（シャーラーヴァッカム地域）	……CD
I-40B	「脱穀前に支払われる手当」の主な受け手と村数，手当量の範囲（シャーラーヴァッカム地域）	……68
I-41	「脱穀前に支払われる手当」の主な受け手と手当の量（シャーラーヴァッカム地域）	……69
I-42	計量前に支払われる手当の受け手とその額（アフラパーッカム村）	……70
I-43	村落機構に付随する免税地，脱穀前・計量前の手当の受け手の対応表（アフラパーッカム村）	……71
I-44	「計量前に支払われる手当」の受け手の分布（シャーラーヴァッカム地域）	……口絵
I-45	「計量前に支払われる手当」の主な受け手と手当の量（シャーラーヴァッカム地域）	……72
I-46	「国家と耕作者が折半する手当」（アフラパーッカム村）	……74
I-47	「国家と耕作者が折半する手当」の受け手の分布（シャーラーヴァッカム地域）	……口絵
I-48	「国家と耕作者が折半する手当」の主な受け手と手当の量（シャーラーヴ	

x　図表一覧

I-49	「国家のみによって支払われる手当」（アフラパーッカム村）……ァッカム地域）……76	
I-49	「国家のみによって支払われる手当」（アフラパーッカム村）……	77
I-50	「国家のみによって支払われる手当」の受け手の分布（シャーラーヴァッカム地域）……	口絵
I-51	「国家のみによって支払われる手当」の受け手と手当量（シャーラーヴァッカム地域）……	78
I-52	生産物分配のモデル図（シャーラーヴァッカム地域）……	80
I-53A	村名と位置（ティルヴェンディプラム地域）……	CD
I-53B	村分布（ティルヴェンディプラム地域）……	CD
I-54	村別免税地の受け手別面積と免税地を得ている総村落数（ティルヴェンディプラム地域）……	82
I-55	村落サーヴィス職の手当・特権（免税地を除く）……	83
I-56	免税地の受け手別村別面積（ティルヴェンディプラム地域）……	CD
I-57	アリヴェッティ（Arriavetty）の見張り人の手当……	85
I-58	ティルヴェンディプラム地域のナーッタールとそれぞれの領有村（1775）……	91
I-59	ティルヴェンディプラムのナーッタールの特権……	92
I-60	受け手別免税地面積と村落数（ジャーギール地域）……	CD
I-61	受け手別手当量と村数（ジャーギール地域）……	CD
I-62	「大寺院，教団」で手当を得ている村数……	CD
I-63	宗教機関毎のザミンダーリー別権益所在村落数……	CD
I-64	ザミンダーリー地域，宗教機関毎の権益額（パゴダ金貨換算）……	CD
I-65	寺院権益の広がり（チングルプット地域）……	口絵
I-66	ポリガールのパラガナ別権益（所在村数）……	CD
I-67	ポリガールのパラガナ別権益（パゴダ金貨換算）……	CD
I-68	3人のポリガールのカンダーヤム（雑収入）の内訳……	CD
I-69	サッタヴァイド地域のポリガールの権益……	CD
I-70	新規免税地の与え手と受け手，及び面積（ポンネリ地域）……	CD
I-71A	新規免税地の年別与え手構成（ポンネリ地域）……	CD
I-71B	新規免税地の年別与え手構成グラフ（ポンネリ地域）……	口絵
I-72	18世紀南インド社会のモデル図……	109

第2章

II-1A	ジャーギール地域全体の職業構成……	CD
II-1B	ジャーギール地域全体の職業構成グラフ……	CD
II-1C	ジャーギール地域の職業構成……	116
II-2	ティルヴェンディプラム地域の商工業活動への税と手当……	CD
II-3	関税所6カ所における関税と付加手当の事例……	119
II-4A-H	ティルヴェンディプラム内の全関税所における関税と付加手当……	120（B～HはCD）
II-5	関税への付加手当の配分例……	121
II-6	ティルヴェンディプラム地域の全ての税関での手当の受け手……	CD
II-7	サッタヴァイド地域で1805年に廃止された税……	123
II-8	トゥライユール地域で1805～06年に廃止された税……	124
II-9	ウダイヤールパーライヤム地域で1805～06年に廃止された税……	124
II-10	ポンネリ地域の村々のミーラーシダール……	126

II-11	オランダ東インド会社のコロマンデルからの綿布交易	132
II-12	18世紀前半のコロマンデル地域へのイギリス東インド会社貿易	133
II-13	イギリス東インド会社の対マドラス貿易の動向 1664～1760	134
II-14	フランス東インド会社からアジアへの地金輸出量	CD
II-15	フランス東インド会社によるアジア及びインドからの輸入額	CD
II-16	イギリス東インド会社によるヨーロッパへの輸入額	135
II-17	17世紀のマドラスの人口増加	140
II-18	ポンディチェリの住民	144
II-19	Fort St. George における 1730～1760 年の農産物価格一覧	150
II-20	チングルプット地域の農産物価格例	153
II-21A	年次順パッディ・ライス価格（マドラス：1730-1760）	154
II-21B	年順パッディ価格（マドラス：1730-1760）	CD
II-21C	月順パッディ価格（マドラス：1730-1760）	CD
II-21D	価格順パッディ価格（マドラス：1730-1760）	CD
II-22	セント・デーヴィッド要塞（Fort St. David）での農産物価格	156
II-23	船乗りへの月給	159
II-24	マドラスの労働者の職種別賃金（日当）	160
II-25	ポンディチェリの農産物価格一覧	165
II-26A	年次順のパッディ・ライス価格（ポンディチェリ：1746-1760）	167
II-26B	年順のパッディ・ライス価格（ポンディチェリ：1746-1760）	CD
II-26C	月順のパッディ・ライス価格（ポンディチェリ：1746-1760）	CD
II-26D	価格順のパッディ・ライス価格（ポンディチェリ：1746-1760）	CD
II-27	ポンディチェリの町並み	CD
II-28	ポンディチェリでの農産物取引一覧	170
II-29	ポンディチェリへの農産物入荷	171
II-30	ポンディチェリのマーケットへの荷牛入荷数	CD
II-31	ポンディチェリでの賃金	175
II-32	アーナンダ・ランガ・ピッライの『日記』にある徴税請負額	178
II-33	フランス東インド会社の支配地域における徴税請負の状況	CD

第3章

III-1	ミーラーシダール数別村落数（名寄せ前）	195
III-2	ミーラーシダールのシェア別人数（名寄せ前）	196
III-3	1人のミーラーシダールが何村にシェアを持っているか（名寄せ後）	197
III-4	1人のミーラーシダールがどのような大きさのシェアを持っているか（名寄せ後）	198
III-5	ミーラーシダールの構成（名寄せ前）	201
III-6	チングルプット地域のミーラーシダールのカースト構成グラフ（名寄せ前）	202
III-7	一つの村落を1とした場合のカースト別シェア	203
III-8	チングルプット全村におけるミーラーシダールのシェア上位3カーストのシェア割合	204
III-9	ポンネリ郡におけるミーラーシダールのカースト構成	口絵
III-10	ポンネリ郡におけるミーラーシダールのカースト別シェア構成	口絵
III-11	ミーラーシダールが属するカーストと同じカーストに属する戸数割合	CD

III-12	ミーラーシダールのシェアと居住地の位置関係	205
III-13	マガン別ミーラーシダールのカースト構成	口絵
III-14	マガン別ミーラーシダールのカースト別シェア	口絵
III-15	チングルプットのマガン別上位3ミーラーシダールカースト（人数）	207
III-16	チングルプットのマガン別上位3ミーラーシダールカースト（シェア）	208
III-17	ボンネリ地域でのミーラーシダールに対する村落関係の新規免税地取引	213
III-18	新規免税地がミーラーシダールに対して与えられている村々の位置	口絵
III-19	ミーラーシダールがポリガール職についている村と新規に免税地を得た村の分布	口絵
III-20A-J	6村以上にシェアを有するミーラーシダールのシェア分布	CD
III-21	ミーラーシダールの権益売買が記録されている村落と記録内容（『バーナード報告』）	220
III-22A	カラングーリ村	CD
III-22B	アコラグラマム村	CD
III-22C	ヴィーラタナゲリ村	CD
III-22D	グーダロール村	CD
III-22E	レッタネ村	CD
III-22F	パールヴァティプーラム村	CD
III-22G	パレパライアンクッパム村	CD
III-22H	ヴァッラム村	CD

［口絵について］
1) 口絵の凡例の表記は原資料に拠った。
2) 原資料の表記において分類が異なる場合，必要以上に表記が細かくなるのを避けるため，地図上では同色を用いた。

［付録 CD-ROM について］
　本書付録の CD-ROM に収録されている図表はエクセルファイルで作成しており，Microsoft 社の Excel でみることができる。また地図については PDF ファイルとなっている。なおすべての図表・地図は一覧にしてある。

序　論

　インドの18世紀

　インド亜大陸の歴史を振り返ると，そこで成立してきた国家は，大きく三つの類型に分かれることに気づく。第一は，中央アジアや西アジアとのつながりの深いクシャーナ朝，デリー・スルタン朝，ムガル朝などに代表される国家である。これらの国家は，インド亜大陸に政権の本拠を置くことになったものの，ユーラシア大陸全体とのつながりを強くもっていた一方で，海の世界には基本的に関心を示さなかった。第二は，マウリヤ朝やグプタ朝など，ガンジス河中流域に本拠を置く国家である。これらは，ユーラシア大陸とのつながりや海とのつながりとは基本的に無関係であり，インド亜大陸の中で閉じた性格が強かった。これらのいわば「陸のインド」と呼べる二つの国家群に対して，第三の類型は，東南アジアに直接，間接に影響をおよぼした南インドのチョーラ朝やベンガルのセーナ朝，あるいは地中海世界から東南アジアを経て中国に至る東西交易ルートの重要なハブであったケーララの港市国家など，海の世界とのつながりを深く持った「海のインド」とでも呼べる国家群である。これら第三の類型に属する国家は，たとえ内陸部に支配の本拠を構えていたとしても，軍事面，財政面，あるいは文化面で，環インド洋世界とつながる世界であった。

　砂漠から亜熱帯モンスーン気候までを抱え，いくつもの大河が貫流するインドでは，インダス文明はもとより，古くからヒンドゥー教，仏教，ジャイナ教，イスラーム教，キリスト教などの大宗教が誕生し，あるいは広まり，物質世界においても精神世界においても基本的に充足した世界であった。外部世界から特に何かを求めなければならなかったわけではなく，むしろ外部からインドに何かを求めてきた者の方がはるかに多かった。したがって，17世紀までのインド史の主役をつとめてきたのは，もっぱら陸のインドに属する国家群であっ

た。

　しかし，16世紀から17世紀末まで続くムガルの平和——といっても相対的なものであるが——とその間の経済活動の拡大は，この時期にはじまるヨーロッパ商業勢力のインド亜大陸への進出と相関しながら，唯一インドに不足していたもの（金銀地金）を貪欲に欲求させるようになり，それらを持ち込む海の世界と陸のインドとの相互の関わりを飛躍的に深めた。海の世界の経済的な意味が大きく高まったのである。

　18世紀は，海の世界のプレゼンスが政治的にも大きく高まった時代であった。インドの植民地化は，19世紀前半にほぼインド亜大陸全体が植民地支配下に入ることで完成する。それに先立つ18世紀は，ムガル朝の動揺という「陸のインド」の揺れと，沿岸部の植民地都市の発展による「海のインド」の揺れが，互いに共振することによってさらに大きな揺れが生まれた時代である。すなわち，陸のインドの中心にあったムガル朝がその政治的求心力，統合力を急速に喪失し，各地の地方政権が台頭していく中で，それまでもっぱら海のインドにしか関わりをもたなかったイギリスが，陸のインドにまでその支配を着実に広げ，次の世紀の植民地支配の完成を準備していった時代である。

　こうした歴史過程に注目した場合，18世紀研究の課題として，たとえば，地税徴収を基礎とした支配の中で生じたムガル中央と地域社会との権力バランスの変化を，ヨーロッパ商業権益の進出による綿布交易の拡大や農村・植民地都市間の農産物取引の拡大というこの時期の商工業活動の展開と結びつけ，陸のインドと海のインドの両方で生じた変化を統合的に理解するという課題が生ずるであろう。あるいは，一方でインド洋から南シナ海を経て東アジアまで，他方で大西洋から太平洋を超えて伸びるネットワークを16世紀以来築いてきたイギリスをはじめとするヨーロッパ諸勢力の動きを媒介にして，インドを18世紀のグローバルな歴史の中に位置づけるという課題も出てくるであろう。

　このような，18世紀に至るインドの歴史的展開への関心の一方で，逆に，イギリスによるインドの植民地化の意味を問うという19世紀以降の歴史的展開への関心から，18世紀を逆照射するという関心のありかたもありうる。ムガル帝国は，18世紀初頭のアウラングゼーブ帝の死後，一気に解体に向かい，そのほぼ一世紀後の19世紀前半には，インド亜大陸のほぼ全域がイギリスの

支配下に入り，長期の強力な植民地支配が20世紀半ばまで続くことになる。18世紀は，この二つの強大な国家の狭間となった時代であり，そこで生じた変化がどのようなものであったかを見定めることは，その後の植民地支配の意味とインド近代の意味を性格づける上で重要な意義を持つことになる。

以上のように，18世紀の研究には，二つの異なる時間方向から，しかし本質的には連関するアプローチがありうる。そして，これらのアプローチと関わって，多くの研究者が参加し，いわば通説派と修正派にほぼ二分されるような形で活発に展開されている論争がいわゆる「18世紀問題」である。その内容について以下に簡単にみておきたい。

18世紀問題

「18世紀問題」の中核は18世紀の変化の質をどう評価するかという点にあるが，大きくは，18世紀に根本的な変化が生じたか否か，イギリス支配はインドに根本的な変化をもたらしたか否かという二つの焦点をもっている。このうち，前者はムガル帝国が培った制度的・非制度的基盤が，ムガル帝国の解体と反比例して台頭してくる各地の地方国家にどのように受け継がれたのかという，いわばインド史の自生的な展開の評価に関わる問題であり，他方，後者は，ヨーロッパとアジア（さらには非西欧世界）の関係を植民地支配という歴史的経験を間に挟んで配置した場合の，植民地支配の評価と関わることになる。

この後者の問題は，極めてナイーブなものである。一方で，植民地支配からの独立を果たした国々での歴史叙述が，自国が受けた植民地的搾取を強調し，植民地支配の負の遺産を強調するのに対して，他方で，植民地支配をおこなった側の歴史叙述が，長期の専制的支配による「混乱」した「暗黒」の社会に「秩序」と「安定」をもたらし，「近代的発展」のための少なくとも礎を残したことを誇りがちになる。この正反対の評価のなかで，植民地支配からの脱却の過程で払った大きな犠牲に裏打ちされた20世紀のアジアの強烈な歴史経験は，支配を受けた側に，ナショナリズムから距離を置いた歴史観を許さず，歴史叙述は常に政治化されざるをえない状況にあったといえる。

このような状況は，近年，まさに劇的に変化した。18世紀は，混乱した暗黒の時代であったどころか，発展とは言えないまでも少なくとも持続性が見ら

れた時代である。ムガル帝国の制度的・非制度的な遺産をムガル帝国の崩壊後に台頭する地方国家どころかイギリス植民地支配も継承した。したがって，植民地支配はインド社会を根本的に変えたわけではなく，むしろムガル帝国後の地方国家と同じくいわば「継承国家（succession states）」の一つに過ぎない，という議論が相次いで主張されるようになったのである。

　その内容に入る前に，そのような議論が提出されるようになった背景として，次の二つの点をあげておきたい。第一に，ムガル帝国の崩壊と反比例する形で台頭した地方の政治勢力や経済活動に関して，地域社会に関する個別研究が大きく進み，研究の量と質が格段に上がったことである。第二に，インドの18世紀を，他のアジアやイスラーム世界，たとえばオットマンやサファヴィー等の動きと連関させて理解するという，いわばグローバル・ヒストリーの視点が入ってきたことである[1]。そして，こうした歴史研究の深化に加えて，政治的な背景として，インドが植民地支配を脱して半世紀以上の年月を経験したにもかかわらず，貧困問題の継続など，インドの現状を植民地支配に帰し続けることがすでに許されなくなってきたという現実の事態がある。

　ベイリーの中間層論
　この論点のいずれにも関わり，いわば18世紀見直し論の旗手となって現在に至るインド近現代史研究の新たな研究潮流をリードしたのが，ベイリーによる『支配者・町の人々・バザール1770-1870年――イギリス支配拡張期の北インド社会』[Bayly 1983] である。この書で，ベイリーは通説とされてきたいくつもの論点を批判し，その後の研究に大きなインパクトを与えた。その彼の中心的な議論は中間層論である。

　ベイリーの中間層論は，そもそも19世紀の後半からのインドの政治動向を主導した中間層の来歴への関心から出発したものである。従来の説が植民地支配下に入ってからの教育や経済変化が国家と農村社会（agrarian society）の間に中間層を新たに台頭させたと主張してきたことに対して，ベイリーは，植民地支配以前のインド社会，特に都市部において，それら中間層を生み出すような新たな動きがすでに生じていたとする。ベナレスをはじめとする北インドの都市では，商人達がカーストの枠を超えて連携し，さらにそこに宗教関係者や

都市住民が加わり，ある種の自治的な連合（corporation）さえ生まれていた。こうした植民地支配以前の都市部の中間層の動きは，後の政治協会やカースト協会をはじめとする「近代的」組織の結合の核となったという［Bayly 1983: 196］。

このようなベイリーの主張は，18世紀から19世紀のインド近代史を，外圧ではなくインド自身の自生的な発展の継続から説明しようとするものであった。それは，インド近現代史が背負った植民地支配という負荷を絶対視する従来の歴史叙述のあり方に対して，真っ向から対立する性格のものであった。そのため，その後こうしたアプローチをとる研究潮流には，修正主義というレッテルが貼られることになる。

しかし，レッテルはどうあれ，ベイリーの中間層論は次の二つの点でその有効性を示しえた。第一に，ムガル帝国の衰退は，インド全体の衰退ではなく地方国家へ経済活動の拠点が移動するのだという理解の上で，そうした地方国家への政治経済活動拠点の移動ないし分散化が，中間層の地方への移動と連関した事象であるとしたことから，中間層とムガル崩壊後の政治体制の構造的変化とを連関させることができたことである。第二に，中間層の活動範囲の多岐性——それゆえに，後述するように無任所資本家（portfolio capitalist）と命名した——から，この時代の（そして19世紀後期に至る）インド社会のさまざまな局面で生成していた動きを統一的に把握しうる視点を示したことである。中間層は，従来の商取引や金融などの活動に留まらず，徴税請負や軍事との関わりなど，政治の領域にまで活動領域を拡大させた。この中間層に視点をおくことにより，極めて広範囲の社会変化を視野におさめることが可能になったのである。

無任所資本家

この視点をさらに発展させ，前植民地期から植民地時代のはじめまでを「中間層」という概念を発展させた「無任所資本家」という概念を用いて解釈することの有効性を提示しようとしたのが，スブラマニヤムとの共同論文「無任所資本家とインド近世の政治経済」［Bayly and Subrahmaniyam 1988: 401-424］である。その内容は，以下のようなものであった[2]。

まず，植民地化以前の時期に関して。この時期，無任所資本家は，軍事的な力を徴税や独占商品，農産物取り分の取引に結びつけ，あるいは定期市を創設し，専門職や農民達を後援した。彼らはムガル体制の混乱に対応して経済の仲介的な役割を果たし，資本と労働を地方に根付かせた。また，労働と商業の支配を目指して農業生産にも介入し，18世紀の「新しい」ザミンダールを準備した。彼らは，国家財政，軍事財政の中でより大きな役割を果たすようになり，結果的にイギリス東インド会社の台頭に貢献することになった。

　植民地への移行期に入ると，無任所資本家は，徴税請負をおこない，地域の農業取引に従事し，軍事的な財を支配し，少なからぬ例でインド洋交易の大競争に賭けるような者達であった。しかし，彼らは「ひ弱（vulnerable）」で短命であった。というのは，彼らは，資本を動員して広域にわたる信用と商品の動きの連鎖に参加していた大商人と関係したと同時に，ずっと活動規模の小さい，地域の戦士兼農民領主と同じ舞台でも活動したため，その両面において競争に直面したからである。それらの競争において，彼らは「ひ弱」であった。加えて，上位権力者からも，彼らは分を超える可能性のある危険な存在であるとみなされた。これらの結果，無任所資本家は，その力を世代を超えて維持していくことはできなかったし，ヨーロッパからの競争者に対しても対抗する力をもちえず，短命であった。

　こうして力を喪失したインド人無任所資本家に代わったのは，ヨーロッパ人であった。つまり，無任所資本家の主体は，インド人からヨーロッパ人に交替することになった。インド社会に参入してきたヨーロッパ人は，必ずしもヨーロッパから持ち込んだ資本に依存していたわけではなく，それまでインド人無任所資本家を支えてきたバザールや金貸しのネットワークを利用して，海上・河川交易をはじめ，商品の独占的取引や請負をおこなうようになった。彼らは，植民地化への架け橋となっただけではなく，18世紀後半の国際的な商品・金融の流れを構造的に方向づける触媒ともなった。

　植民地支配確立以降の時期については，ベイリーは，無任所資本家が一掃されるという見通しを示す。その理由は，植民地支配確立後，植民地政府は政治と商業とを分離し，徴税請負の廃止をはじめとする各種の政策を実施して中間領域にあるこれらの階層を一掃する方向へと進んだからであった[3]。

以上のように，無任所資本家論は，植民地支配以前から植民地への移行期，植民地支配確立期の各時期を通時的に見通す視点を提供するものであっただけではなく，19世紀後期から独立運動期までにも射程を延ばしうる概念として提起されたのであった。

　中間層と中間者
　以上のベイリーの議論は，その後18世紀についての激しい議論を生みだし，大きな影響を与えることになった。本書は，ベイリーの議論に連関して準備されたものではないが，中間層の台頭——南インドにおける——を中心的なテーマにしているという点では共通性をもつ。しかし，本書での中間層は，ベイリーのそれとは基本的に異なるものであり，あらかじめ本書の位置を明らかにしておくために，本論の内容に入る前に，その違いを論じておきたい。第一の違いは，ベイリーの中間層論における「中間」が，国家と農村社会の間とされ，そのため，社会階層としては無任所資本家に含まれる商人や金融業者，宗教関係者，都市の郷紳などが対象となり，社会空間としては都市が対象となっているのに対して，本書での中間層は，農村部（在地社会）と外部世界の中間に農村部の村落領主層の間から輩出してくる村落リーダーを指している。また，ベイリーの中間層は農村社会にとって外部的な存在としてとらえられているのに対して，筆者の考える中間層は農村社会に拠点を置く存在である[4]。したがって，ベイリーの中間層が農村社会に関わる場合，あくまで外部から農村社会へ入って来るという動きのベクトルとなるが，本書での中間者は農村社会から外部世界へという動きのベクトルをとる。

　この点に関連して問題にすべきは，先に指摘したように，ベイリーが，中間層（無任所資本家）が「ずっと活動規模の小さい，戦士である地域の農民領主と同じ舞台で活動した」際に，その競争において「ひ弱」であったと指摘していることの意味である。仮にこれら中間層がひ弱であったとしたとすれば，その要因は，何よりも中間層の外部性に求められよう。なぜならば，中間層が基本的に都市を拠点とし，複数の在地社会をまたぐ活動の広域性を特性としていたとすれば，逆に在地社会からは，彼らは常に部外者，よそ者と性格づけられていたに違いないからである。たとえば，ベイリーによれば，18世紀の新ザ

ミンダールの多くはこれら中間層を出自としていたが，しかしその多くは所領内の村落への影響力を行使しえず，税を滞納するようになり，結局消えていったという［Bayly 1983: 166-167］。筆者が対象とする南インドでも，1802年に実施に移されたザミンダーリー制では，新たに任命されたザミンダール（無任所資本家の一類型）の多くは破産し，制度は失敗に帰した。このことは，中間層の問題を考える際の最も重要な問題が，徴税請負のようないわば在地社会の外縁にとどまるような動きではなく，在地社会の内部に中間層がどのような形でどの程度まで入り込むことができたのかという点にあることを示唆する。

本書の対象とする地域においても，後に論ずるように，地方都市の居住者や商人が村落での領主権（ミーラーシダール権：後述）を取得する動きが見られたし，場合によっては，人の住んでいない，つまり未開拓の村の領主権を取得する動きも見られた。つまり，中間層が新たに農村開発に進出しつつあったわけである。そうした動きは，当然従来の在地社会の構造を揺るがす性格のものであるから，その点においては，都市の中間層の動きは間違いなく注目すべき重要なものである。しかし，彼らに，18世紀のインド社会を動かす主役の座を与えうるのかどうかとなると，「農民領主と同じ舞台」での活動において「ひ弱」であったがゆえに消えていったかどうかという問題はさておいて，やはり疑問とせざるをえない。在地社会における彼らのプレゼンスが，全体として外部的かつ限定的であったことは間違いないからである。

このような，ベイリーの論ずる，中間層の上からの農村部への動きに対して，本書では，都市部よりはあくまで在地社会の構造とその変化に視点を定め，在地社会の内部から台頭してくる中間層――以後，本書で注目する階層は，ベイリーの対象とする中間層と区別して「中間者（intermediary）」とする――に焦点をあてることになる。つまり，ここで中間者と考える村落リーダーは，村落を根拠としながら，在地社会と外部世界の間の，行政，徴税，軍事，司法，宗教，商業，金融，サーヴィスなどのさまざまなつながりにおいて，中間者としての役割を果たす存在である。つまり，ベイリーが，国家と農村社会という二元的な関係の中で，その二者の中間の存在として中間層を措定し，それら中間層が国家と農村社会の両方向に対して運動するという構図を描いているのに対して，本書では，在地社会を同心円状の関係の中心におき，在地社会とそれを

取り巻く外部社会とを結ぶさまざまな関係（ネットワーク）の線上に，在地社会から台頭する中間者を指定し，それら中間者が外部世界の方向に運動するという構図を描くことになる。

　すでに示唆されているように，ベイリーの中間層論の一つの特色は，中間層という概念が，英語で言うならばintermediary（仲介者）という概念とmiddle class（中間層）という概念の二つを結合している点にある。実体としては，植民地支配以前の中間層と，植民地支配期に入り，19世紀後期からインド社会を牽引する中間層の両方を指すものである。植民地支配以前の時代から植民地支配期への継続性を論理的に支えるための，強引な，しかし彼の議論を支えるための重要な概念装置なのである。他方，本書での中間者は，あくまでintermediaryであって，middle classという概念は含まない。実体としての彼らは，基本的には植民地化の過程でその役割を失う――奪われる――からであり，また，仮に19世紀後半のmiddle classと系譜的につながることがあったとしても，その過程で，以下に述べるように，大きな断絶があったと考えるからでもある[5]。

脆弱な権力と大きな権益

　ベイリーが，基本的に都市に視点を置き，19世紀以降とのつながりを重視しているのに対して，本書が在地社会――ベイリーの言う農村社会（agrarian society）に相当――に基本的な視点を置く根本的な理由は，中間者の位置づけに違いがあるだけではない。植民地支配以前の在地社会が高い自律性を有しており，在地社会の再生産体制を基本として社会全体が再生産されていたこと，ところがその体制が18世紀に崩壊していき，最終的には植民地支配によって解体された，つまり植民地支配の前後で大きな断絶が生じたと考えるからである。この点を，今少し論じておきたい。

　国家による社会統合の装置としては，一般的には，国家が保持する軍事力や官僚機構をはじめとして，国家の外部にある宗教的権威の利用やカースト的上下関係の利用もあげることができる。あるいは，シュタインが分節国家論で論じたように，制度的装置とは無縁の劇場国家型の統治という方式もありえたかもしれない［Stein 1980］。しかし，少なくとも18世紀の南インドの国家の状

況に目を移す時，国家の統合力が極めて脆弱であったという事態に注目せざるをえない。ヴィジャヤナガル朝の崩壊以降，マドゥライにはナーヤカ政権が，タンジャヴールにはマラーター政権が，アルコットにはナワーブ政権がそれぞれ割拠していただけではなく，ハイデラバードやマイソール，さらには西インドなどからしばしば軍事的な遠征があり，政治的に非常に不安定な状態が続いた。さらに，そうした政権相互の争いに加えて，政権内での後継争いも頻発し，政権が代わらなかったとしてもその内部では激しい政権抗争が続いていた。しかも，それらの政権の大半は，南インドにとって外来の政権であった。南インドでは，ムガルの崩壊に平行して有力な地方政権の台頭が生じたというよりは，基本的には不安定で短命な政権が継起する状況が長く続いたわけである。

　このような状況の下で，政権を握った国家の統合力が非常に脆弱であったという状況は容易に想像される。しかし，そうした中で，極めて注目されるのは，不安定な国家の下で安定した生産物分配体制（ミーラース体制：後述）が継続し，しかも，その不安定な国家が，在地社会の総生産の4分の1から3分の1という高い割合の取り分を確保し続けていたことである。

　この事態は，いったいどのように解釈すべきなのであろうか。第一の可能な解釈は，政治的な混乱にもかかわらず，政権を握った国家が強力な支配力を保持したというものである。しかし，上に指摘した状況で，この時代にそのような国家を想定するのは難しい。これに対して第二の解釈は，国家と在地社会との間のバランスを保つ体制が，国家の交替後も維持されたというものである。つまり，互いが互いの既存の権益を追認することで平衡状態を維持し，それによってそれぞれの自律性を保持するという体制が存在したということである。本書が支持するのは，この第二の解釈である。そして，それは，具体的には，南インドに広くみられた本書でミーラース体制と呼ぶ再生産体制を意味する。

　社会的文法

　互いが互いの権益を追認しあうという関係は，実は国家と在地社会との二者間だけにみられた関係ではなく，在地社会に生きるさまざまな役割を果たす者の間にも広くみられた。それは，以下に述べるように，ミーラース体制が「社会的文法」として長く機能してきたために，国家もその文法の中で自己を表現

せざるをえなかったからである。

　18世紀問題においては，ムガル朝から植民地支配への移行という国家権力のドラスティックな移行があったために，ムガル朝の衰退と地方政権の台頭という事態が対置され，衰退か繁栄かというような議論が国家論に大きく傾斜しつつ展開されてきた。しかし，第一に，専ら国家が統合的役割を果たしたということを前提にしなければならない理由はない。南インドにおいて，国家が相対的な位置にあるとするのには別の根拠がある。それは，国家と並ぶ権力として，宗教勢力と軍事勢力，具体的には多くの極めて有力な寺院やポリガール（タミル語ではパーライヤカーラン）が，それぞれ高度の政治的・経済的自律性をもって存在したことである。寺院やポリガールの一部は，極めて広い領域——場合によっては千をはるかに超える村々——に何らかの権益を持っていた。しかもそれらの自律性は，単に経済的な面にとどまらず，寺院であれば，ブラーミンを主体とした宗教的権威が世俗的権威に対してもつ優越的位置とも連関していた。ポリガールの場合には，タミル地域への支配を拡大したヴィジャヤナガル期の軍事国家の下で外来の軍事領主が軍事的自律性を保持しており，さらに，そこにムスリム政権が新たな外来の支配者として登場したことから，それまでの軍事領主が，その地位をそのまま保持し続けたことなどと関連した事態でもあった。

　ここではこの問題にこれ以上深入りすることはしないが，南インドにおいては，国家と在地社会が二元的に対峙するという構図ではなく，先に述べたように，在地社会が中心にあり，その外部に，在地社会を超えた，あるいは複数の在地社会をまたがる国家，寺院，ポリガールが並んで存在したという構図を考えるべきなのである。

　この構図で指摘しておかなければならない重要な点は，在地社会，およびそれを囲む国家，寺院，ポリガールを含め，全体が一つの再生産体制に組み込まれていたという点である。植民地支配当初にミーラース体制と呼ばれたこの再生産体制は，簡単に言えば，在地社会の再生産に関わる人々や組織が，その再生産に必要な職分をそれぞれ果たし，それと引き換えに，免税地や取り分の形態をとる総生産物の一定割合を代々ミーラース権（相続権）として享受するという包括的な体制である。そこには，農民や洗濯人，床屋，大工，寺院僧，村

書記をはじめとする在地社会に生きる人々はもちろんのこと，国家，ポリガール，寺院という，在地社会の外部に存在しながらも，在地社会の再生産が必要とする治安，信仰などに関する職分を果たすものも含まれていた。今少し具体的な例をあげておくと，本書でしばしば利用することになる 18 世紀後半の村落台帳『バーナード報告』には，2,200 余村に共通する次のような生産物分配のあり方がみられた。そこでは，まず村落の全生産物が 100％ とされ，生産物が脱穀される前と計量される前に，それぞれ在地社会のさまざまな職分を持つ者への取り分が差し引かれ，分配された。次に，その残り，つまり計量された生産物が今一度 100％ として設定され，そこから国家，寺院，ポリガールなど，在地社会の外部にある在地社会を超えたレベルの諸構成要素や，在地社会の様々な職分を果たす者の取り分が分配された。ミーラース体制ではまた，税の減免地という形態でも分配がおこなわれていたが，これも在地社会を主体とした生産物の分配の一形態であった[6]。このように，ミーラース体制は，在地社会とその外部世界の両領域にある要素を包含した統合的なシステムであった。

　このミーラース体制の特徴の一つは，職分を担うものが交替した場合にも，その職分とそれにリンクした取り分がそのまま存続したことである。たとえば，ミーラース権を持つ洗濯人が別の在地社会に移動しようとした場合，この洗濯人は，移動先の地でそれまで洗濯人としての職分を果たしていた者からミーラース権を譲り受ける（購入する場合もあり得る：後述）ことになるし，逆に新たに移動してくる洗濯人には，それまで持っていたミーラース権を譲り渡すことになる。当該在地社会にとっては，従来と同様な取り分を，新たに移動してきた洗濯人に認めることになるわけである。簡単に言えば，人が変わっても，その取り分は存続するのであるが，非常に重要なのは，この特徴が，国家の交替の場合も同様であったことである。政治的混乱によって国家が頻繁に交替しても，新たに政権を奪取した者は，従来の国家という職分に附随した取り分を享受できた。国家が交替しても高い取分権が継続したことについての先の問いは，このように答えることができよう。

社会的文法の変化

　この点に関して，今ひとつ論じておかなければならないのは，このようなミ

ーラース体制の強固さが，不変性，停滞性を示すものであったかどうかというものである。答えは否である。在地社会の自律性と再生産体制の強固さに関する本書の主張は，インド社会の不変性を主張するものではない。この，一見矛盾するかに見える事情を適切に表現するものとして筆者が考えるのは，「社会的文法」という考え方である。たとえば，日本語には日々新たな語彙や表現が生まれている。日本語文法は，そうした変化を吸収して，何世紀にもわたって日本語を豊かにしてきた。その場合，日本語には変化がないとは言えない。南インドの場合，在地社会で次々と生み出される新たな要素（表現）を組み込んできたミーラース体制という社会的文法があった。この社会的文法は，社会に新たに生まれる要素に対して，職分権と取分権をセットにして割り振り，構成要素の間の力関係の変化は取分率の変化で対応するというものであった。

　それでは，この社会的文法自体は変化を遂げていなかったのであろうか。この問題に入る前に，ミーラース体制の今ひとつの特徴を論じておかなければならない。ミーラース体制の下での人と人との関係は，近代における個と個の関係ではなく，特定の職分を排他的に担うコミュニティー相互の関係として成り立っていたという点である。在地社会の空間は，在地社会の再生産に関わる職分を排他的に担うコミュニティーに属する人々が生きる特定の生産空間・社会空間であり，それらを統合するシステムとしてミーラース体制が成立していた。そして，この場合，コミュニティー間の関係は，基本的には職分としてなされる労働やサーヴィスの授受と，職分に付随した取り分の大小で表現されていたわけである。ところが，18世紀の在地社会には，ミーラース体制にとって異質な要素が広く出現し，社会的文法として機能しえない領域が広がっていた。本書で村落リーダーと呼ぶところの階層の出現と活動，および手織工や商人などの綿業従事者を中心とする商工業関係者の活動の拡大がそれである。以下，この二つの変化を順に検討する。

　ナーッタール・ミーラーシダール・村落リーダー
　はじめに，村落リーダーの出現の問題について検討するが，この問題と関連するのは，在地社会のリーダーシップの問題である。先に，コミュニティー間の関係は，基本的には職分としてなされるさまざまな行為の授受関係と職分に

付随した取り分の大小で表現されていたと指摘したが，そうであれば，誰がどのような形でコミュニティー間の関係に折り合いをつけたのかが問われることになる。

　この点に関してまず考えられる階層は，チョーラ時代からその存在が知られているナーッタールである。ナーッタールという語は，ナードゥ（地域）に複数語尾（アール）がついて「地域の人々」という意味をもつようになった語であり，ナードゥを代表してナードゥと国家とを仲介する役割を担っていた。たとえば，ナードゥ内あるいはナードゥ間の紛争調停，国家との交渉，寄進行為やその認定などである。このナーッタールと呼ばれる階層は，チョーラ時代だけではなく，その後ヴィジャヤナガル時代［Karashima 1992: Chapter I-2］，さらには18世紀末のイギリス植民地支配初期の資料にも登場する。現在においても，一部の地域でナーッタールと呼ばれる人々が，かつての勢力の片鱗を残しながら生きている[7]。これらナーッタールの役割や権限は時代とともに変遷してきたわけであるが，ナーッタールが在地社会を代表する存在であるという観念が植民地支配初期まで受け継がれて生きていたことは明らかである。

　筆者は，別の機会に，18～19世紀を対象にして，ナーッタールを主題とした英文のモノグラフ『ナーッタールと18～19世紀南インドの社会経済変化』［Mizushima 1986］を著した。その中で，18世紀に南インドの一部地域にナーッタールと呼ばれる人々が存在していたこと，東インド会社の初期徴税行政の中でも，たとえばチングルプット地域ではナーッタールを植民地行政に組み込む案が実施されたことなどを明らかにした。また，その一方で，チョーラ時代とは異なり，全体としては植民地支配初期のナーッタールは国家と在地社会をつなぐ役割を制度的にもつようなことは無くなってしまっていた点も指摘した。たとえば，植民地当局はナーッタールが本来そうした役割を持つはずの存在であったと知り，それゆえに彼らを実際に行政に利用しようとした。しかし，ナーッタールが存在しなかった地域もあり，そうした場合には新たにナーッタールを選び出して任命した。つまり，在地社会を代表する存在としてのナーッタールではなく，国家と在地社会をつなぐ行政官としての性格のみを抽出したわけである。

　こうした政策過程はともかくとして，ここで確認すべきは，植民地支配初期

には，ナーッタールと呼ばれる人々が在地社会と国家とを結びつける，あるいは在地社会を代表してそれをまとめる役割を担うという制度的裏付けを失っており，ナーッタールという名称のみが残っていたという事実である[8]。

このような状態にあったナーッタールに対して，植民地支配初期に村々に広範に存在していたのは，ミーラーシダールと呼ばれた村落領主層であった。ミーラーシダールとは，タミル語のカーニヤッチカーラン（相続権・継承権「カーニ」の保有者「カーラン」）に相当するアラビア語起源のペルシア語である。相続権を持つ者であれば，床屋であれ洗濯人であれミーラーシダールと呼ばれえたのであるが，植民地資料では，一般的には，村落領主層に相当する階層のみがミーラーシダールと呼ばれた。本書でも同様に，特に限定がない限り，ミーラーシダールを村落領主層を指す名称として用いることとする。

ミーラーシダールが，いつの時代に広く見られるようになったのか，その歴史的淵源については伝承の形でしかわからない。カーニという語が10世紀前後から刻文に出現するようになるというハイツマンの指摘［Heitzman 1987］からすれば，10世紀前後にまで遡りうる可能性がある。また，植民地支配初期に，ジャーギール地域の徴税官を務めたプレースは，チョーラの王によってジャーギールに相当する地域の開発のためにヴェッラーラ（農民カースト）と呼ばれるムダリ・カーストの者が送り込まれ，開発された村々が株に分けられたり国家（circar）と住民の生産物の分配や各種の権益が定められたりしたが，その際，新たなやり方として，ミーラーシダールのものであるとされる手当や免税地が創設され，そうした権益一般がカーニヤッチ（cauniatchyあるいはkaniyatchi）という一般名称で呼ばれることになったと報告している[9]。淵源がいつ頃であるかを論ずることは筆者の能力外であるが，ここで確認しておきたいのは，少なくとも18世紀末の時点では，南インドの大半の村々にミーラーシダールが存在していたという事実である。

後に検討するように，ミーラーシダールの権利の及ぶ範囲は，単に耕地だけではなく，森林，灌漑，荒蕪地，漁猟，祭礼など，村の全領域，全リソースを覆うものであった。彼らは，一つの村に一人のみの場合から，場合によっては数名から数十名存在する場合まであった。複数の場合には，村落全体の権利が持ち分（株）に分けられていた。また一人のミーラーシダールが複数の村に権

益を持つ場合は少数であり、1村のみの場合が大半であった。まさに、村落領主層と性格づけることができる階層であった。

このように、ミーラーシダールは村落領主と呼ぶべき存在であったが、ミーラーシダールのカースト構成を広い領域について見てみると、ごくわずかな数に限られていたことがわかる。つまり、少数の特定のカーストがミーラーシダール層を独占していたのである。それら少数のミーラーシダール・カーストが在地社会に生きる他の数十のカースト・コミュニティーに対して支配的な位置にあり、村落を超えた広い空間の中で、内婚、共食などの生活儀礼や信仰、宗教儀礼などで象徴されるカースト的紐帯を背景として取り分の増減を含む利害調整をおこなっていたのである。まとめるならば、各ミーラーシダールは、自身のコミュニティーのより大きな空間に広がる支配力を背景としながら、個々の村落を領主的に支配していたのである。

以上のような特徴をもつナーットールやミーラーシダールに対して、筆者が本書を通じて注目し、かつ論証しようとするのは、ミーラーシダールの間からの村落リーダーの台頭である。なぜならば、この村落リーダーこそが、在地社会と外部世界をつなぐ中間者としての役割を果たすようになったと筆者は考えるからである。

ミーラーシダールと村落リーダー

ミーラーシダールと村落リーダーとの差異について、今少し説明しておきたい。

本書が、村落リーダーがミーラーシダールの間から台頭してくる存在であると主張するのに対し、シヴァクマール等は、『農民とナワーブ：18世紀後期タミル地域の農村急進主義』[Sivakumar and Sivakumar 1993]において、ミーラーシダールが村落リーダーであるとしている。筆者が両者の間に大きな性格の差異があると主張するのは、次のような理由による。

従来、南インドには、ミーラーシダールは存在するが、村長に該当する者がいないとされてきた。しかし、植民地時代初期の資料は、かなりの村々で村長と称される村落リーダー層が台頭してきている状況を示している。いったい、この村長とはどのような存在であったのか。ミーラーシダールも村落リーダー

も，基本的には村落を支配基盤とした存在であり，その点に関しては違いはない。筆者が両者の根本的な違いと考えるのは，ミーラーシダールが個々の村落を超えて広がる自身のカースト的紐帯を支配の基盤にしているのに対して，村落リーダーはそうしたカースト的紐帯に依存せず，あるいはそうした関係を断ち切り，自らの経済力，軍事力をその支配基盤におくようになっていたという点である。シヴァクマールは，ナーッタールにせよミーラーシダールにせよ，その力の背後にカースト的紐帯があることを強調しており，筆者もカースト的紐帯の存在が重要であったことについては異論がない。しかし，カースト的紐帯自体は極めて長い時間にわたって——現代に至るまで——多かれ少なかれ存在してきたのであるから，存在していたことを前提に議論することはあまり意味のあることには思えない。問うべきは，果たして18世紀という時代において，カースト的紐帯は強化されつつあったのかそれとも弛緩しつつあったのか，その紐帯はいったいどのような空間的広がりをもっていたのか，果たして社会秩序がカースト間の位階的関係によって成り立っていたのかどうか，そしてそれらのさまざまな要素の動きの中で，ナーッタールやミーラーシダールの役割や地位がどう変化し，そこからどのような新たな動き，階層が台頭してきたのかという点であろう。

　このように問題を設定したとき，本書では，ナーッタールやミーラーシダールの支配の基盤となっていたカースト的紐帯が，この時期には崩壊過程にあったと主張することになる。まず，広域のカースト的紐帯とそれに基づく社会統合のあり方が大きく崩れていたからこそ，ナーッタールは植民地支配初期に遺制としてしか存続していなかったと解釈する。また，18世紀にはミーラーシダールの権益が頻繁に売買，抵当化される事態が生じていたが，それは，ミーラーシダールの地位の動揺を示す動きであったと解釈する。他方，村落リーダーというのは，従来の支配基盤となっていたカースト的紐帯とは無関係に，さまざまな契機でミーラーシダールの間から台頭してきた階層であると理解するからである[10]。

　ミーラーシダールと村落リーダーとの差異は，ミーラース体制との関係からみればいっそう明確になる。すなわち，ミーラーシダールはあくまでミーラース体制の内部にあり，ミーラース体制に依存する存在であったのに対して，ミ

ーラーシダールの間から台頭してくる村落リーダーは，ミーラース体制を崩壊に導く歴史的役割を担っていた。

　村落リーダーは，徴税をめぐる国家とのやりとり，寺院や巡礼，僧侶達のサポートなど，村落とその外部世界との関係の中で，中間者としてのさまざまな役割を果たしていた。しかも，それらの活動は，国家から見ても自律性の高いものであった。第3章で検討するように，村落リーダーが自身の活動の収入源として村民から現金を徴収していた数十村の例について，植民地支配初期に報告されているのであるが，そうした村落リーダーによる徴収を，植民地政府は「正式に認められていない徴収（unauthorized collection）」と形容している。国家とは無関係に，村落リーダー達が自身で勝手に徴収していたわけである。筆者は，これらの村落リーダー達が，村落の政治的指導権を握り，あるいは軍事的な力量をつけたこと，国家に対して政治的にも軍事的にも自律的な動きを示したこと——それゆえに，18世紀の政治的激動の中で，その多くが没落する中で，その一部はより有力化する——こそが，18世紀の政治変動の根本的な要因であり，彼らの台頭の社会経済的背景を明らかにすることが18世紀インド史の最も重要な課題であると考えている。

ミーラース体制と商工業活動の展開

　これらの村落リーダーは，その支配する村落と外部世界をさまざまな領域において仲介していたが，本書で特に注目したいのは，彼らの台頭の背景として農村—都市間の農産物取引の展開があり，それに彼らが関わっていたという点である[11]。17世紀から18世紀にかけての綿業の拡大や，綿布輸出の対貨として持ち込まれた大量の金銀地金，そして，それらに引きつけられて植民地交易都市へと移動してくる人々の数は，植民地交易都市を大きく成長させ，数万の規模の都市消費市場を出現させた。このような商業交易活動の展開の中で，後背地にある農村部のミーラーシダール層が自己の取り分を農村と都市とを結ぶネットワークの中に投下し，そうした活動の中から，村落リーダーが台頭してくるという見通しが成り立つ。残念ながら村落リーダーが農産物取引にどう関わっていたかを具体的に示す資料はなく，今後も発掘しうる見込みは小さい。本書では，この点に関していくつかの方法で実証を試みるつもりであるが，あ

くまで傍証に過ぎない。しかしながら，この時代の商工業活動の展開が，カースト体制の変化やそれと結びついたミーラース体制に重大な変化をもたらしつつあり，それが村落リーダーの台頭と深く関わる事態であったことは論証しうる。この点についても，本書での議論の見通しを述べておきたい。

　先に述べたように，ミーラース体制とは，在地社会で生産される生産物の一定割合が，在地社会の再生産に関わるさまざまな職分と結びつき，その職分を果たす人々の間で分配される体制である。その場合，それぞれの職分とそれに結びついた取り分が，特定のカーストの専有権（排他的権利）として代々享受され，しかもそのカースト成員達は，先に指摘したように，内婚，共食などの生活儀礼や信仰，宗教儀礼などによって紐帯を固めていた。さらに，そこにバラモンの世界観であるヴァルナを正統化するイデオロギーが加わり，空間を共有するカーストが，そのイデオロギー的な位階関係の中に組み込まれた体制がいわゆるカースト体制である。つまり，ミーラース体制とカースト体制は，互いに相手を必要条件とした体制であった。と同時に，両者が表裏の関係にあったがために，非常に強固な生命力をもったと言える。くわえて，このミーラース体制は，先に述べたように取り分の割合を自在に変化させることによって，社会に生じたさまざまな権力関係・社会発展の変化を受けとめていくことができるという融通性をもっており，その結果，国家をはじめ他のさまざまな職分を果たす者にとって，ミーラース体制の維持がそのまま社会と自己の再生産を共に安定して確保することにつながった。このように，カーストという社会関係の堅固さ及び取分率の変動という融通性が結びついたミーラース体制は，自らを強固に長期にわたって再生産する特性をもっていたわけである。

　ところが，18世紀に入り，ミーラース体制は大きく変容しつつあった。何よりもまず，17〜18世紀の商工業生産の発展が，ミーラース体制に大きなインパクトを与えたからである。そもそもミーラース体制は，大工や鍛冶など在地社会での農業生産のためのものは別として，綿業のように，基本的に在地社会を超えて展開する商工業の発展に対応できるシステムではなかった。そのため，この時期の商工業の展開は，ミーラース体制の役割を大きく限定し，その統合性，全体性を崩すことになった。

　ミーラース体制が商工業の展開に対応できるシステムではないことを示す一

つの有力な根拠は，ミーラース体制の中で商業関係者や手織工に対する取り分が設定されていないという事実である。これは，在地社会の外側に展開した綿業生産を中心とした商工業活動とその担い手が，在地社会の生産物を分母とするミーラース体制の枠外に置かれたこと，したがってミーラース体制にとって異質な存在であったことを示唆するものである。

17世紀から18世紀にかけての海外交易の展開の中で，ヨーロッパの商業勢力は，綿布を求めてインド亜大陸へ進出し，18世紀には，オランダ，イギリス，フランスなどの東インド会社が活発な活動をおこなっていた。南インドでの交易拠点となったマドラスやポンディチェリをはじめとする植民地港市には，南インド各地の綿業生産地から大量の綿布が運び込まれ，一方では海外から綿布の対貨として巨額の金銀地金が流入していた。こうした状況の中で，商業関係者や手織工がミーラース体制の中で手当を受けていなかったという事態は，ミーラース体制が，綿布生産を中心とした当時の急速な商工業活動の展開に対応しきれず，内部に取り込むことができなかったことを示している[12]。

農村－都市間の農産物取引

ミーラース体制の役割を限定していったもう一つの要素は，綿布取引の拡大がもたらした都市消費市場の成長である。それにともなう農村－都市間の農産物取引の拡大をもまた，ミーラース体制は包摂できなかった。

こうした事態が生じたのは，そもそもミーラース体制とは在地社会で生産される農産物の一次分配を保証する体制であり，いったん分配された取り分のその後の流通，取引（これを二次分配と呼ぶ）に対しては，それを取り込むすべを持っていなかったからである。このようなミーラース体制の役割の限定化は，それと表裏の関係にあったカースト体制の弛緩をもたらすものであった。それはまた，先に指摘したように，ミーラーシダールの動揺と，ミーラーシダールの間からカースト関係を断ち切って登場する村落リーダーを準備することにもなる。

植民地支配以前の農産物取引の状況については，しかしながら，インド全体についても研究が少なく，取引の具体的な規模を明らかにするのは困難である。しかし，たとえば，マイソール戦争の際に，イギリス軍の移動に際してのべ

56,000人ものバンジャーリーと呼ばれる穀物商人や運搬業者が集められ,軍への食料が確保されたという事例がある[13]。本書にとって重要なのは,いったいそれほどの農産物が,どこから集められたのか,そもそも農村部の誰によってどのような理由で市場に出荷されたのか,そしてそれが村落リーダーの台頭とどのように関連していたのかという点である。

農産物取引市場に出荷される農産物の出所としてまず考えられるのは,この時期の粗生産のほぼ3分の1を確保していた国家である。ミーラース体制の中で,税として集められた取り分(農産物)はどのように販売され,換金され,流通し,消費されたのか。また,ミーラース体制の中で国家と同様に大きな取り分を確保していた寺院や軍事領主は,それをどう処理したのか。さらに,ミーラーシダールや村落リーダーをはじめとする在地社会の人々の取り分は,農産物取引市場とどのような関係をもったのか。

こうした問題に関連する従来の研究は,対象とする地域によって,異なる状況であったことを示している。そのいくつかの例を見ておこう。

バジェカルは,18世紀の東ラージャースターン地域を対象として,次のように論じている[Bajekal 1990: 90-120]。ラージャースターンのジャイプール地域では,農民自身ではなく,地方の国家機関が現物納部分を直接に商人に売却した。国家による農産物取引へのこうした関わりは日常的なものであり,具体的には次のような手順がとられていた。まず税として徴収された農産物——彼女の計算によれば,貯蔵される国家への現物納割合は粗生産の30%程度——が,村々に設置された地下の農産物貯蔵穴に貯えられた。それを村長が管理し,当該財政年かその翌年に商人に売却した。こうした形で国家が地方で農産物を市場化する比率は,粗生産の3%から12%にのぼった。国家はこのように農産物の巨大な売り手として市場に関与したため,価格の設定,貯蔵農産物の商人に対する購入強制,および,商人との契約あるいは納入と支払いとの期間差がもたらす商人への利潤賦与という三つの手段を通じて,国家は当時の農産物取引市場に直接・間接に大きな影響を与えることになった[14]。このように,バジェカルは,農産物取引への国家の主導的役割を強調している。

他方,ベンガルについての研究は,国家よりも,むしろ商人,あるいは農民の主導性を強調している。18世紀後期を対象にしたダッタは,当時のベンガ

ルの農民の大半は小農か過小農であり，自ら農産物取引に関わるのではなく，商人に従属していた，したがって，農産物取引は，もっぱら商取引を専門にする商人やそのエージェントによっておこなわれたと主張した［Datta 1986］。この議論は，同じくベンガルに関し，ラーイが，農産物取引は主として富農（ジョテダール）が担うという主張したことへの反論として書かれたものである［Datta 1986: 92］。

　ベイリーは，穀物取引については，他のアジアの諸国家と比べて，インドの場合は農産物の地域的な特化が限られていたために，地域間取引の方は「断続的で分散的」であり，余り大きな意味は持っていなかったと評価している。都市は周囲のせいぜい半径10から20マイルの農業後背地を支配しているだけであったし，戦争や飢饉の時の需要は，基本的にバンジャーリーによって一時的にまかなわれたのであって，主要な町に商人がいて取引するような恒常的ネットワークによってではなかった，ベナレスをはじめとする一部の地域では穀物取引がみられたが，実際の取引量はたいしたものではない，というのがその主張である［Bayly 1983: 153-154］。ただし，ベイリーの議論は，塩やスパイス，あるいは中級綿布など地域間交易（遠隔地交易）が活発であったものと比較しての議論であり，都市を中心とした局地的な穀物取引が活発におこなわれたことを否定するものではない。領主や徴税請負人によってガンジと呼ばれる市場が18世紀に急速に増設され，地域の農業開発と交易の核となっていったという状況や［Bayly 1983: 98-99］，こうした地域の市場に，単に税の形で集められた農産物だけではなく，税の金納化の進展や農業への商業階層の進出によって農村部での現金経済が進む中で，農民が町の商人に生産物を売るという状況が見られたとも指摘している［Bayly 1983: 107, 167, 346-347］。

　本書が対象とする南インドの植民地港市の場合，急速に成長する都市人口を支えるための穀物の一部は，海上交易によって船でもたらされた。とりわけ，内陸部が飢饉の際や治安が悪化した時期には，東インド会社によって北部のアーンドラ地域や場合によってはベンガルから農産物が運び込まれた。もちろん，後にポンディチェリの例で明らかにするように，陸上からも牛の背あるいは人の頭に載せられて穀物が市場へ運び込まれた。

　こうした農産物取引は，それに関わる多くの商人や農民の存在無しには成り

立ち得ない。それと関連して，本書は，ミーラーシダールをはじめとする広範な農民が農産物取引に参加し，そうした展開の中から村落リーダーが台頭してきたと主張する。つまり，村落・都市間の農産物取引拡大との関連で，中間者としての村落リーダーが台頭してくると考える。その意味では，先のラーイの議論に近いと言えるかもしれない。

村落リーダーは，農産物取引との関わりから，在地社会の外部に展開する商業金融ネットワークと村落とを結ぶ中間者としての役割も果たした。こうした状況を検証するために，本書では，農村―都市間の商業取引活動の規模の算定をはじめとして，いくつかの資料を用いながら，当時の商工業活動の展開と村落リーダーの台頭との関連について考察をおこなうことになる。

本書の課題

以上紹介してきた本書でおこなう議論をまとめるとすれば，以下のようになる。18世紀の南インド社会は，最終的には植民地化へと帰結するめまぐるしい戦乱と政権交代，活発な綿布輸出と大量の地金輸入に関わる各国東インド会社の活動，マドラスやポンディチェリをはじめとする植民地都市の発展と農村―都市間の農産物取引の拡大などによって特徴づけられる社会であった。そうした状況に直面することになった南インド社会では，従来，自律性をもった在地社会を核として，その外部にそれぞれ自律性をもって存在する国家，軍事領主，寺院があった。在地社会では，在地社会の維持再生産に必要なさまざまな職掌を分担する人々や機関に対して，生産物全体から一定割合の取り分を分配し，それによって在地社会全体が再生産されるという体制が機能していた。ミーラース体制と呼ばれるこの再生産体制には，在地社会に生きるさまざまな人々や機関だけにではなく，在地社会外部の国家，軍事領主，寺院にもそれぞれの役割と取り分が設定されており，社会全体を統合する体制として機能していた。

しかし，18世紀には，二つの方向からミーラース体制の機能を縮小させる動きが働いていた。第一は，綿業を中心とした商工業活動の発展であり，第二は，農村と都市の間で展開した農産物取引に投入された取り分から派生する二次的分配の比重増である。ミーラース体制は，この両方の動きに対応すること

ができなかった。そうした中で，ミーラーシダールと呼ばれる村落領主層が農村・都市間の農産物取引に参加し，彼らの一部から村落リーダーが台頭した。農村部に広範に出現してくるこれらの村落リーダー達は，農村と都市を結ぶ商業ネットワークにおいて中間者としての役割を果たしただけではなく，在地社会と上位の国家，軍事領主，寺院の間との関係においても中間者としての役割を果たした。

このように，本書は，18世紀問題との連関で，中間者の問題に焦点をあて，この中間者にあたるのは在地社会から台頭してくる村落リーダー達であるとの議論をおこなうものである。もちろん，本書での議論の目的は，中間層論への参加にとどまるものではない。18世紀後半の南インド社会に生じた構造的な変化を，ミーラース体制の変質，村落リーダー層の析出，および，それらを取り巻く18世紀の政治経済環境の変動の中で論じ，植民地化に至る南インド社会の変化の特徴を解明することにある。

手　法

以上のような本書の課題を達成するために，本書は植民地統治初期からのさまざまな資料を用いる。とりわけ，個人名や村落名がついた資料，特に詳細な数値がついた資料を統計処理し，積み上げ，空間的な処理をほどこして分析するのが本書の手法的な特徴である。

数値，あるいは統計というものを基礎にして歴史を語ることのもつ問題性については，数値自体の信頼性はもとより，数値の生み出され方，数値に含まれる権力関係，植民地社会から情報を取り出そうとした植民地統治者のイデオロギー，分類そのもののもつ時代性など，さまざまな問題が存在していることについてはすでに指摘されてきており，筆者もそうした問題性について無知なわけではない。しかし，その一方で，個々の村で個別に作成され記録された数値が大量の単位で処理された時に，数値が元々生み出されたときのさまざまな恣意性を圧倒する事態を示しうる可能性も信じている。また，空間的な処理に関しては，資料の記載内容を可能な限りオリジナルな形で示すための手法として，地理情報システムをとり入れた。それは，一つには，筆者が可能な限りデータ自身に語らせたい，データに忠実という意味で実証的でありたいと願っている

からである。と同時に，数値の持つ罠にひょっとして筆者がはまってしまっている場合にも，批判を受けることを可能にするための戦術でもある。

　もちろん，こうした手法が限界をもっていることについては自覚的である。数値にできる限り語らせるとは言っても，それらの数値が異なる時点に配置されて存在しているのであるから，二時点間の変化については，出発点と到達点のそれぞれの時点で切った断面を推測と解釈でつなぎ合わせ，その間の変化について語らざるをえないからである。同じく，各時点の資料をどう読み取るかについても，推測と解釈を施さなければその意味を読み解くことはできない。実証的でありたいということの意味は，本書のように大量の数値データを扱う場合に，どこまで数値で裏付けられ，どこからが裏付けられていないかを明確になるように議論する態度をとることであると考えている。

　今ひとつ付け加えておきたいのは，個人レベル，あるいは村レベルの数値から作り上げた統計を土台に議論を組み立てるという本書での方法は，統計や数値を単純に信じているゆえではないという点である。全く正反対の方向からではあるが，こうした手法は，むしろサバルタン・スタディーズと呼ばれる一連の民衆史，下からの歴史に共通するアプローチであると考えているからである。声をもたないサバルタンも，過去のそれぞれの時点で，何らかの数値と結びつき，個人名と共に記録されてきた。本書で処理している資料にも，さまざまな個人名が，数万の単位で数値と共に表現されている。筆者は，それらの数値が，それらの声を持たないサバルタンの個性を表現しており，それを拾い上げることができれば，少なくとも彼らの生き方の一部を語らせることができるのではないかと信じている。植民地統治のイデオロギーの重要な表現として，センサスに代表されるような，上から分類し，系統づけ，位階に位置づけるために作成されてきたさまざまな統計資料とは明確に異なるものとして，個人や村レベルの数値に語らせることができるかどうかも本書での筆者の課題の一つである。

章構成と主な資料

　本書の章構成とそこで用いる主な資料は以下の通りである。

　第1章では，当時の基本的な社会構造であるミーラース体制の特徴を論ずる。第1節では，はじめに『バーナード報告』のポンネリ地域とシャーラーヴァッ

カム地域の村落資料を対象にして，在地社会での生産と分業のあり方を，カーストの形で表現されるようなさまざまな職分の内容とそれらを持つ者の空間分布，マガンと呼ばれる空間単位との関連，国家や寺院，ポリガール（軍事関係者）の権益とその意味，在地社会の広がりなどについて検討し，続いて『ザミンダーリー制報告』を利用して，チングルプット県全域を対象にして，人口分布，農業生産状況，灌漑基盤，商店分布，手織機の分布など，当時の生産活動の全体的状況を概観する。

『バーナード報告』とは，元々パームリーフ（貝葉文書）に刻まれていた村落台帳の内容の一部を，イギリス東インド会社の測量官バーナードがインド人書記に英語で筆写させたものであり，Jaghire-Barnard's Survey Accounts が資料名である。ジャーギール地域（後のチングルプット県に相当）の全 2,200 村前後の村々の各種情報が村ごとに 1～2 頁にわたって記されている。オリジナルのパームリーフは，現在タミル大学に保管されており，マドラスの政策研究センター（Centre for Policy Studies）の研究グループが，オリジナルからの転写をおこなっているが，遅々として進んでいない。内 2 村のみについては，英語への転写と分析が同グループにより出版されている[15]。パームリーフの方がはるかに詳細な情報が含まれているのは確実であるが，同資料へのアクセスが困難であることをはじめ，さまざまな事情から同研究所による作業の進展を待たなければならず，本書では『バーナード報告』の方を用いる[16]。

『ザミンダーリー制報告』は，1802 年に実施された永代ザミンダーリー制を前にして，ジャーギール地域全村について，ザミンダーリー，寺院（pagoda），ポリガール（poligar）と呼ばれる軍事領主，村書記（curnum）など，当時の重要な空間単位，社会単位ごとに作成された手書きの台帳類である。タミルナード州立文書館で Permanent Settlement Records というシリーズの中におさめられ，ザミンダーリー，寺院，ポリガール，村書記別に，村単位の各種情報がそれぞれ一ないし数巻にわたってまとめられている[17]。

第 2 節では，この時期の在地社会に広く見られた免税地や手当などのさまざまな権益のあり方とそれらの配分のあり方，空間分布を，『バーナード報告』のアフラパーッカム村とそれが位置するシャーラーヴァッカム地域の村落資料，および『ティルヴェンディプラム報告』などによって検討し，ミーラース体制

の特徴を解明する。ミーラース体制が村落ではなく在地社会を単位とした再生産体制であったこと，在地社会に存在するものだけではなく，国家や寺院，ポリガールと呼ばれる軍事関係者など在地社会を超えたレベルにあるものも含まれていたことなどを明らかにする。

『ティルヴェンディプラム報告』の資料名は *Reports and Accounts of the Old Farm of Tiruvendipuram* (Selections from the Records of the South Arcot District, No. IV, printed at the Collectorate Press, 1888) である。マドラスなどの港を除くと，18世紀の半ばの最も早い時点でイギリスの植民地支配下に入ったティルヴェンディプラム地域（後の南アルコット県の一部）について，1763年から1772年までの税務記録や村落統計類がおさめられている。

第3節では，ミーラース体制の特徴を，社会的文法という表現を用い，ミーラース体制がこの時代に生きる人々の生き方，考え方，志向を表現する社会的文法として基本的に機能していたというこの章の結論を，国家，軍事領主，寺院などとの相互関係も対象にしながら導く。

第2章では，この時期の商業交易活動の展開がミーラース体制に与えた影響を考察する。第1節では，『バーナード報告』，『ティルヴェンディプラム報告』を用い，商業活動がミーラース体制の中でどのように表現されているかを検討する。それにより，商工業活動がミーラース体制の外側に展開し，ミーラース体制はそうした活動を包摂することができなかったことを明らかにする。続いて第2節では，農村と都市の間の取引を扱う。具体的には，マドラスやポンディチェリなどの植民地交易都市での農産物取引規模，綿布生産地の分布と生産活動の状況，それらに関わる商人や運輸業者の活動の実態，金融業者や大商人の活動などを検討する。資料としては，当時の植民地文書に加えて，アーナンダ・ランガ・ピッライの『日記』利用する。それにより，農村と都市それぞれの経済活動の状況，および両者を結ぶ商業網と商人の活動，地税請負制の展開とそれへの商業従事者，東インド会社関係者の関係など，18世紀問題と重なる論点が出されるであろう。第3節は，ミーラース体制の変質と商業交易活動の展開との関連についての結論部である。

『日記』とは *The Private Diary of Ananda Ranga Pillai* (translated and edited by Price, J. F. and Rangachari, K., 12 vols., Madras, 1904-1928) であり，

インド人商人でフランス東インド会社のポンディチェリ総督であったデュプレクスの通訳兼相談役も務めたアーナンダ・ランガ・ピッライ（Ananda Ranga Pillai）が，1736年から1760年までの25年間にわたって書き綴った日記である。20世紀初めに25年かけてタミル語から英語に訳出された。『日記』には，体系的ではないものの，農産物取引や賃金に関する情報をはじめ，フランス東インド会社の統治下で盛んにおこなわれたフランス人やそのインド人通訳，商人らによる徴税請負に関する記述も多く含まれている。

第3章は，この時期のミーラース体制の変質と連関したもう一つの局面として，ミーラース体制のくびきを断ち切って台頭してくる村落リーダーの歴史的意義について，『バーナード報告』,『プレース1795年報告』,『プレース1799年報告』,『ミーラーシダール権益調査報告』,『グラマッタン収支簿』などを用いて分析する。

『プレース1795年報告』は，ジャーギール地域の徴税官となったプレースが，マドラスのセント・ジョージ要塞（Fort St. George）の税務局に対して提出した初期の行政報告書の一つ Report from the Collector of the Jaghire to Edward Saunders, President & ca. Members of the Board of Revenue, 6th October, 1795 (Board of Revenue Proceedings, 25th January, 1796, P/285/27) である。

『プレース1799年報告』Place's Report on the State of Jagir Fusli 1205-07, 1st July, 1799, to William Petrie Esq. President & ca. Members of the Board of Revenue, Fort St. George (Board's Miscellaneous Records, vol. 45) は，ジャーギール地域での徴税方針をめぐって税務局と対立したプレースが，徴税官を辞す前に提出した長文の行政報告書である。次の『ミーラーシダール権益調査報告』や各種統計類など，極めて興味深いいくつかの補遺が含まれている。

『ミーラーシダール権益調査報告』Abstract State of the Number of Meerassee Shares and of Meerassee Holders in the Several Districts of the Jagheer in Fusly 1207 shewing also the Quantity of Meerassee unclaimed & occupied by Pyacarries (Board's Collections, nos. 2, 115-16 F/4/112) は，『プレース1799年報告』の補遺の一つで，ジャーギール地域のミー

ラーシダール全員の個々の権益の詳細を記録した資料である[18]。

『グラマッタン収支簿』Letter from the Principal Collector in the Southern Division of Arcot, 15th December, 1805 (Board of Revenue Proceedings, 2nd January, 1806) は，南アルコット地域の最初の徴税官であるラヴェンショーが税務局に送った書簡の補遺としてまとめられたものである。そこには，グラマッタンと呼ばれる村の長がおこなっていた「不法な徴収 (unauthorized collection)」のリストが含まれている。なお，これら以外に，各種植民地資料を用いるが，いずれもマドラス管区所管のものである。

これらの資料を利用して，第1節ではミーラーシダールが18世紀後半の南インド社会に広く分布していたことを示す。続いて，大半のミーラーシダールが一つの村にしか権益をもっていないという状況を明らかにし，基本的にはミーラーシダールが村落を単位とした村落領主であったことを示す。このように，ミーラーシダールが個々の村落を単位としていたとなると，ミーラース体制が複数の村落からなる在地社会を単位としていたこととの関係が問われることになるが，第2節ではこの問題を考察する。はじめに，ミーラーシダールの数やそのカースト構成に関して，村および地域を単位として分析する。その結果から，たとえ個々のミーラーシダールの支配が村落を単位としたものであっても，その支配は，自分が属する在地社会全体やそれを超えた有力カーストの空間的な支配構造，つまり広域のカースト構造によって基本的に支えられていたと論ずる。第3節では，ミーラーシダールの間から，ミーラーシダールとは異なる存在として，『バーナード報告』では「村の長 (chief of the village)」あるいは「住民の長 (head inhabitant)」として記載され，本書で「村落リーダー」と呼ぶところの新たな階層が登場してきた状況を示す。この状況は，『ミーラーシダール権益調査報告』の統計処理により，ミーラーシダールの中に，複数の村落にまたがって権益を保持する村落領主層の事例が見出されることでも傍証される。第4節では，『バーナード報告』を利用して，これらの村落リーダーが出現してきた一つの契機として，この時期の商業交易活動の展開の中でミーラーシダールの権益が頻繁に取引される状況になっていたことを示し，こうしたミーラーシダール権益の取引が，在地社会全体のカースト構造の部分的崩壊を導くものであったと論ずる。ミーラーシダール権益の取引に関しては，たとえ

ばミーラーシダール権益の集積が，村落リーダーの台頭の原因であったのか，それとも結果であったのかについては議論の余地があろう。しかし，少なくとも，そうした取引がミーラース体制と在地社会の構造を大きく揺るがす性質のものであったことは間違いない。そのような状況の中から台頭してくる村落リーダーが，具体的にどのような活動をおこなっていたのか。それについては，チングルプット地域に隣接する南アルコット地域で，「グラマッタン（村の長）」と呼ばれた村落リーダーに相当する者の収支に関する『グラマッタン収支簿』が重要な情報を与える。第5節では，この『グラマッタン収支簿』を利用して村落リーダーの活動を検討する。それにより，村落リーダーが，ミーラース体制から自らを切り離して自己の支配基盤を創り出していたことが示されるであろう。

空間的位置・日付・出典の表記および単位について

以下の議論では，地理情報システム関連のソフトウェアを利用して数千村にわたる村落統計を地図で表現し，議論を組み立てている。その際，地図上の位置を示すために用いた基本地図は，1960～70年代に逐次作成された1インチ1マイル（ほぼ5万分の1に相当）の郡（Taluk）を単位とした地図である。この郡地図には，行政村とその境界だけではなく，自然村の位置についても記されており，資料上の地名の位置を確定するのに有益である。本書では，1971年センサスを基本にして，次の郡名略号，すなわちCH-Chingleput（チングルプット），KA-Kanchipuram（カーンチープラム），MT-Madurantakam（マドゥランタカム），PO-Ponnary（ポンネリ），SA-Saidapet（サイダペット），SP-Sriperundur（シュリペルンドゥール），TV-Tiruvallur（ティルヴァッルール），CU-Cuddalore（カッダロール），GI-Gingee（ジンジー），PL-Polur（ポールール），TI-Tindivanam（ティンディヴァナム），TK-Tirukkoilur（ティルッコイルール），VI-Villupuram（ヴィッルプラム），WW-Wandiwash（ワンディワーシュ）を頭に，郡地図にある行政村番号を全て1971年センサスの村番号に変換し，各行政村に含まれている集落にABC……というアルファベットを適宜割り振って表記した。たとえばPO016Bは，ポンネリ郡の行政村番号16にいくつか存在する集落の一つであることを示している。

次に，資料の日付の表記についてであるが，日付は通常の英語表記によったが，一部については簡略化を図って日，月，年の順に表記した。たとえば 15.4.1750 は，1750 年 4 月 15 日であることを示している。

出典の表記については，『バーナード報告』を出典としている場合は，頭に BR を付し，続いて『バーナード報告』で用いられている下記の地域名の略号と，各分冊の手書きのページ番号を表記した。たとえば，ポンネリ地域の 16 頁であれば，BRPO016 と表記した。植民地統治文書に関しては，多くの場合 Fort St. George は FSG，Fort St. David は FSD と略記した。特に引用の多いマドラスの税務局（Board of Revenue）については BOR と略記した。たとえば BOR Proceedings とある場合は，Board of Revenue Proceedings の略である。アーナンダ・ランガ・ピッライの『日記』は *Diary of A.R. Pillai* として引用し，日記の日付を付した。

単位については，地域と時期によりまちまちであるだけでなく，同じ地域や時代であっても資料によって異なるのがふつうである。主な資料に用いられている単位を示すと，以下のようになる。いずれも複数語尾は略する。

『バーナード報告』

 秤量単位

  cullum. marakkal. measure（カッラム，マラッカル，メジャー：C.M.M. と表記）

  1 cullum＝12 marakkal＝96 measure（1 marakkal＝8 measure）

 貨幣単位[19]

  pagoda, fanam, cash（パゴダ，ファナム，カーシュ：P.F.C. と表記）

  1 pagoda＝36 fanam＝2,880 cash（1 fanam＝80 cash）

 面積単位

  cawnie, culi（カーニ，クーリ：C.C. と表記）

  1 cawnie＝100 culi＝240 square feet＝1.32 acres

『ティルヴェンディプラム報告』

 秤量単位

  1 cullum＝4 marakkal

 貨幣単位

32　序　　論

　　　　1 pagoda＝42 fanam＝3,360 cash（1 fanam＝80 cash）
　　面積単位
　　　　1 cawnie＝100 culi（実際の面積は村によって異なる）

註
1) この点については本書では議論する余裕がないが，18 世紀以降のインド史をグローバル・ヒストリーの中に位置づけようとするベイリーの意欲的な試みは，[Bayly 1989, Bayly 2004] に顕著にみることができる。
2) 南インドにおいては，17 世紀から徴税請負を通じて商人と政治との関係が近接していったが，しかし 17 世紀後期から 18 世紀初めには商人は全般的に凋落していったとするサンジャイの議論をうけて，ベイリーは，こうした状況が北インドにもいくつかの点を除いて基本的には当てはまるが，異なる点として，北インドでは，農業経済を機能させ地域間の商取引を支配する小商人や金貸しのグループ，政治的な役割と国家財政に対して直接の役割を果たし始めたエリートの大商人達，およびこれら二つのグループと管財人を通じて取引をおこなうマンサブダールや公職無しで徴税請負をおこなうムスリムや軍事出身の族という三つの層からなるモデルを考えることができ，これらの三つの層が，17 世紀に共通の「公共文化」を共有するようになり，下級官吏と商人とが結びつくようになったのであるが，南インドの場合，このモデルのうちの大商人や大規模な金貸しがあまり存在しなかったと論じている [Bayly and Subrahmaniyam 1988: 415-16]。
3) 18 世紀問題に関する諸論文を集めて編纂したもう一つの書の編者であるマーシャルは，この中間層論を紹介した後，中間層の重要なグループとして，第一にザミンダール，第二に商人コミュニティー，第三に文官や武官，学識の高い者，高位宗教者などの「郷紳」という三つのグループをあげている。いずれのグループも，村落レベルから極めて有力な者を含む非常に広範なカテゴリーとして使われているが，共通の特徴として，新たに登場した継承国家の要請に応ずることで自らの利益を見出していったこと，逆に言うならば，継承国家は，これらのグループを自身の側につけることによって，支配を地域に根付かせることに熟達していたという点が指摘されている [Marshall 2003: 7-8]。
4) ベイリーは，中間層を対象とした研究をおこなったのは，従来の研究がもっぱら農村社会を対象とし，都市や中間層の研究が欠落していたからであるとしており，農村社会にとって外部的な性格をもつものとしての中間層という位置づけは，ベイリーによって意識的になされているものである。
5) この点に関しては，本書に続く予定の 19 世紀以降の南インド社会の変化を扱った別稿で詳しく論ずる予定であるが，さしあたり，[Mizushima 2002, 2006] の二つの論文を参照されたい。
6) 免税地は，税部分が免税地享受者に手当として分配されることから，その権益の授受に関して国家の主導権が当然視されてきた。しかし，第 1 章で詳述するように，免税地には国家の意向が反映されているものと在地社会の意向が反映されたものの両方があり，量的には後者が圧倒的に多い。従来の研究が国家論に大きく傾斜していたことの一つの証左である。
7) 筆者は，1980 年代半ばに，ティルチラパッリ北方のトゥライユール地域でナーッタールの末裔の調査をおこなった。その一部は，現在も同地域一帯に隠然とした影響力を保持し続けている。
8) このことは，以下に述べるミーラーシダールや村落リーダーの一部も，ナーッタールという尊称で呼ばれていた可能性が十分あったことを意味している。つまり，制度的な背景とは無縁に，在地社会の有力者がナーッタールという尊称で呼ばれていたということである。
9) 『プレース 1799 年報告』paragraphs 59-64.
10) 村落リーダーの一部が，その在地社会における有力さからナーッタールと呼ばれた可能性は

序　論　33

あるとしても，基本的には全く異なる存在であった。
11)　本書の対象とする時期より2世紀前後遡るが，コロマンデル地域を対象として，ポルトガル語資料や刻文資料を用い，沿岸部と後背地との交易関係について，ステファンが注目すべき研究を著している［Stephen 1997］。
12)　このことは，ミーラース体制が綿業生産に全く関与しえなかったということを意味しているわけではない。たとえば，南インドの南アルコット地域にあるティルヴェンディブラム地域に関する史料では，手織機に対して1台あたり現金でいくらという形での徴収が行われている。しかし，この徴収は，生産物全体に対して何らかの取り分を設定するという方式とは根本的に異なる。
13)　Measures adopted for securing the Assistance of the Benjarries (Board's Collections, 1313, OIOC, F/4/59)
14)　バジュカルが批判した従来の議論とは，次のようなものであった。ムガル支配の中核地域では，ザブト（zabt）制と呼ばれる金納制が基準となっていた。ラージャスターン地域では，生産の一定割合が査定されるといういわゆる刈り分け型が一般的であったものの，農民は国家の取り分を市場価格で換算して税を納入していた。つまり，税の査定が金額であれ刈り分けであれ，農民は農産物を市場化して現金で納税したことになる。他方，国家による農産物市場との関わりは，売上税や間接税，あるいは特定の商品の独占的取引に限定され，農産物取引への直接の介入も散発的なものでしかなかった。以上が，従来の説であった。
15)　パームリーフの内容と本書で用いた『バーナード報告』の違いは，以下の通りである。1. パームリーフの方が記載内容が詳しいが，パームリーフでは欠けている部分が『バーナード報告』に記録されている場合もある，2. パームリーフには，世帯の長の個人名，家屋の大きさ，家の裏庭や果樹園の大きさが記されているが，『バーナード報告』には世帯数についての記録はあるものの，世帯の長の名などの情報はない，3. パームリーフには村によっては作物ごとの畑の位置が記されていることがあるが，『バーナード報告』にはそうした情報はない，4. パームリーフには予想される税の金額が記されているが，『バーナード報告』にはそうした情報はない，5. パームリーフには村によっては受け手ごとの免税地の収量が記されているが，『バーナード報告』には免税地の面積しか記載されていない，6. パームリーフには課税地における作物別の作付面積と収量，および現物での税について記録されているが，『バーナード報告』では作物ごとの収量と税額が記されているだけである。
16)　地域別の巻号は，以下の通り。Jaghire–Barnard's Survey Accounts of Covelong (vol. 50), Chingleput (vols. 51, 52, 53, 54, 59, 62), Carangooly (vols. 55, 56, 57, 58, 72), Cavantundlum (vol. 60), Peria and Chinna Conjiveram (vol. 61), Manimungalum (vol. 63), Ootramallore (vol. 64), Pariapolliam (vol. 65), Poonamallee (vols. 66, 67), Ponnary (vol. 68), Salavauk (vol. 69), Sautmagan (vol. 70), Parumbauk (vol. 73), Chickercotah (vol. 89), Trepassore (vol. 71), Trivatore (vol. 71). Board's Collections, vols. 36, 37, 99, 113, 242.
17)　タミルナード州立文書館での資料番号は，下記の通りである。資料が作成された年次は1801年から1802年の間である。巻号末尾にある徴税官グリーンウェイによるサインの日付が異なっていることから，ある程度の時間的ずれをともなって作成されたものであろうと推定される。
　　　Vols. 20-22, Zamindari Statement, Statement relating to Permanent Settlement of Jagir forwarded as Enclosures to Mr. Greenway's Letter, 29th March, 1801. (1801年3月29日付のサイン：XXの部分に，寺院名が入る)
　　　Vol. 23, Statement of the Privileges and Marahs of XX Pagoda. (1802年2月28日付のサイン)
　　　Vol. 24, Statement of the Meerassee Privileges of the Curnums in the Several Villages in the Purgunnah of XX (1801年10月30日付のサイン：XXの部分に，地域名が入る)
　　　Vol. 26, Poligar (1801年10月30日付のサイン)
18)　この『ミーラーシダール権益調査報告』の内容についてのプレース自身の説明は『プレース

1799年報告』の343節以下に述べられている。同部分はまた，イギリス下院での著名な『第5報告』(*The Fifth Report from the Select Committee of the House of Commons on the Affairs of the East India Company*, 28th July, 1812) にも収録されている。なお，本補遺はタミルナード州立文書館では入手することができなかったため，ここではイギリス国立図書館のインド省分室のものを利用した。

19) pagoda と fanam は金貨。cash は銅貨。pagoda, fanam, cash はセットで表記されることが多く，また cash がタミル語で金を意味する kasu の音に近いため，筆者は従来 cash も金貨であろうと考えていたが銅貨である。

第1章　18世紀南インドの在地社会とミーラース体制

第1節　在地社会での生産と分業

　分業構造およびその空間構造は，村落と在地社会との関係，再生産の基本的な単位とその変化などの問題を考える際に極めて重要な問題である。本節では，地理情報システムの分析成果を採り入れて，次の3点を明らかにする。第一は，さまざまな職分を持つ者が，実際にどのように空間分布していたのか，それぞれの特徴を職分との関連で明らかにすることである。第二は，農業，商工業，宗教関係などの全体的な分業の構成を明らかにすることである。18世紀のインドに関して，そのカースト構成を村レベルで知りうる資料は希少であり，その特徴を明らかにすることは大いに意味があろう。第三は，再生産の基本的な空間ユニットが何であったのか，村落をはじめとするこの時期の資料に登場するいくつかの行政ユニットと分業との連関はどうだったのかを検討することである。以上の問題は，後に検討するミーラース体制の空間的な特性を知る上でも重要である。以下，『バーナード報告』をもとに，ジャーギール地域（図表I-1, 口絵）のポンネリ地域とシャーラーヴァッカム地域を事例にしてこれらの問題を検討する。

ポンネリ地域のカースト構成と分業

　ポンネリ地域（村名とMap Codeを示した図表I-2A（CD），I-2B（CD））には，全150村に4,428の家屋があった[1]。そのうち，25村は居住者のいない村であり，125村に関して記録がある。しかし，一部データの欠損があるために，内訳がわかるのは3,865戸についてである（図表I-3（CD））。部分的な欠損のため

に，必ずしも正確な分析にはならないが，以下，その状況をみてみよう。

全体として数的に多いのは，パライヤ（Paraiah 不可触民 20%），ヴェッラーラ（Vellala 農民 16%），パッリ（Palli 農民 12%），ブラーミン（Brahmin 9%）などである。それ以外では，牛飼い（cowkeeper 6%），チェッティ（Chetti 商人 4%），カヴァライ（Kavarai 商人 4%），カナカピッライ（Kanakapillai 書記 3%），ラージャ（Raja 治安維持 3%），パトナヴァル（Patnavar 漁師 3%）などがある。他は，いずれも1%前後かそれ以下である。

これらを，1. 役人（書記，デーシュムク，マハータド・ピオン，計量人），2. 治安維持（ラージャ，ポリガール，タライヤーリ，トゥッケリ，カーヴァル），3. 村落職人（大工，鍛冶屋，金細工師，壺造り，洗濯人，床屋），4. 商人・製造・小売り・手織工（チェッティ，カヴァライ，油売り，両替人，靴造り，椰子酒売り，塩造り，漁師），5. 農業（農民，牛飼い，不可触民農業労働者），6. 宗教関係（ブラーミン，僧，ファキール，踊り子）という形に分け，それぞれの特徴を見てみたい。

1. 役人（書記，デーシュムク，マハータド・ピオン，計量人：図表 I-4A（口絵））

書記は，村落レベルの唯一といってよい役人である。45村に計120戸存在し，空間的にほぼ均一に分布している。それは，かれらが村落記録を維持管理し，国家にとっても在地社会にとっても重要な存在であったことによろう。他方，デーシュムク（Deshmukh）は，郡レベルの上級役人であり，この地域には Ram Rao という人物が1人いるだけである。マハータド・ピオン（Mahatad Peon）は，郡の中心のポンネリの町のみに16戸が配置されている。郡役所から，税受領のために村々に派遣される者達である。国家の役人としての性格の強いのは，この両者ぐらいであろう。計量人（measurer）は主に測量に携わったようであり，計測人とするのがよいのかもしれない。分布を見ると全域で1戸しかなく，かなり専門性の強い存在であったようだ[2]。

2. 治安維持（ラージャ，ポリガール，タライヤーリ，トゥッケリ，カーヴァル：図表 I-4B（口絵））

治安維持や軍事を担当する者として，ラージャ（Rajah），ポリガール（Poligar），タライヤーリ（Talaiyari），トゥッケリ（Tookeri），カーヴァル（Kaval）

などをあげることができる。ラージャをそのまま治安維持を担当するカーストとしていいかどうか必ずしもはっきりしないが、後に見るように、ポリガールとして個人名があがっている場合、ラージャというタイトルをもつことが極めて多いので、この分類にいちおう入れておく。なお、ここでポリガールとして統計にあがっている以外に、有力な農業カーストの一部がポリガールの職分を果たしている例がしばしばある。タライヤーリを含め、後に論ずるので、ここでは議論を省略する。なお、戸数と空間分布であるが、ラージャは25村に96戸、ポリガールは1村に3戸、タライヤーリは20村に26戸、トゥッケリは7村に12戸、カーヴァルは1村に2戸それぞれ分布している。以上の5者の分布を地図で見ると、全体でほぼ全域をカヴァーしている様子が確認しうる。

3. 村落職人（大工、鍛冶屋、金細工師、壺造り、洗濯人、床屋：図表I-4C（口絵））

村落職人で広く存在するのは、大工、壺造り、洗濯人、床屋、鍛冶屋、金細工師であり、だいたい6～7村に1戸程度存在した。洗濯人だけが例外で、2～3村に1戸であった。1村あたりの戸数が30戸前後であったことからすれば、各種村落職人がだいたい200戸に1戸（洗濯人の場合は70～80戸に1戸）の割合で分布していたことになる。

4. 商人・製造・小売り・手織工（チェッティ、カヴァライ、油売り、両替人、靴造り、椰子酒売り、塩造り、漁師：図表I-4D（口絵））

商人の中で、全域に広く分布しているのは、チェッティとカヴァライである。前者はタミルの商人であり、62村に152戸、後者はテルグの商人であり、41村に165戸、それぞれ存在する。油売りは16村に30戸いる。他方、両替人は2村に2戸しかいない。後にみるように、シャーラーヴァッカム地域では両替人の戸数と頻度ははるかに多い。両地域に、なぜこうした違いがあるのかはっきりしないが、一般的に、両替人の役割を果たしたとされる金細工師がポンネリ地域の19村に分布していたことを勘案すると違いはなくなる[3]。靴造りは1戸のみで、シャーラーヴァッカム地域でも同様に少ない。この時期の靴造りは、特殊な存在であったようだ。椰子酒造りは二つのカーストからなり、そのうち

シャーナル（Shanar）は28村に73戸，エナーディ（Enaudi）は20村に42戸それぞれ存在している。なお，沿岸に位置するこの地域の特性として，塩造りがおこなわれており，4村に36戸分布している。また，沿岸部の4村に109戸の漁師が分布している。

　手織工は，一つの村に27戸，もう一つの村に2戸，計29戸分布している。各村に数戸ずつ広く存在したわけではなく，特定の村に固まって生産していたようである。

5. 農業（農民，牛飼い，不可触民農業労働者：図表 I-4E（口絵））

　農業関係としては，代表的な有力カーストはヴェッラーラ（16％）である。ヴェッラーラは，タミル地域の代表的な農業カーストであり，非ブラーミン・カーストの中では最も高い地位を占める。ポンネリ地域では，その中がコンダイカッティ（Kondeikatti）やトゥールヴァ（Tuluva），パイルコッタイ（Piercotah/Payirkottai）をはじめ，いくつかのグループに分かれている。たとえば，コンダイカッティ・ヴェッラーラは，髪の毛を一つに結わえることからそのように呼ばれたし，トゥールヴァ・ヴェッラーラは，元々アラビア海側のカナラ地域出身とされている［Crole 1879: 35］。それぞれ，ある程度の空間的な偏りをもちながら，全体としては全域に分布している。ヴェッラーラに続いて数が多いのはパッリであり，67村に448戸（12％）が分布している。パッリは，19世紀に入ってクシャトリヤのヴァルナの地位を要求し，現在ではパッランとの違いを強調している。階層としては，農業労働者と農民，およびミーラーシダールを含んでいる。牛飼いは，59村に211戸（6％）で，これもほぼ全域に分布している。不可触民農業労働者であるパライヤは，78村に779戸（全体の20％）おり，単一のカーストとしては最大である[4]。以上を合計すると，全体の54％となる。

6. 宗教関係（ブラーミン，僧，ファキール，踊り子：図表 I-4F（口絵））

　ブラーミンを宗教関係に分類することは，ブラーミンの多くが非宗教的な職にも就いているので必ずしも適切ではないかもしれないが，便宜的にこの項目に入れる。ヴェッラーラと同じく，その中はシヴァ派，ヴィシュヌ派，ジェン

トゥー（Gentoo ここでは「テルグ出身」の意味）をはじめ，いくつかのグループがあり，その数も多い。シヴァ派が25村に36戸，ヴィシュヌ派が37村に135戸，ジェントゥーが35村に98戸分布している。

非ブラーミンの僧や宗教関係者も，パンダーラム（Pandaram）やオッチャン（Occhan）をはじめ，数多く，かつ広く分布している。不可触民の宗教者であるヴァッルーヴァン（Valloovan）も，15村に17戸存在した。また，主に寺院を活動の場とする踊り子は，8村に29戸存在していた。

ムスリムのファキール（Fakir）は，3村に2戸（資料の欠損のため一つの村の数値が不明）のみで，ヒンドゥーに比べると数的には非常に少ない。なお，ムスリムは，他に11村に36戸しかなく，全体としてその数は少なかった。

ポンネリ地域のカースト構成の特徴

以上検討してきたポンネリ地域の主なカーストの規模と分布から，次のいくつかの特徴が示唆される。第一は，在地社会におけるこの時期の国家のプレゼンスの小ささであり，第二は，それを補う宗教および軍事・治安維持に携わる人々および，ヴェッラーラを中心とした在地社会支配層の存在の厚さであり，第三は，在地社会のまとまりとその崩壊である。

第一の国家のプレゼンスの問題であるが，この地域で国家の行政に直接携わると考えられるのは，デーシュムク1戸と，徴税のためのピオンのみである。村々にいるのは，村長ではなく村書記だけであり，基本的に記録類の維持管理を担当する役割で，村長のように国家行政を執行したわけではない。また，ムスリムのナワーブ政権下にあったとしても，ムスリムの戸数は極めて小さい。国家権力に連なる者達が在地社会に広く分布し，それらの在地での支配に基づいて国家の支配がなされたわけではなかったことは明らかである。同じく，国家権力が役人を在地社会に派遣し，長期の安定した統治を目指すというようなシステムも見ることはできない。このような国家のプレゼンスの小ささは，在地社会の構造に根ざした在地社会の自律性と表裏の関係にあるのであるが，その点については後に論ずる。

国家のプレゼンスの小ささと対照的なのは，在地社会に広く分布していた宗教および軍事・治安維持関係者である。ブラーミンは全人口の9％を占め，シ

ヴァ派，ヴィシュヌ派を中心として，全域に広く分布している。これらのブラーミンは，単にアグラハーラムと呼ばれるブラーミン村に分布していただけではなく，各地に散在するヒンドゥー寺院とも関連していた。このような状況は，ヒンドゥー寺院の宗教的権威やブラーミンを頂点とした秩序観が，在地社会空間に浸透する形になっていたことを示唆するものである。また，このようなブラーミンの勢力あるいは権威は，マット（マタム）と呼ばれる教団組織や有力な寺院とのつながりなどによってさらに大きな空間的広がりをもっており，基本的には在地社会をはるかに超えたものであったことに留意する必要がある。

他方，軍事・治安維持を担当するポリガールに関しては，単に統計でポリガールとしてあがっている一つの村の3戸のみでなく，ラージャやナーイク（Naik）を称号として持つ者，さらに一部ヴェッラーラを加えた者がポリガールの職分を有していた。図表I-5（CD）は，ポンネリ地域の『バーナード報告』中に記載されているポリガールの個人名ごとに，何村でポリガール職を務めていたかを示したものである。個別に記載されているポリガール名を集計したもので，類似した名前が同一人物であるかどうかはっきりしない場合もあるので，ここでの数値はあくまで各ポリガールの最低の管轄村数としてみなければならない。表中の全55人の内，1村のみを管轄しているのが33人，2村のみが8人，3村のみが6人，4村のみが3人，6村，8村，16村，36村が各1人という構成となっている。これらのポリガールの中には，広い領域にわたってポリガール職を有していた者も含まれている。軍事という国家と深く関わる役割を果たす存在として，少なくともその一部は，在地社会を超えたレベルの存在であったと位置づけるべきであろう。この点についても，後に論ずる。

ポリガールの職分を持つ者は，このようにポンネリ全域にわたって分布し，軍事および治安維持という役割を果たしていた。その中で注目されるのは，在地社会での基幹的な農業カーストであるヴェッラーラの間にポリガールの職分を持つ者が登場していることである。ポンネリ地域のポリガールを人名に含まれている称号やカースト名で分類すると，図表I-6のようになる。ヴィジャヤナガル朝以来の軍官の称号であるナーイクあるいはラージャという名称を含む者が，それぞれ11村（重複を含めると14村），114村（全体の4分の3）を占める一方で，ヴェッラーラが20村でポリガール職を果たしていた。

図表 I-6　カースト別ポリガール数と管轄村数
（ポンネリ地域）

ポリガールカースト [　]-居住地	管轄村数
ナーイク	7
ナーイク（コヴライ）	3
ナーイク（パッリ）	1
ラージャ	111
ラージャ，ムッティリヤン，ナーイク	1
ラージャ，ナーイク（ムッティリヤン）	2
ヴェッラーラ［在マドラス］	1
ヴェッラーラ［近隣村］	9
ヴェッラーラ［同一村］	10
不明	5
計	150

Source:『バーナード報告』(vol.68, Ponnary) より作成

　ヴェッラーラがポリガールの職を保持しているという事態は何を示唆しているのだろうか。この問いへの答えは，ポリガールの称号・カースト別空間分布を示した図表 I-7（口絵）にある。ヴェッラーラのポリガールの分布によって示唆されている。図が明確に示しているのは，これらの事例がポンネリ地域の中心部にほぼ固まっていたことである。一般に，ポリガール達は，「ポリガール村」と呼べるような特定の村々に複数で居を構える場合が多い（ポリガール村の分布を示す図表 I-8（口絵））。それらのポリガール村は，おそらく代々ポリガール職を村々で果たしていたのではないかと思われる。それに対して，ヴェッラーラのポリガールは，ほとんどが当該村もしくは近隣村の者であり，中にはマドラスに居住している者さえ含まれている。この事態は，次の二つの解釈を可能とさせる。第一は，18世紀の政治的な混乱の中で，村落の有力農民カーストの間から，自ら武装化してポリガールの役割を果たす者が登場してきたという解釈である。第二は，距離的にポリガールの職分を果たすことが不可能と考えられるマドラスに居住しているポリガールの例に見られるように，ポリガール職の職分とそれに付随する権益（ミーラース権：後述）が取引されていたという解釈である。実際は，おそらくその両方の組み合わせであろう。特に前者は，本書での重要なテーマである村落リーダーの台頭という問題と関連するものであり，後に再び検討する。
　宗教，および軍事・治安維持に関わるブラーミンやポリガールは，国家と並

び，在地社会を超える上位のレベルで南インド社会を支えていたと考えることができるが，それに対して，在地社会内部でその土台をなしていたのは，農業カーストを主体とした在地社会の支配層である。

　農業カーストは，先に見たように，ヴェッラーラとパッリ，および不可触民のパライヤで全体の半数を占めていたが，そのうち，パライヤは，基本的にはヴェッラーラやパッリ，あるいはブラーミンなどの下で農業労働に従事する下層労働者であった。したがって，数的には少ないが農村部に大きな影響力を有していたブラーミンと，上記のヴェッラーラ，パッリが，この地域の在地社会の基幹的な階層であったと考えてよい。それらの空間分布を見てみると，ヴェッラーラがポンネリ地域の中央部を占め，他方パッリは外縁部に分散しているという傾向や，ヴェッラーラの中のいくつかの集団の中では，トゥールヴァ・ヴェッラーラが中心部に多く見られるという傾向が見られる。こうした，各有力カースト集団の数と拡がりが，在地社会の構造を維持する重要な要因であったと思われるが，これについても後に検討する。

シャーラーヴァッカム地域のカースト構成と分業

　沿岸部に位置したポンネリ地域の分業とカースト構成は以上のようであったが，それでは，内陸部のシャーラーヴァッカム地域ではどのような特徴が見られたのであろうか。（村名とMap Codeをそれぞれ示した図表I-9A（CD），I-9B（CD）参照）

　図表I-10（CD）は，シャーラーヴァッカム地域の村別住居構成を示している。同地域の72村には，全部で1,894戸，67カーストが存在した[5]。戸数から見て最も多いのは不可触民のパライヤの286戸（15%）であり，農業カーストのパッリの211戸（11%）がそれに続く。それ以外で多いカーストは，ヴィシュヌ派ブラーミンの143戸（8%），パッコラム・ヴェッラーラ（Puccolum Vellala）[6]と牛飼いの各109戸（6%），トゥールヴァ・ヴェッラーラ[7]の89戸（5%），レッディ（Reddi）の78戸（4%）などである。レッディはアーンドラ地域出身の農業カーストであり，ヴィジャヤナガル軍の南下と共にタミル地域に入ったとされている。これら以外で50戸以上を数えるのは，カナカピッライ（書記），チェッティ（商人），カンマ（Kammaレッディと類似の農業カースト），

第1節　在地社会での生産と分業　43

図表 I-11A　主な職種
（シャーラーヴァッカム地域）

分類	戸数	割合
農牧業	945	51
宗教サーヴィス	384	21
商人	150	8
職人・サーヴィス	129	7
村落役人（書記）	66	4
綿業従事者	44	2
治安維持	35	2
村落役人	10	1
その他	97	5
計	1,860	100

Source :『バーナード報告』(vol. 69, Salavauk) より作成

図表 I-11B　主な職種
（シャーラーヴァッカム地域）

村落役人 1%／治安維持 2%／綿業従事者 2%／村落役人（書記）4%／職人・サーヴィス 7%／商人 8%／宗教サーヴィス 21%／農牧業 50%／その他 5%

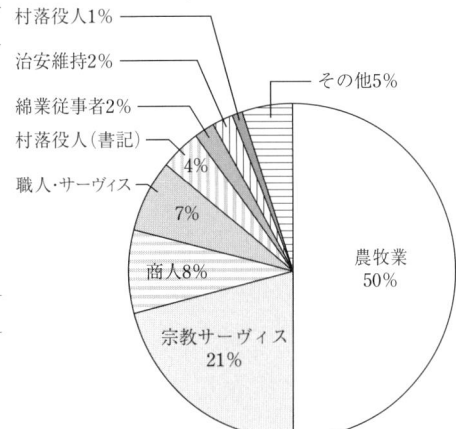

Source :『バーナード報告』(vol. 69, Salavauk) より作成
全1,860戸

シヴァ派ブラーミン，ヴィーラシャイヴァ・パンダーラム（Veerasiva Pandaram 非ブラーミンの寺院僧）等である。

　以上は戸数であるが，居住村の数の多いカーストとしては，パライヤが47村，パッリが41村，牛飼いが35村に分布し，チェッティ（28村），書記のカナカピッライ（27村），洗濯人（25村），大工，ポリガール，両替人のシュロフ（Shroff）が各21村，ヴィシュヌ派ブラーミン（20村）等がそれに続く。

　以上が，シャーラーヴァッカム地域のカースト分布の概要である。これを主な職種に分けて検討してみたい。図表 I-11A は，主な職種の構成であり，図表 I-11B はそれを円グラフにしたものである。特徴として，全1,860戸の半分程度しか農牧業に従事する者がいない。非農業世帯として分類されている者の一部が農業に従事している場合もあるであろうから，その数値をそのまま受け取ることはできないが，とはいえ，非農業世帯の割合がかなり高い地域であったと言うべきであろう。宗教サーヴィスが21%と極めて大きい割合を占めているのも一つの特色である。他には，村役人（大半が村書記）が5%，職人・サーヴィスが7%，商人が8%，綿業従事者が2%，その他が5%という数値となる。

　これらの中の主なものについて，職種別にその空間分布の特徴をみてみたい。

その際，この時期の資料類でしばしば村落の上位の空間単位として使われているマガン（図表 I-12（CD））との関係も検討しておく[8]。なお，図表 I-13（CD）は，シャーラーヴァッカム地域の世帯構成と権益受給村数を集計して示したものであり，また，図表 I-14（CD）は，シャーラーヴァッカム地域で何らかの権益を得ていた全ての関係者・機関毎に，その手当や免税地の大きさおよび村落やマガンとの空間対応を示したものである。これらの図表をもとに，順に検討する。

1. 書記

村落における記録類の維持管理という，国家にとっても在地社会にとっても非常に重要な役割を果たしたのは書記である。書記は，27村に66戸が住む。その空間分布は，役人関係の分布を示した図表 I-15A（口絵）にあるように均等である。場合によっては一つの村に多数の書記が居住しているが，それらはだいたい戸数の多い村でもある。村落関係の免税地をはじめ，脱穀前に支払われる手当，計量前に支払われる手当，国家のみによって支払われる手当をほとんどの村で得ており，それは居住村であるかどうかとはまったく関係がない。

2. 両替人

『バーナード報告』では，村内の作物別の収量に対応する税額が全て金額で表示されている。このことは，村内の生産物が納税のために換金されたことを意味し，その役割を両替人が果たしたことを示唆している。このような両替人は，21村に35戸が住む（商業関係者の分布を示した図表 I-15B（口絵））。ポンネリ地域での分析で指摘したように，当時も今も農村部の金細工師は両替人の役割を果たすことが多いことから，彼らは金細工師でもあったと思われる。両替人も書記と同様均等に分布していた。村落関係の免税地をはじめ，脱穀前に支払われる手当，計量前に支払われる手当，国家のみによって支払われる手当等を，居住村であるか否かに関わらずほとんどの村から得ていた。

3. ポリガールとその手下タライヤーリ（Talaiyari）

軍事，治安維持という国家にとっても在地社会にとっても重要な役割を果た

したポリガールについては，いくつか検討すべき問題があるので後に改めてとりあげる。ここでは，ポリガールが 21 村に 33 戸が住み，その分布がやはり均等であったこと（軍事関係者の分布を示した図表 I-15C（口絵），村落関係の免税地と国家のみによって支払われる手当をほぼ全村から，脱穀前に支払われる手当を 7 割の村から，計量前に支払われる手当を 3 割の村からそれぞれ得ていたこと，それらが所在する村は，やはりポリガールの居住村とは必ずしも一致していないことなどを確認しておく。

以上三者は，国家と在地社会のいずれにとっても重要な役割を果たした存在であり，その空間分布と権益分布の特徴は，一口で言えば，均等に広く分布していたということである。次に，職人，サーヴィス・カーストについて検討する。

4. 大工

大工は，21 村に 27 戸が住むが，その空間的分布は均等である（職人，サーヴィス・カーストの分布を示した図表 I-15D（口絵））。全てのマガンに，大工が住む 1～4 の村がある。大工は，次の鍛冶屋と同様に全く権益がないようにみえるが，逆に artificers という分類には戸数がなく権益のみが記されていることからして，大工と鍛冶屋などは artificers という形で権益が記されたと考えられる。artificers の場合，大半の村で村落関係の免税地，脱穀前に支払われる手当，計量前に支払われる手当，および国家のみによって支払われる手当を受けている。また，彼らが居住しているといないとに関わらず，全マガンのほぼ全村でこれらの特権を受けていた。

5. 鍛冶屋

鍛冶屋は，14 村に 16 戸が分布（図表 I-15D（口絵））し，マガン 06 を除き，各マガンに 1～2 戸いる。他は，大工の場合と同様である。

6. 床屋

床屋は，全部で 13 村に 16 戸が分散している。人口の多いシャーラーヴァッカム（Salavaucum 村番号 1）とアンナドゥール（Annahdoor 村番号 55）には複

数居住するが，残りの村には1戸ずつのみであり，空間的分布は均等である（図表I-15D（口絵））。マガンとの関係では，マガン02には1戸もない。しかし，村落関係の免税地がその中の二つの村で施与されている。全体で17の村々で床屋に対する免税地が見られるが，その所在は床屋が居住する村とは必ずしも一致しない。脱穀前に支払われる手当と計量前に支払われる手当は，全てのマガンのほとんど全ての村から得ている。

7．壺造り

壺造りは，11村に13戸が住む。マガン06を除き，各マガンには1～2戸の壺造りが均等に分布する（図表I-15D（口絵））。脱穀前に支払われる手当と計量前に支払われる手当が，約半数の村々で彼らに与えられているが，マガン06と07の場合は極く少数の村でしか見られない。村落関係の免税地を9村で得ているが，それらの所在する村は必ずしも彼らの居住する村とは一致しない。

8．洗濯人

24村に24戸が住み，もう1村でも，資料の欠損のため数字が読み取れないが，1戸ないしそれ以上が住んでいる。マガン02には1戸もないが，他のマガンには2～5戸あり，空間的には均等に分布している（図表I-15D（口絵））。ほぼ全村で脱穀前に支払われる手当と計量前に支払われる手当を受けており，マガン02を含む5村では村落関係の免税地を得ている。しかし，その所在と彼らの居住村とは必ずしも一致しない。

9．蛇医者

15村に22戸が住む。マガン06を除いて各マガンに1～5戸が住む（図表I-15D（口絵））。脱穀前に支払われる手当と計量前に支払われる手当は，蛇医者が1戸も存在しないマガン06を含め，ほぼ全ての村から得ている。村落関係の免税地も7村から得ているが，その所在は必ずしも彼らの居住村とは一致しない。

10. 占星術師

パンチャンガ（Panjangum Braminy, Panjangum）と呼ばれる占星術師は，4村に6戸が住んでいる。6つのマガンには存在しない（図表I-15D（口絵））。しかし，脱穀前に支払われる手当と計量前に支払われる手当は，大半の村で見られる。免税地も12村で得ているが，居住地とは無関係である。

在地社会の広がり

以上が，主な職人，サーヴィス・カーストの空間分布の概要であるが，その特徴をまとめると次のようになる。第一に，地図で示されているように，それらの分布が空間的に極めてバランスがよく配置されていたことである。しかし，第二に，この場合，多くの村々が基本的な職人やサーヴィス・カーストを欠いていたという点である。つまり，再生産単位が村ではなく，より広い領域にあったことである。この点を，この時期の人々の日常に必要な職分をもった書記，両替人，ポリガール，大工，鍛冶屋，床屋，壺造り，洗濯人，蛇医者，占星術師の10種が，どの程度の村々に居住していたかで確認しておこう。職の種類と村の度数を示すと，10-0（職10種を有する村がゼロであることを示す），9-2，8-1，7-5，6-1，5-3，4-8，3-5，2-12，1-5，0-29となる。つまり，上記の職分を果たす者が全く住んでいない村が全29村，全体の4割を占め，2種以下を含めると，約3分の2の村がほとんどこれらの職分者を村内に持っていないことになる。当時の多くの村が再生産ユニットとして自立しておらず，在地社会と呼ぶべきより広い再生産体制のなかに組み込まれていたという状況を明らかに示すものである。第三に，職人が居住している村であるかどうかにかかわらず，免税地や手当がしばしば当該村で授与されていたという点である。大工や鍛冶屋を含むartificersの場合は，大半の村で村落関係の免税地，脱穀前に支払われる手当，計量前に支払われる手当，および国家のみによって支払われる手当を受けていた。つまり，彼らが居住しているといないとにかかわらず，全マガンのほぼ全村でこれらの特権を受けていた。床屋は全体で17の村々で免税地を得ていたが，その所在は床屋が居住する村とは必ずしも一致せず，また，脱穀前に支払われる手当と計量前に支払われる手当は，全てのマガンのほとんど全ての村から得ていた。蛇医者は，脱穀前に支払われる手当と計量前に

支払われる手当を，蛇医者が1戸も存在しないマガン06を含め，ほぼ全ての村から得ており，村落関係の免税地も7村から得ていたが，その所在は必ずしも彼らの居住村とは一致していない。洗濯人の場合は，ほぼ全村で脱穀前に支払われる手当と計量前に支払われる手当を受けており，マガン02を含む5村では村落関係の免税地を得ていたが，その所在と彼らの居住村とは必ずしも一致していない。占星術師は，6つのマガンで存在しなかったが，脱穀前に支払われる手当と計量前に支払われる手当は大半の村で得ており，免税地も12村で得ていた。その場合，免税地の所在とその居住地とは無関係であった。

　以上の第二，第三の特徴は，分業の成り立っている空間単位が村落ではなかったこと，個々の職人，サーヴィス・カーストの職域が，居住村を超えた数ヶ村（3〜5村程度）にまたがっていたことを意味する。当時のシャーラーヴァッカム地域の村別戸数の平均が26戸（人口に直すと，1戸5人として130人）と極めて少なく，その生産レベルも現在と較べて低かったに違いないことを考えれば，1人の職人を複数の村が維持していたことは充分に合理的である。空間的な分布の均等性も，この点から解釈ができる。第四に，再生産の単位が個々の村落を超えていたことは確かであるが，その広がりは微妙にマガンとずれていたことである。上に見たように，職人，サーヴィス・カーストを欠いているマガンがいくつか存在しており，マガンが地域の再生産に必要な職分を果たすものを欠いていたことを意味している。地図上で見られる彼らの空間分布の均等性は，マガンによる地域区分によるものではなく，彼らの職分そのものの性格から来る自然な空間分布であったようにも思われる。

　以上検討してきた職人，サーヴィス・カーストの空間分布と再生産の地域単位との関係は，村落を再生産の基本単位とするようなマルクス的インド共同体のイメージを打ち消すものであることは言うまでもないが，それに代わる再生産の空間単位をマガンに直接求めることを可能にするものでもない。チョーラ時代に，一つの重要な単位としてナードゥが存在したことが従来の研究で指摘されてきており，また，その後の南インドの歴史的展開の中で，外部から異質な要素が入り込み，ナードゥと呼ばれる地域単位（およびそのまとまりを維持する存在としてのナーッタール）の社会的枠組みとしての意義が低下したという事態も指摘されている。その一方で，後に検討するように，18世紀後半の村落

資料が示すような非常に画一的なミーラース体制という再生産システムが広範に見られるという事実があった。ここでの分析が示すように，マガンが再生産の空間的枠組みとして成り立っていなかったという状況が一般的となっていたとすれば，制度とそれを支える空間基盤とのズレが18世紀後半の在地社会を現出していたと推測させるのであるが，これについても後に検討する。

チングルプット全域の経済活動

次に，19世紀初頭に作成された『ザミンダーリー制報告』を用いて，チングルプット全域（この頃，ジャーギールという地域名がチングルプット県へと変更される）の経済活動全般について，基本的な状況を明らかにしたい。

『ザミンダーリー制報告』には，チングルプットの全61のザミンダーリー地域ごとに，そこに含まれている村別の各種統計数値が記録されている。全体で2,200余村，各村につき数十の項目にわたる情報であり，19世紀初頭の広域の基本情報として重要なものである。ここでも地理情報システムを用いて分析する[9]。

はじめに基本的な数値をおさえておく。まず人口であるが，全体で2,288村に244,845人が住んでいた（位置が確定しえた村に関して，図表I-16に村ごとの人口分布を示す）。1村当たり107人となる。戸数は全体で52,785戸，1村当たり23戸，1戸当たり4.6人が住んでいた。ただし，全く人の住んでいない村が490村あるため，有人口村だけでみると，1村当たり136人，29戸となる。

人口が比較的多い町は，ヴィシュヌカーンチー（3,838人），シヴァカンチー（3,152人），チカコータ（3,063人），シヴァカンチーの別区画（4区画で計2,815人）などである。南インド最大の寺院センターであるカーンチープラムを構成する各地区の人口の大きさが突出している。とはいえ，全体でも1万人前後にしかならず，さして大きな人口ではない。後述するように，当時急速に成長しつつあったのは，マドラスなどの沿岸の植民地港市であった。

地目については，図表I-17に示すとおりである。全面積125万エーカー（1カーニを1.32エーカーとして計算）のうち，灌漑地が3分の1，非灌漑地が3分の2である。仮に，家屋・園地と古・新免税地の全てが耕作されているとすると，国家の土地の耕作地と合わせて，1人当たりの耕地面積は，灌漑地が1.3

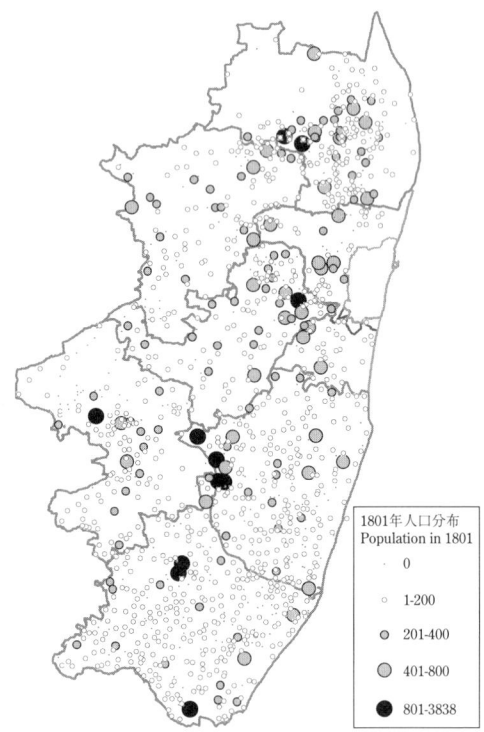

図表 I-16　村別人口（チングルプット地域）

Source : Zamindari Statement, Permanent Settlement Records, vols. 20-22 より作成

エーカー，非灌漑地が 0.7 エーカー，合わせて 2 エーカーとなる。1 世帯あたりであれば，4〜5 倍すればよいわけであるから，もし均等に土地へのアクセスが可能であったとしたならば，1 家族が十分やっていける耕地面積である。

次に，農業および商工業生産活動の数値についてみておく。農業生産性については，マドラス政策研究所による『バーナード報告』を用いての試算がある[Bajaji and Srinivas 2001: 14-15]。それによれば，まず『バーナード報告』の 1,910 村（内，人が居住しているのは 1,544 村）[10] の全 779,132 カーニのうち，灌漑作付地は 182,172 カーニ（23％），非灌漑作付地は 88,069 カーニ（11％）を占め，計 270,241 カーニとなる [Bajaji and Srinivas 1994: 70]。それらのうち，生産量に関するデータがある 1,498 村の約 21 万カーニの土地についての試算では，

図表 I-17　チングルプット地域の土地利用

地目	灌漑状況	耕作状況	面積(cawnie)	面積(acre)	%
国家の土地中の耕作地（非灌漑地）	非灌漑地	耕作地	64,811	85,550	7
家屋・園地面積（非灌漑地）	非灌漑地	耕作地	42,347	55,898	4
古免税地面積（非灌漑地）	非灌漑地	耕作地	24,888	32,853	3
新免税地面積（非灌漑地）	非灌漑地	耕作地	1,496	1,974	0
国家の土地中の耕作地（灌漑地）	灌漑地	耕作地	184,930	244,108	20
古免税地面積（灌漑地）	灌漑地	耕作地	42,799	56,494	5
新免税地面積（灌漑地）	灌漑地	耕作地	8,500	11,220	1
家屋・園地面積（灌漑地）	灌漑地	耕作地	2,792	3,685	0
灌漑施設面積（非灌漑地）	非灌漑地	非耕作地	118,185	156,004	12
国家の土地中の非耕作地（非灌漑地）	非灌漑地	非耕作地	89,232	117,786	9
荒蕪地面積（非灌漑地）	非灌漑地	非耕作地	19,644	25,930	2
森林・山地面積（非灌漑地）	非灌漑地	非耕作地	251,620	332,139	27
国家の土地中の非耕作地（灌漑地）	灌漑地	非耕作地	61,373	81,012	6
灌漑施設面積（灌漑地）	灌漑地	非耕作地	18,510	24,433	2
森林・山地面積（灌漑地）	灌漑地	非耕作地	9,927	13,104	1
荒蕪地面積（灌漑地）	灌漑地	非耕作地	6,152	8,121	1
計			947,206	1,250,312	100

Source : Permanent Settlement Records vols. 20-22, Zamindari Statement より作成
Note : 1 cawnie＝1.32 acres＝1,619坪

総生産量200万余カラム，籾米に換算（1カッラムが約125キログラム）して25万トンという数値があがっている。ちなみに，同じ1,498村の全戸数は46,166戸であるので[Bajaji and Srinivas 1994: 74 (Table III)]，1戸当たり5.4トン，家族数を5人とすると1人当たり年間ほぼ1トン，1日当たり3キログラムという数字が出てくる。仮に，これらの数値が正しいとすれば，当然存在したと考えられる生産量の地域的偏りからして，余剰生産物が市場に出荷される可能性の高い数値である。

　生産基盤として圧倒的に重要であったのは，大小の貯水池であった。『ザミンダーリー制報告』によれば，貯水池数は1,329，小貯水池数は1,052をそれぞれ数えた。灌漑への取り組みが18世紀まで営々と続けられてきたことの証左である。貯水池に続いての灌漑源は井戸であり，533村に1,835設置されていた。全体としてかなり小さな数値であり，しかも大半が飲料用井戸であった可能性もある。スキの数は35,538，1村当たり15.5台となる。単純には，3戸で2台のスキを保有していたことになる。非農業世帯が半数を占めていたことからすれば，仮に均質な階層であったとしたならば，1戸に1台はスキがあっ

たことになる。

　農業生産は，灌漑地では米を中心とした生産がおこなわれ，一部でサトウキビやビーテル，バナナ，椰子などの換金作物が栽培されていたようであり，後者の栽培状況については，図表I-18（CD）に示すとおりである。ただし，バナナが10村のみ，サトウキビが11村のみというようにかなり現実離れした数値にみえる。農産物統計がどのように取られたのか疑問があるが，少なくとも統計が取られた地域に見られる集中の様子は興味深い[11]。

　他方，非灌漑地では，ラギー（シコクビエ），チョーラム（モロコシ），カンブー（粟）をはじめとする雑穀や豆類が栽培されていた。『バーナード報告』には，そうした作物の作付状況に関しても数値が記録されており，長期的な作付変動を分析するには格好の資料であるが，それについての分析は別の機会に試みたい。

　次に，商工業活動についてであるが，商店は725村に1,751店分布していた（図表I-19（CD））。逆に言えば，商店の無い村落も1,563村あったことになる。最多の商店を抱えるのは，やはりカーンチープラムの一角のシヴァカンチーであり，123という数値が見られる。他方，手織機は，153村に3,075台ある（図表I-20（CD））。薄く広く分布していたと言うよりは，むしろ集中して手織業が営まれていたという様子が窺われる[12]。

　以上が，19世紀初頭のチングルプット地域の経済活動と社会空間の概況であった。

第2節　ミーラース体制

農業生産と消費市場

　18世紀の南インドは，農村風景の広がりの中に，ところどころに地方小都市が散在し，その中で，比較的大きな規模の都市として，カーンチープラムなどの寺院を抱える宗教センターや，ナワーブやナーヤカの根拠地であった内陸のアルコットやマドゥライ，ティルチラパッリなどの政治都市，そして，数万から数十万の規模へ成長しつつあった沿岸のマドラス，ポンディチェリなどの植民地都市が分布するという状況であった。具体的な人口規模は後に検討することになるが，こうした都市以外にも，時には十万を超える軍が数ヶ月，数年にわたって軍事行動を繰り広げることもあった。こうしたことからして，18世紀の時点で，軍や都市住民などの非農業消費人口がかなりの割合で存在したことは間違いない。農村部人口を養って余りある生産力を有した村落で生産された農産物が，何らかの経路を通じてこれらの消費市場に届いたはずである。

　農村部でも，農業生産のみがおこなわれ，農民のみが暮らしていたわけではなかった。これまで見てきたように，農村部には牛飼いや羊飼いはもちろん，農業生産に必要な農具を作る鍛冶屋や大工，貯水池や水路の管理人に加え，金銀細工師，壺作り，床屋，洗濯人，毒蛇治療に当たる蛇医者，村の寺院を守る僧，税務に携わったと考えられる村書記や両替人，計量人，警察業務を担当した見張り人，商人など，さまざまな非農業部門に従事する人々が暮らしていた[13]。また，綿業従事者の多くも，農村部に広く分布していた。それらの一部は農業生産にも従事していた可能性がないわけではないが，専業の場合も多く，農村部での非農業消費人口がかなりの割合で存在したという事実が本書との関連では重要である。

　このように，農村や都市に消費市場が広く存在した場合に，検討すべき問題は，第一に，村落で非農業部門に従事する者が，どのような関係，体制の中で自己の生活を維持再生産していたか，第二に，農村と都市との農産物取引が，

どのような形で成立していたかという点であろう。第二の問題は後に検討することとし，本節では，第一の点について，「ミーラース体制」を基本概念として検討をくわえることにしたい。

農業従事者と非農業従事者

村落における農業従事者と非農業従事者との関係としては，三つの可能性が考えられる。第一は，一方の農業生産に従事する農民と，他方の非農業生産に従事する人々の間で，農産物と各種サーヴィスとの，市場を通じての現金あるいは信用を媒介とした交換関係が成立しているというものである。こうした例は，後に見るように，この時点では，綿業従事者や商業関係者，およびサーヴィス関係の一部にみられた。第二は，個々の2世帯間で，現物あるいはサーヴィスの交換に関して契約関係が成立しているというものである。たとえば，農民Xが，洗濯人A，床屋B，大工Cなどと個々に契約を結び，ABCからのサーヴィスの提供に対して農産物を渡すというような関係である。ただし，この場合の契約関係に特徴的なのは，関係を結ぶ2世帯が自律的に関係を結んだわけではなく，それぞれが属するコミュニティー（カースト）間の関係を媒介として契約関係に入るというものであった。たとえば，これに類似したものとしては，20世紀前半から，ジャジマニ制という名称で多くの人類学的調査の中で報告されてきた関係がある。ただし，このジャジマニ制が，18世紀にも機能していたかという点については，筆者は否定的である。ジャジマニ関係は，19世紀以降の植民地支配の進展によって，以下に述べる第三の関係のあり方が解体された後に，伝統的職分とそれに対する報酬の形態のみが踏襲されて新たに成立したものと考えられるからである。

以上の二つの関係のあり方に対して，第三の，筆者が18世紀の南インドで主要な関係と考えているのは，農業であれ非農業であれ在地社会の再生産に必要なさまざまな職分を果たす人々が，在地社会で生産される農産物全体に一定割合の取り分をもち，自身と在地社会全体の再生産が維持される関係である。こうした取り分は，世襲化した権益となっていたため，植民地資料ではアラビア語起源のペルシア語で世襲・相続を意味するミーラース権と呼ばれ，このミーラース権による生産物の分配体制は，植民地支配初期の行政官達によってミ

ーラース体制と呼ばれた。

『バーナード報告』

ミーラース体制の特徴を余すところなく示すのは，1760～70年代に作成された『バーナード報告』である。筆者はこれを『バーナード報告』と呼んでいるが，イギリス東インド会社の測量官であったバーナードが村落記録をもとに何らかの分析をおこなったというのではなく，チングルプット全域の2,200前後の村々の記録が単に集成されたものである。各村落記録には，ほぼ同一のフォーマットで，さまざまな取り分の受け手とその率に関する数値を中心に，各種情報が記録されている。その場合，どの村をとってみても，その全てにおいて共通のフォーマットで共通の事項が記録されている。このことは，当時の村落が共通の制度を有していたことを示す重要な証拠であり，筆者が当時の社会はミーラース体制を基本とした社会であるとする根拠もそこにある。

以下，はじめに，一例としてアフラパーッカムという一つの村を選び，同村が位置するシャーラーヴァッカム地域の状況と共に，村落記録が示すミーラース体制の特徴を解明する。続いて18世紀半ばのティルヴェンディプラム地域に関する報告書を資料として，同様な検討をおこなう。なお，以下の表は，アフラパーッカム村の報告の各部分を見やすい形に直し，見出しを付けて示したものである。報告で使用されている英語はインド化された英語であるが，本書ではそのまま表記して日本語訳を付けた。

ミーラーシダール

アフラパーッカム村（Ahlapaucum）は，シャーラーヴァッカムの町の直ぐ北東に位置する戸数44の村である（図表I-2A（CD））。『バーナード報告』の各村落記録には，家屋数がそれぞれ記録され，カースト構成が示されている（図表I-21）[14]。

村には31戸の「土地所有者（landholders）のヴィシュヌ派ブラーミン」がいる。この土地所有者が何を意味するのかを明らかにする必要があるが，この点に関して，マドラス政策研究所チームが『バーナード報告』の元となったと考えられるタミル大学所蔵のパームリーフ資料を調査し，うち二つの村の記録

図表 I-21　カースト構成 (アフラパーッカム村)

カースト	戸数
土地保有者のヴィシュヌ派ブラーミン	31
ムットリヤン	1
パッリ	3
ヴィーラ・パンダーラム	1
貯水池管理人	3
壺造り	1
チェッティ	1
牛飼い	2
蛇医者	1
計	44

Source:『バーナード報告』(vol. 69, Salavauk) より作成

内容をタミル語と英語で出版しているものが参考になる［Srinivas et al. 2001］。それによれば，この土地所有者は，タミル語のカーニヤッチカーラン（Kaniyatchikaran）に相当する。本書でミーラーシダールと呼ぶところの存在である［Srinivas et al. 2001］。

　この村は，31戸のヴィシュヌ派ブラーミン達が，村を8つの株（share）に分けて所有していた。株はタミル語でカライ（karai）またはパングー（pangu）と呼ぶ。その株への世襲的権利をカーニ（kaniまたはcawnie）と呼ぶが，それを持つ者が，英語で土地所有者（landholder），タミル語でカーニヤッチカーラン，ペルシア語でミーラーシダールであったわけである［Ludden 1985: 86］。

　アフラパーッカム村では，31戸のヴィシュヌ派ブラーミンがミーラーシダールを構成し，加えて，農民カーストであるムットリヤンとパッリ，非ブラーミンの僧であるパンダーラム，貯水池の管理人，壺造り，商人であるチェッティ，牛飼い，蛇医者などが計13戸居住していたことになる。

　このカースト構成から直ちに気がつくのは，農業労働はもちろん，基本的に生産労働にいっさい従事しないブラーミンが全戸数の七割を占めていたということである。彼ら31戸を，わずか13戸の他のカーストの者達——しかも，その全員が農業労働に従事するわけではない——が維持することはまず不可能であったろう。

　このような事態が示唆するのは，この村とそこに住む人々の再生産が，個々の村の内部のみでは終始しておらず，より広い領域の中で成り立っていたとい

う先に指摘した事態である。この点については，後に再び検討する。

　こうしたさまざまな生産活動に従事していた人々は，それではどのようにして自己の再生産を維持していたのであろうか。アフラパーッカム村をはじめとする『バーナード報告』の記録類は，人々の再生産に関わるものとして，大別して二つの権益が存在していたことを示している。免税地と手当である。前者から見ていく。

免税地

　『バーナード報告』では，土地は，大きく免税地，課税地，およびそれら以外のいわば公共地の三つに分類されている。免税地の原語はマーニヤム（maniyam），課税地はヴァラッパットゥル（varappattru），公共地はポランボーク（purampokku）である[Srinivas *et al.* 2001: 14]。

　アフラパーッカム村は，全303カーニ（400エーカー）のうち，免税地が16％，課税地が46％，公共地が38％を占めた（地目構成を示した図表I-22参照）。シャーラーヴァッカム全72村で見てみると，全22,496カーニ（29,694エーカー）のうち，10％が免税地，52％が課税地，残り38％が公共地という構成になる（図表I-23）。

　この場合の課税地とは，農業生産がおこなわれた場合に国家の取り分が設定される，つまり課税される土地である。『バーナード報告』では，この範疇の土地は，「国家の土地（circar ground）」と記録されている。サルカール（circar）は国家もしくは政府という意味であるが，circar groundという場合には免税地に対応する範疇の土地分類として使われており，課税可能地と訳すべきである。ここでは簡略化して課税地と呼ぶ[15]。公共地に相当する地目としては，貯水池，貯米場あるいは脱穀場，居住区域，埋葬場，その他がある[16]。

　免税地とは，国家の取り分，つまり税部分が免税地の受け手に渡される土地である[17]。『バーナード報告』では，免税地は，「村落機構に付随する免税地（free-gift lands belonging to the village establishment）」と「村外者の財産である免税地（free-gift lands the property of strangers）」に二分されている。ここで「村落機構」とあるのは，原語ではgrama mirasukkarar，つまり「村落のミーラース権者」を意味する。他方，「村外者」は，原語はanniyarである

図表 I-22　地目構成（アフラパーッカム村）

公共利用地		面積(cawnie)		%
貯水池		52		17
貯米場あるいは脱穀場		11		4
Muddoor（意味不明）		46		15
居住区		5		2
埋葬場		1		0
	小計	115		38
免税地				
灌漑地・村落機構に付随する古くからの免税地		41	7/8	14
灌漑地・村外者の財産である古くからの免税地		2		1
灌漑地・村外者の財産である新規免税地		3	1/2	1
	小計	47	3/8	16
課税可能地（国家の土地）				
灌漑地・作付地		64	5/8	21
灌漑地・非作付地		70		23
非灌漑地・非作付地		6		2
	小計	140	5/8	46
	計	303		100

Source：『バーナード報告』(vol. 69, Salavauk) より作成
Note：1 cawnie＝1.32 acres＝1,619 坪

図表 I-23　地目構成（シャーラーヴァッカム地域）

	全面積	全耕作可能地	全課税地	面積(cawnie)	面積(acre)
課税地					
灌漑地・作付地	21%	34%	41%	4,800	6,337
灌漑地・非作付地	8%	13%	15%	1,814	2,394
非灌漑地・作付地	13%	21%	25%	2,940	3,881
非灌漑地・非作付地	10%	16%	19%	2,253	2,974
小計	52%	84%	100%	11,808	15,586
免税地					
灌漑地	6%	9%		1,302	1,719
非灌漑地	4%	6%		873	1,152
小計	10%	16%		2,175	2,871
全耕作可能地（課税地プラス免税地）	62%	100%		13,983	18,457
公共利用地	38%			8,513	11,237
シャーラーヴァッカム全面積	100%			22,496	29,694

Source：『バーナード報告』(vol. 69, Salavauk) より作成
Note：1 cawnie＝1.32 acres＝1,619 坪

図表 I-24　村落機構に付随する古くからの
免税地（アフラパーッカム村）

受け手	面積（cawnie）
イーシュヴァラム寺院	4.25
ペルマル寺院	3.38
アンマンパダーリー寺院	1.00
ヴァイタヴェルティ・ブラーミン	3.75
土地所有者	2.00
村のリーダー	4.50
ポリガール	8.00
村書記	8.00
両替人	1.50
大工，金銀細工師他	2.50
貯水池管理人	1.00
牛飼い	0.50
床屋	0.75
計量人	0.75
計	41.88

（灌漑地）

Source：『バーナード報告』(vol. 69, Salavauk) より作成
Note：1 cawnie＝1.32 acres＝1,619 坪

[Srinivas et al. 2001: 16]。さらに，免税地となった時期によって二つに区分され，サーダットゥラー・カーン（Saudatulla Cawn: 在位 1710-32）がアルコットのナワーブとなるの時代の開始を境にして，それ以前の免税地は「古くからの……」，それ以降の時期の免税地は「新規の……」となっている[18]。

アフラパーッカム村での「村落機構に付随する古くからの免税地」は，全 41 7/8 カーニを占める。それらは，寺院，ブラーミン，土地所有者，村落リーダー，ポリガール，村書記，両替人，大工・金銀細工師等を含むと思われる職人（artificers），貯水池の管理人，牛飼い，床屋，計量人[19]等が受け手となっている（図表 I-24）。

注意しなければならないのは，「村落機構に附随する」の意味は，村で生活している者という意味ではない。なぜならば，床屋や大工など，受け手の一部が，アフラパーッカム村の居住者リストには見あたらないからである。逆の言い方をすれば，村外の者が「村落機構に附随する」免税地をこの村で保持していたわけである。とすれば，ここでの「村落機構（village establishment）」の含意は，当該村落を維持するための，村落を超えた空間的枠組みを前提とした

図表 I-26　「村落機構に付随する古くからの免税地」の主な享受者と面積
（シャーラーヴァッカム地域）

受け手	村数	灌漑地面積 (cawnie)	非灌漑地面積 (cawnie)	計	%
ポリガール（タライヤーリを含む）	71	343.00	266.50	609.50	31
書記	71	259.38	218.13	477.50	25
職人	70	91.94	100.75	192.69	10
土地所有者	34	84.00	60.13	144.13	7
計量人	65	65.38	64.69	130.06	7
両替人	69	49.19	57.57	106.75	5
村の長	25	54.88	43.00	97.88	5
その他		144.88	43.94	188.81	10
計		1,092.63	854.69	1,947.32	100

Source：『バーナード報告』(vol.69, Salavauk) より作成
Note：1 cawnie＝1.32 acres＝1,619 坪

人々や機関などの「村落機構」であったことになる。原語の grama mira-sukkarer は，まさにそうした意味合いの権利保有者であった。先のカースト分布の分析と同じ結論が，ここにもあてはまるわけである。

　この点をシャーラーヴァッカム全72村で確認してみよう。同地域の免税地2,175 カーニの内，9割の1,947 カーニがこの「村落機構に付随する古くからの免税地」である。図表 I-25 (CD) は，それぞれの受け手が各村で得ている免税地の面積を示している。また，図表 I-26 は，そのうちの主な受け手について，免税地が分布する村の数，およびその合計面積を示している。また，図表 I-27A（口絵）は，受け手ごとの空間分布を示している。それらから，72村中，ほぼ全ての村で，灌漑地・非灌漑地いずれかの免税地を職人（artificers 70村に免税地が分布。以下の括弧内の数値は免税地が存在する村の数を示す）や書記 (71)，両替人 (69)，計量人 (cornmeter 65)，ポリガール (71：見張り人のタライヤーリを含む) の5者が得ていることが見てとれる[20]。これら5者は，それぞれの村に居住しているわけではなく，村落の維持再生産に重要な役割を果たしたとみなされた職分に対して，免税地の形をとって手当が与えられたものである。

　一方，「村落機構に付随する新規免税地」は，アフラパーッカム村にはない。シャーラーヴァッカム全村でも，計16 カーニしか存在しない。その受け手の内訳と村別分布を図表 I-28 (CD) に，空間分布を図表 I-29（口絵）にそれぞれ示す。全体で5つの村に新規に免税地が与えられているが，その受け手は，

図表 I-30 「村外者の財産である古くからの免税地」(アフラパーッカム村)

受け手	面積（cawnie）
町の書記	2.00

(灌漑地)

Source：『バーナード報告』(vol. 69, Salavauk) より作成
Note：1 cawnie＝1.32 acres＝1,619 坪

図表 I-31 「村外者の財産である新規免税地」(アフラパーッカム村)

	面積（cawnie）
1762 年に請負人によってカーンチープラムのタータチャーリア・ブラーミンに授与 Tautacharia Braminy of Conjiverum given by the renter in the year 1762	1.00
1762 年に請負人によってカーンチープラムのアッラーグー・シンガラ・ブラーミンに授与 Allaugoo Singarah Braminy of Conjiverum given by the renter in the year 1762	0.50
シャーラーヴァッカムのシッドゥマスタパ・ファキール Sydoomastapah Fakeer of Saulavaucum	2.00
計	3.50

(灌漑地)

Source：『バーナード報告』(vol. 69, Salavauk) より作成
Note：1 cawnie＝1.32 acres＝1,619 坪

寺院，寺院に付属するココヤシ園，バラモン，村の長，ミーラーシダールである。このうち，重要な受け手は村の長とミーラーシダールであり，前者が1村で7カーニを得，後者が3村で5カーニを得ている[21]。ミーラーシダールに新規に免税地が施与された3村は，いずれも従来ミーラーシダールが免税地を得ていなかった村である。このように，ミーラーシダールが新たに免税地を獲得していたという事態は，本書の議論にとって重要な意味を持つのであるが，それについては後に論ずる。

「村落機構に付随する免税地」の以上のような性格は，「村外者の財産である免税地」の「古くから」の受け手の構成（図表 I-30）や「新規」の受け手の構成（図表 I-31）と対比することでいっそう明らかになる。アフラパーッカム村での「村外者の財産である免税地」のうち，「古くから」の受け手は，町書記 (town conicoply)——おそらくシャーラーヴァッカムの町に住み，シャーラーヴァッカム地域全体の書記を統轄している人物——のみである。他方，「新規」の受け手は3人いるが，内2人は，南インドの著名な宗教都市カーンチープラムの極めて有力な宗教的指導者であるタータチャーリア・ブラーミン (Tau-

図表 I-33 「古くからの免税地」の主な受け手（シャーラーヴァッカム地域）

受け手	村数	灌漑地面積 (cawnie)	非灌漑地面積 (cawnie)	計
ワイオウールのペルマル寺院	12	12.75	7.50	20.25
町の書記	12	18.625		18.625
シャーラーヴァッカムのシッダ・ムスタパ・ファキール	3	18.50		18.50
シャーラーヴァッカムのヨークープシャー・ファキール	1	8.75	5.25	14.00
シャーラーヴァッカムのシッダ・イスマイル・ファキール	1	5.00		5.00
パナユールのラーマイア*	1	4.00		4.00
パナユールのラーマイア・ブラーミン（県の長）*	2	3.00		3.00
その他		24.125	2.50	26.63
計		94.75	15.25	110.00

Source:『バーナード報告』(vol. 69, Salavauk) より作成
Notes : 1 cawnie＝1.32 acres＝1,619坪
　　　* この両者が同一人物の可能性もある。

tacharia Braminy）であり，1762年にこの地域の徴税請負人から施与されている。他の1人はシャーラーヴァッカムの町に住むムスリムの僧シッドゥマスタパ・ファキール（Sydoomastapah Fakeer）である。このように，村外関係の免税地の受け手は，町レベルの官吏や，都市に住む著名な宗教関係者のようである。

　この点をシャーラーヴァッカム全72村で確認したい。村外関係の旧・新免税地は，全体で211 7/8 カーニあり，ほぼ同じ割合（旧110.00 カーニ，新101 7/8 カーニ）であった。まず，村外関係の古くからの免税地から分析する。図表 I-32（CD）は，古くからの免税地の村別，受け手別の面積一覧であり，そのうち主な受け手の構成を図表 I-33 に，受け手ごとの空間分布を図表 I-34（口絵）に示す。主な受け手のうち，村数も面積も最も多いのは Wyouoor のペルマル寺院で，12村に20 1/4 カーニを持つ。続いて，町の書記が12村に18 5/8 カーニを，シャーラーヴァッカムの町に住むムスリムの僧シッダ・ムスタパ・ファキール（Sydda Moostapah Fakeer）が3村に18 1/2 カーニをそれぞれ持っている。また，ヨークープシャー・ファキール（Yawkoopshaw Fakeer）というムスリムの僧が，シータープーラム（Seetaupoorum）という小村（村番号9b）を丸ごと施与されてその村に居住しており，同村の全面積に相当する計14 カーニを得ている[22]。このように，町レベルの役人や都市の高名な宗教関係者が，村外関係の古くからの免税地の主な受け手であったわけである。

図表 I-36 「村外者の財産である新規免税地」の主な受け手 (シャーラーヴァッカム地域)

受け手	村数	灌漑地面積 (cawnie)	非灌漑地面積 (cawnie)	計
シャーラーヴァッカムのシッダ・ムスタパ・ファキール	10	41.50		41.50
シャーラーヴァッカムのスルタン・ファキール	1	30.00		30.00
シャーラーヴァッカムのシッダ・イスマイル・ファキール	1	5.00		5.00
カーンチープラム寺院	2	5.00		5.00
その他		18.375	2.00	20.375
総計		99.875	2.00	101.875

Source:『バーナード報告』(vol. 69, Salavauk) より作成
Note : 1 cawnie=1.32 acres=1,619 坪

　新規の免税地の場合はどうか。図表 I-35 (CD) は村別の受け手別面積を示し，そのうち主な受け手と村別分布を図表 I-36 に，受け手ごとの空間分布を図表 I-37 (口絵) に示す。これらの表から，全 101 7/8 カーニのうち 71 1/2 カーニが 2 人のムスリム僧に集中して施与されている事態がみてとれる。1 人は，シャーラーヴァッカムのシッダ・ムスタパ・ファキール (Sydda Moostapah Fakeer) で，10 村に 41 1/2 カーニを得ている。彼は，古くからの免税地を 18 1/2 カーニ得ていた先の人物と同一の可能性が高い[23]。もう 1 人はシャーラーヴァッカムのスルタン・ファキール (Sooltaun Fakeer) で，1 村に 30 カーニを得ている。このようにイスラーム僧に集中しているのは，免税地の施与主体である国家権力がイスラームのナワーブ政権であったことと関係があるのかもしれない。それ以外では，シャーラーヴァッカムのシッダ・イスマイル・ファキール (Sydda Esmall Fakeer) とカーンチープラム寺院がそれぞれ 5 カーニ得ており，県の住民の長，バラモン，町の書記も，それぞれ 1/2 から 5 カーニ程度を得ている[24]。

　このように，「村外者の財産である免税地」の受け手の特徴は，「村落機構に付随する免税地」の構成と比較すると明らかである。すなわち，村外関係の免税地を得ているもののほぼ全てが，村を越えたレベルあるいは国家と在地社会の中間のレベルにある宗教関係者・機関か，国家と在地社会をつなぐディストリクトの長や書記などの役人であったことである。

　以上のように，免税地は，二つの異なる性格のものから構成され，当時の村落記録は，その差異が明確に意識されて作成されていた。すでに指摘したように，「村落機構に付随する免税地」は村落の再生産の維持に連関するものであ

るが，受け手が当該村落に居を定めていない場合が一般的であった。したがって，当時の再生産の基本的な単位が在地社会であり，在地社会の再生産の維持のために村落に免税地が設定されていたと考えるべきである。

　この点に関連して問題とすべきなのは，免税地の施与主体が，いったい何であったのかという問題である。免税地は，その名の通り税金を免除するという意味であるから，一般には国家がその主体であったと想定される。しかし，そのような性格がみられるのは，ここでの二つの免税地の範疇のうち，全体の1割に過ぎない「村外者」に関するもののみである。確かに，「村外者の財産である免税地」は，在地社会を超えたレベルの受け手に与えられており，国家の主導性が強く働いた免税地であったと考えられる。この範疇の免税地の半分が，ナワーブ政権に転換して以降の新規のものであったという特徴もみられた。国家あるいは国家権力を代行する者が，宗教や行政に携わる者に新規に免税地を与え，彼らからの協力をとりつけようとした結果であろう。これに対して，全体の9割を占める「村落機構」に関する免税地は，国家によって積極的に施与されたもの，あるいは国家が創りだしてきたものではない。むしろ，国家が在地社会の生産関係をそのまま追認する形で免税特権を認めたもの，あるいは，在地社会のオートノミーが確立していた部分であったと解釈すべきものである。

　免税地の多く（シャーラーヴァッカム地域では9割）が，このように，いわば国家が手をつけられないものであった，あるいは，在地社会の自律性が貫徹したものであったという事態は，当時の国家と在地社会の関係を考える上で極めて重要な点を示唆するのであるが，実は，村々の生産物に設定された取り分（手当）についても同様な関係がみられる。次に，生産物の分配の特徴について見てみたい。

手　　当

　公共地，免税地以外の土地は課税地であり，そこで作付けがおこなわれた場合には，そこからの生産物が，以下に述べるようにさまざまな人々や機関の間で手当の形で分配された[25]。

　アフラパーッカム村をはじめとする各村の記録にある生産物分配の特徴は，その全てが比率で表記されていることである（国家と耕作者との生産物分配比率

第2節 ミーラース体制　65

図表 I-38　国家と耕作者との生産物分配比率 (アフラパーッカム村)

(C. M. M.)

A. 計量以前に支払われる手当	
脱穀前に支払われる手当	4.02.0
Dues paid previous to treading the corn	
計量前に支払われる手当	1.11.4
Dues paid previous to measuring the corn	
	6.01.4
B. 計量後の生産物を 100 とした場合の分配比率	
1st Share	
耕作者の取り分	34.08.6
Cultivators' net share	
国家の取り分	47.03.2
Circar's net share	
国家と耕作者が折半する手当	13.02.0
Dues paid half by the circar & half by the cultivators	
国家のみによって支払われる手当	4.10.0
Dues paid by the circar alone	
	100.00.0
2nd Share	
耕作者の取り分	39.00.6
国家の取り分	41.11.2
国家と耕作者が折半する手当	13.02.0
国家のみによって支払われる手当	4.10.0
	100.00.0*
3rd Share	
耕作者の取り分	43.05.0
国家の取り分	35.07.0
国家と耕作者が折半する手当	13.02.0
国家のみによって支払われる手当	4.10.0
	100.00.0*

Source :『バーナード報告』(vol. 69, Salavauk) より作成
Notes : 1. C. M. M. - cullum. marakkal. measure (1 cullum＝12 marakkal＝96 measures)
　　　　 2. ＊計算では 100.00.0 とならないが，その原因はおそらく計算間違いであろう。計算間違いの例は，いくつかの村に見られる。

を示した図表 I-38 参照)。アフラパーッカム村の場合，全生産物から，脱穀に先立って第一の手当群が計 4.02.0 (C. M. M：以下同様) 差し引かれる。続いて脱穀後，生産物が計量される前の段階で，第二の手当群が計 1.11.4 差し引かれる。留意すべきは，これらが，絶対量ではなく，全体を 100 カッラムとした比率である点である。そして，これら 2 種の手当群を差し引いた残りが計量され，それが 100 カッラム (つまり 100％) と設定し直され[26]，そこから第三の手当群

図表 I-39　脱穀前に支払われる手当の受け手とその額（アフラパーッカム村）

	(C. M. M.)
職人	1.00.0
壺造り	0.04.0
牛飼い	0.03.0
アンマンパダーリー寺院	0.06.0
床屋	0.04.0
洗濯人	0.01.4
パンチャンガ・ブラーミン	0.02.0
ヴァイタヴェルティ・ブラーミン	0.02.0
貯水池管理人	0.03.0
イーシュヴァラム・ペルマル寺院	0.02.0
書記	0.06.0
計量人	0.04.4
計	4.02.0

Source:『バーナード報告』(vol. 69, Salavauk) より作成
Note: C. M. M. - cullum. marakkal. measure
（1 cullum＝12 marakkal＝96 measures）

として，「国家と耕作者が折半する手当」が計 13.02.0，第四の手当群として，「国家のみによって支払われる手当」が計 4.10.0 差し引かれている。つまり，村の生産物が脱穀場に集められ，最初に第一の手当群が，脱穀後に第二の手当群が，計量後に，第三と第四の手当群がそれぞれ分配されるという手順がとられたのである。

　これら 4 種の手当群が分配された残りの 82 カッラムは，最後に国家と耕作者との間で分配された。アフラパーッカム村の場合，それには次の三つの方式があった[27]。第一の方式は，アフラパーッカム村のミーラーシダールであるヴィシュヌ派のブラーミンが耕作者となっており，貯水池から水路によって年中灌漑されている土地に対しての分配率である。この場合には，耕作者と国家の分配比率は 34.08.6 対 47.03.2 であった。第二の方式は，同じく貯水池から水路によって年中灌漑されているが，ミーラーシダール以外の耕作者（原語ではスカヴァシ sukavasi [Srinivas et al. 2001: 15]）が耕作している土地である。この場合，耕作者の取り分は 39.00.6 へとほぼ 5％ 前後増加し，国家の取り分は逆に 41.11.2 に減少している。同じ灌漑条件であっても，耕作者がミーラーシダールであるかどうかによって分配率に違いがあったわけである。第三の方式は，ミーラーシダールが井戸によって灌漑している土地と，村外の耕作者が貯

水池からの水路によって年中灌漑している土地に対してであり，取り分は43.05.0対35.07.0と，耕作者の取り分が国家のそれを上回っている。つまり，国家と耕作者の分配率が，耕作者がミーラーシダールであるかどうか，村の人間か村外の人間か，灌漑地か非灌漑地か，灌漑源が貯水池か井戸か，通年灌漑かどうかなどが分配率を左右していたわけである。

以上のように，当時の村落における最大の特徴は，さまざまな手当が設定されていたということだけではない。あくまで村全体の生産物が分母になっていたということにある。しかも，この場合，免税地の受け手の分析結果を思い浮かべるならば，村全体というよりは，むしろ在地社会全体の生産物が分母になっていたというべきである。その点は，これら手当の受け手の以下の分析によっていっそう明らかになる。

アフラパーッカム村では，4種の手当，すなわち，1.脱穀前に支払われる手当（4.02.0：全体の約4％），2.計量前に支払われる手当（1.11.4：2％），3.国家と耕作者が折半する手当（13.02.0：13％），4.国家のみによって支払われる手当（4.10.0：4％）は，それぞれどのように分配されていたのだろうか。順に分配の特徴を見ていく。

「脱穀前に支払われる手当」（4.02.0）をアフラパーッカム村で受けていたのは，図表I-39に示すように，大工・金銀細工師・鍛冶屋，壺造り，牛飼い，床屋，貯水池管理人，村書記，計量人，寺院，ブラーミン，パンチャンガ（占星術師）などであった。注目されるは，そのうちのかなりが，先に検討した「村落機構に付随する古くからの免税地」の受け手と重なっており，また，多くが，アフラパーッカム村に居住していない点である。村に居住しているか否かをとわず，村人の日常に密接に関わっているさまざまな職分を果たす者や機関にこの手当が分配されたことが示唆されている。

シャーラーヴァッカム地域の72村ではどうだろうか。図表I-40A（CD）は脱穀前に支払われる手当の受け手と村ごとの手当量を示し，図表I-40Bはその内の主な受け手について，手当を受けている村の数と手当の量について示したものである。全72村のほとんどの村から手当を受けているのは，職人（71），床屋（71），書記（70），両替人（69），洗濯人（69）の5者である。続いて，50村以上から手当を受けているのは，蛇医者（63），計量人（58），占星術師（55），

図表 I-40B 「脱穀前に支払われる手当」の主な受け手と
村数,手当量の範囲(シャーラーヴァッカム地域)

受け手	村数	手当の範囲		
		最小 C. M. M.	最大 C. M. M.	平均 C. M. M.
職人	71	0.03.0 —	1.04.0	0.08.0
床屋	71	0.00.3 —	0.05.0	0.02.0
書記	70	0.02.0 —	0.10.0	0.06.0
両替人	69	0.01.0 —	0.08.0	0.04.0
洗濯人	69	0.00.2 —	0.05.4	0.02.0
蛇医者	63	0.00.2 —	0.05.0	0.01.0
計量人	58	0.02.0 —	1.00.0	0.03.0
パンジャンガム	55	0.00.2 —	0.04.4	0.00.6
ポリガール	49	0.06.0 —	2.00.4	1.00.0

Source:『バーナード報告』(vol. 69, Salavauk) より作成
Note: C. M. M. - cullum. marakkal. measure
(1 cullum＝12 marakkal＝96 measures)

　ポリガール(49.タライヤーリを加えると58)である。これらの顔ぶれは,「村落機構に付随する免税地」の受け手の顔ぶれとほぼ共通である。異なる点としては,たとえば,床屋や洗濯人,蛇医者,占星術師等は免税地を得ていたが,村数はずっと少なかった。手当よりも免税地の方がより限定的であったということであろうか。他には,貯水池管理人(Yary Servant 42)や壺造り(35)などへの手当が過半の村々で設定されている。在地社会が必要とするさまざまなサーヴィスに携わる者が多い。その意味で,「村落機構に付随する免税地」の受け手の性格と酷似している。

　脱穀前に支払われる手当に関して,今ひとつ注目しておきたいのは,受け手によって,あるいは村によって,手当率に大きなばらつきがあるという点である。その主要なものと平均を示すと,図表 I-41 のようになる。受け手によってばらつきがあるのは理解しうるとしても,同じ受け手であっても村によってかなりの差があるという点が問題である。主な受け手の平均をとってみると,100カッラム当たり最も大きいのはポリガールで,約1カッラム(生産物の1％),続いて職人が約8マラッカル(同じく0.67％),書記が6マラッカル(0.5％),両替人が4マラッカル,計量人が3マラッカルとなる。また,総計についても,平均すれば全体の4％前後であるものの,村によって1.06.0から7.02.3までかなりのばらつきがある。これは,後ほど検討する他の種類の手

図表 I-41 「脱穀前に支払われる手当」の主な受け手と手当の量（シャーラーヴァッカム地域）

受け手	村数	手当の範囲		
		最小 C. M. M.	最大 C. M. M.	平均 C. M. M.
職人	71	0.03.0	— 1.04.0	0.08.0
床屋	71	0.00.3	— 0.05.0	0.02.0
書記	70	0.02.0	— 0.10.0	0.06.0
両替人	69	0.01.0	— 0.08.0	0.04.0
洗濯人	69	0.00.2	— 0.05.4	0.02.0
蛇医者	63	0.00.2	— 0.05.0	0.01.0
計量人	58	0.02.0	— 1.00.0	0.03.0
パンジャンガム	55	0.00.2	— 0.04.4	0.00.6
ポリガール	49	0.06.0	— 2.00.4	1.00.0

Source :『バーナード報告』(vol. 69, Salavauk) より作成
Note : C. M. M. - cullum. marakkal. measure
(1 cullum＝12 marakkal＝96 measures)

当が比較的均一であることと対照的な事態であり，その意味については後に検討する。

　第二の手当群，すなわち計量前に支払われる手当の特徴はどうか。第一に，アフラパーッカム村の場合，計量前に支払われる手当の比率は，脱穀前に支払われる手当と較べるとかなり小さい。受け手は，図表 I-42 に示すように，寺院，ブラーミン，壺造り・洗濯人・床屋等の各種のサーヴィス職人，計量人，土地所有者，チョールトリー（関税所や旅人のための宿泊その他の目的に使う建物）基金などである。その多くは，脱穀前に支払われる手当の受け手と重なる。

　受け手がどのように重なるかについて，脱穀前に支払われる手当，計量前に支払われる手当のそれぞれの受け手と，村落機構に付随する免税地の受け手の構成を比較してみたい。図表 I-43 はそれを示したものであるが，表から，同一人が同免税地と手当の内の一つないしは両方の手当を受けている場合が多いことがみてとれる。在地社会の維持再生産に必要なさまざまな職分を果たす者達は，このように，免税地あるいは村の生産物全体に設定された手当のいずれかまたは両方によって自己の再生産を維持していたことがみてとれる。

　シャーラーヴァッカム地域全体では，計量前に支払われる手当の受け手の特徴はどうか。受け手の村ごとの空間分布を図表 I-44（口絵）に示す。ほとんどの村で手当が設定されているのは，ミーラーシダール（landholders 70），床屋

図表 I-42 「計量前に支払われる手当」の
受け手とその額（アフラパーッカム村）

受け手	C. M. M.
村落寺院	0.07.0
土地保有者	0.06.0
計量人	0.04.0
占星術師	0.00.4
ヴァイタヴェルティ・ブラーミン	0.00.4
関税所基金	0.00.4
アンマンパダーリー寺院	0.01.0
マハヴィラプットール・ブラーミン	0.01.0
壺造り	0.00.4
牛飼い	0.00.4
洗濯人	0.00.4
床屋	0.00.4
水運び人	0.00.4
計	1.11.4

Source：『バーナード報告』(vol. 69, Salavauk) より作成
Note：C. M. M. - cullum. marakkal. measure
(1 cullum＝12 marakkal＝96 measures)

(68)，占星術師 (68)，計量人 (67)，洗濯人 (67) である。続いて，耕作者の使用人 (cultivators' servants 62)，蛇医者 (61)，両替人 (60)，村書記 (57)，アンマン・パダーリー寺院 (Ommum Padari Pagoda 54, Ammumpadari Pagoda と合わせると 55)，職人 (53)，パライヤやパッランの僧 (Valloovun 50)，村の寺院 (48) などである。

村ごとの手当の量の大小については，脱穀前に支払われる手当と同じように，かなりのばらつきがある。主な受け手の手当の範囲とその平均を示すと，図表 I-45 のようになる。受け手の中で最も手当の率が高いのは耕作者の使用人[28]であり，平均すると 2 カッラム 6 マラッカル（全生産の 2.5%）である。次いで，ミーラーシダールの 6 マラッカル (0.5%) で，これらに，計量人，両替人，村の寺院が続く。床屋や洗濯人，蛇医者，占星術師，壺造り等のサーヴィス・カーストの場合は，おおよそ 4 メジャー（約 0.04%）と少ない。また，村による手当量の差も比較的小さい。計量前に支払われる手当の総計は，1.06.0 から 8.08.2 までの開きがあるが，平均すると粗生産の 5% 前後となる。

これらの計量前に支払われる手当の受け手と脱穀前に支払われる手当の受け手の構成をシャーラーヴァッカム地域全体で比較してみると，次のような特徴

図表 I-43　村落機構に付随する免税地，脱穀前・計量前の手当の受け手の対応表
（アフラパーッカム村）

受け手	免税地 CA. CU.	脱穀前手当 C. M. M.	計量前手当 C. M. M.
イーシュヴァラム寺院	4.25	0.02.0/2	
ペルマル寺院	3.38	0.02.0/2	
アンマンパダーリー寺院	1.00	0.06.0	0.01.0
土地所有者	2.00		0.06.0
村の長	4.50		
ポリガール	8.00		
両替人	1.50		
ヴァイティャヴェルティ・ブラーミン	3.75	0.02.0	0.00.4
村書記	8.00	0.06.0	
大工他	2.50	1.00.0	
貯水池管理人	1.00	0.03.0	
牛飼い	0.50	0.03.0	0.00.4
床屋	0.75	0.00.4	0.00.4
計量人	0.75	0.04.4	0.04.0
壺造り		0.04.0	0.00.4
洗濯人		0.01.4	0.00.4
占星術師		0.02.0	0.00.4
村の寺院			0.07.0
関税所基金			0.00.4
マハーヴェリプットール・ブラーミン			0.01.0
水運び女			0.00.4
	41.875	4.02.0	1.11.4

Source:『バーナード報告』(vol. 69, Salavauk) より作成
Notes: 1. CA. CU. - cawnie. culie　　1 cawnie = 100 culie
　　　 2. C. M. M. - cullum. marakkal. measure（1 cullum = 12 marakkal = 96 measures）

が明らかになる。第一に，脱穀前の手当の受け手に含まれているにもかかわらず計量前の手当の受け手には含まれていないものは，わずかにデーヴァラージャ寺院（Deivarara Pagoda）とムンナールスワミ寺院（Munnarsaumy Pagoda）の二つの寺院のみである。つまり，脱穀前の手当を受けているもののほぼ全てが，計量前の手当も受けているわけである。両手当の実質的な違いは，時間的な流れとして脱穀から計量へ向かうということの他には，藁も一緒に受け取るかどうかである。計量前に支払われる手当を受けているものは，二重に手当を受けているということになる。なお，逆に，脱穀前の手当を受けておらず，計量前の手当しか得ていない例は多い[29]。

両手当の受け手の構成は，このようにかなり重複する。ところが，第二の特

図表 I-45 「計量前に支払われる手当」の主な受け手と手当の量（シャーラーヴァッカム地域）

受け手		手当の範囲		
		最小 C.M.M.	最大 C.M.M.	平均 C.M.M.
土地所有者	70	0.03.0 —	5.04.0[3]	0.06.0
床屋	68	0.00.2 —	0.01.0	0.00.4
占星術師	68	0.00.2 —	0.05.0	0.00.4
計量人	67	0.00.4 —	0.10.0	0.04.4
洗濯人	67	0.00.2 —	0.01.0	0.00.4
耕作者使用人	62	0.01.8 —	5.10.0[2]	2.06.0
蛇医者	61	0.00.2 —	0.01.0	0.00.4
両替人	60	0.00.2 —	0.01.0	0.00.6
書記	57	0.00.6 —	1.05.0	0.04.0
寺院	54	0.00.1 —	1.02.0	0.01.0
職人	53	0.00.4 —	0.02.0	0.01.0
ヴァルーヴァン	50	0.00.2 —	0.01.0	0.00.4
村の寺院	48	0.03.0 —	0.08.4	0.04.4
壺造り	32	0.00.4 —	0.01.0	0.00.4

Source：『バーナード報告』(vol. 69, Salavauk) より作成
Notes：1. C.M.M. - cullum. marakkal. measure
(1 cllum＝12 marakkal＝96 measures)
2. 村番号131と133で、手当が5.10.0であり、他の村と比べると異常に大きい。両村ともペルマル寺院へのシュロトリアム村。
3. 村番号19, 21, 23, 25の4村で、いずれも5.04.0と異常に大きく、それに次ぐのは、村番号25の3.10.0。

徴として，個々の受け手が手当を受けている村の数に，かなりの違いがある。具体的に列挙すると以下のようである。

1. ミーラーシダールは全72村で計量前に支払われる手当を受けている（脱穀前の手当は5村のみ）。
2. 逆にポリガールは19村（Poligar & Talliarの2村を加えると21村）でしか計量前に支払われる手当を受けていない（脱穀前の手当は53村）。
3. 耕作者の使用人は62村で計量前に支払われる手当を受けている（脱穀前は1村のみ）。

これらの事例は，次のように解釈できるかもしれない。まず，ポリガールが計量前に支払われる手当を受けていることが少なく，もっぱら脱穀前に支払われる手当を受けているのは，彼らの重要な職分が，刈り入れまで農作物が盗難に合わないようにすることにあったことと関わりがあったのではないか。また，

耕作者の使用人が脱穀後，計量の直前に手当を受けているのは，彼らの職分が脱穀（さらには，脱穀後，計量地までの運搬も）を含むものであったことを示唆している。他方，土地所有者，つまりミーラーシダールが計量前の最後の段階で手当を受けているのは，彼らの村落における地位を象徴するものではなかろうか。村落領主層としてのミーラーシダールは，生産過程の最終段階でこそ手当を受けるべき地位にあったからである。以上の解釈は，あくまで推測の域にとどまるものであるが，こうした事例は，これらの手当の量やタイミングが，それぞれの職分や生産関係上の地位と合理的に結び付けられているものであった可能性を示唆している。

以上が両手当群を比較した場合の分析結果であるが，両手当群に共通する最大の特徴は，計量前，すなわち，国家による在地社会への最初の介入の契機以前の時点で分配されたという点にある。手当の率に村ごとに大きな違いがあるという事実を含めて，筆者は，先の村落機構に附随する免税地の分析結果と同じく，これら二つの手当群は在地社会の自律性を表現するものであると解釈するのだが，それについては後に再び論ずる[30]。

国家の取り分

これら2種類の手当が差し引かれた後，生産物が計量され，ここで国家が在地社会での生産物の分配に登場する。そこでは，「国家と耕作者が折半する手当」と「国家のみによって支払われる手当」という，新たに2種類の手当群が，以下のようにいずれも国家が関係する形で分配される。

第一の「国家と耕作者が折半する手当」（アフラパーッカム村について図表Ⅰ-46参照）は，時間的な流れとして，いったん国家と耕作者に計量後の生産物が分配され，そこから支払われたと考えるよりは，実際には計量後の穀物の山から分配されたのではないかと推測される。認識として，両者が折半して負担しているとされているだけであろう。

シャーラーヴァッカム全72村ではどうか。はじめに特徴を述べておくと，第一は，アフラパーッカム村でも見られたように，受け手が，先に検討した村外関係の免税地の受け手の構成と酷似しており，村を超えたレベルのものや高名な宗教関係者が占めているという点である。第二は，それらに混じって耕作

図表 I-46 「国家と耕作者が折半する手当」(アフラバーッカム村)

受け手	C. M. M
耕作者の使用人 (cultivators' servants)	4.09.0
シャーラーヴァッカムのイーシュヴァラム・ペルマル寺院 (Eishverum & Permal Pagoda of Saulavaukum)	0.11.7
カーンチープラム寺院 (Conjiverum Pagoda)	0.11.7
県の書記 (Conigo of the district)	0.11.7
県のデーシュムク (Daismooc of the district)	1.11.6
政府高官 (dovetraw)	1.11.6
シャーラーヴァッカムのムスリム僧 (Mullah Saib of Saulavaukum)	0.11.7
カーンチープラムのパンダーラム (Paulia Pandarum of Conjiverum)	0.06.0
	13.02.0

Source:『バーナード報告』(vol. 69, Salavauk) より作成
Note: C. M. M. - cullum. marakkal. measure (1 cullum＝12 marakkal＝96 measures)

者の使用人がほとんどの村でこの範疇の手当を受けているという点である。第三は，他の諸手当とは異なり，手当の量が村ごとに余り差がないことである。第四は，手当量の総計が，他の手当群と比べて大きい点である。順に見ていきたい。

図表 I-47（口絵）は，シャーラーヴァッカム地域での国家と耕作者が折半する手当の空間分布を示したものである。多くの村で手当を得ているのは，多い順に，県レベルの役人であるカーヌンゴー（Conigo of the district 69），かつての政府高官のドヴェトロー（dovetraw 68）[31]，シャーラーヴァッカムのムスリム有力者であるとみられるムッラー・サイーブ（Mullah Saib of Saulavaucum 68），南インドで最も有力な寺院の一つであるカーンチープラム寺院（Conjiveram Pagoda 67），耕作者の使用人（cultivators' servants 67），県レベルの役人であるデーシュムク（Daismooc of the district 66），カーンチープラムのおそらく有力な宗教関係者であるパーリア・パンダーラム（Paulia Pandaram of Conjiveram 60）である。これらに続いて，かなり数は減るが，貯水池基金（Yary fund 27）がある。他は，1 ないし 3 村と数は少ない。

これらの顔ぶれから明らかなように，この手当の受け手は，耕作者の使用人を除けば，町（シャーラーヴァッカム，カーンチープラム，シータナンジェリー）に居を構える特定の宗教関係者か県レベルの官吏である。在地社会より上の，在地社会と国家との中間レベルにあるものである。このような性格は，先の「村外者の財産である免税地」の受け手とその性格が酷似し，構成もかなり重なる。

つまり，在地社会と国家との中間レベルにあるものが，「村外者の財産である免税地」と「国家と耕作者が折半する手当」によって，自身の再生産の維持が保証されていたことを示している。

　対照的なのは，耕作者の使用人に多くの村でこの範疇の手当が与えられている点である。先に見たように，彼らは計量前に支払われる手当を地域共同体の再生産に関わるものとして受けていた。しかし，ここであらためて国家と耕作者が折半する手当を受けていることの意味は，どのように解釈できるのであろうか[32]。他の受け手とは異なり，国家と在地社会との中間レベルに位置するものではあり得ない。彼らの労働力を直接利用した耕作者はともかくとして，なぜ国家は，彼らへの手当を半分負担しなければならなかったのだろうか。

　この問題には，二つの解釈がありうる。第一は，免税地の耕作を確保するためのシステムとしてそれを理解するというものである。免税地は，そこで生産活動がおこなわれ，結果として国家の取り分が生み出されなければ，特権としての意味をなさない。「村外者の財産である免税地」で検討したように，この範疇の免税地の所有者は，免税地の所在地とは離れた場所に居住しているのがむしろ普通である。寺院をはじめとする有力な免税地所有者は，場合によっては数百村以上に免税地を所有しており，極めて遠方の免税地所在地にまで直接的な管理体制をとることは容易ではなかったはずである。これらの所有者にとって，免税地が特権として機能するには，耕作者の使用人にその土地の耕作をさせるシステムを国家が保証することが必要である。国家による耕作者の使用人への手当の支給を，このようなシステムと結び付けて理解するというのが第一の解釈である。

　第二の解釈は，国家が，耕作者の使用人の用役権を掌握し，国家への従属を保証する手立てとしてこの手当を与えていたという解釈である。耕作者の使用人は，カーストでいえば不可触民のパライヤをはじめとする，社会的に抑圧され，在地社会の再生産活動の不可欠の要素であるにもかかわらず，社会から疎外された階層が主体である。しかも，その人口は大きい。後に検討するように，たとえばパライヤのみで，この時期の全人口の15％を占めていた。社会の重要な構成要素であるにもかかわらず社会の辺境に位置づけられているこのような階層を，国家が手当を出す形で支配下に組み込んでいたとすれば，その意味

図表 I-48 「国家と耕作者が折半する手当」の主な受け手と手当の量
(シャーラーヴァッカム地域)

受け手	村数	手当の範囲		平均
		最小 C. M. M.	最大 C. M. M.	C. M. M.
県のカーヌンゴー	(69)			0. 11. 7
Conigo of the district	62	0. 11. 7		
	4	0. 11. 5	― 0. 11. 6	
	1	1. 04. 0		
	1	1. 11. 4		
	1	3. 01. 4		
政府高官 dovetraw	(68)	1. 11. 4	― 2. 01. 0	2. 00. 0
ムッラー・サイーブ	(68)			0. 11. 7
Mullah Saib of Salavaucum	58	0. 11. 7		
	3	1. 11. 4	― 1. 11. 7	
	1	1. 04. 0		
	1	1. 00. 4		
	1	0. 11. 2		
	4	0. 11. 5	― 0. 11. 6	
カーンチーブラム寺院	(67)			0. 11. 7
Conjiverum Pagoda	62	0. 11. 7		
	2	1. 04. 0		
	3	0. 11. 6		
耕作者の使用人	(67)			4. 09. 1
Cultivators' servants	61	4. 09. 0	― 4. 09. 2	
	1	6. 07. 8		
	2	5. 05. 7		
	3	6. 03. 0		
県のデーシュムク	(68)			
Daismooc of the district	62	1. 11. 3	― 1. 11. 7	1. 11. 5
	3	2. 00. 0		
	1	0. 11. 7		
	1	1. 04. 0		
	1	1. 11. 1		
パーリア・パンダーラム	(60)			
Paulia Pandarum of Conjiverum	59	0. 05. 7	― 0. 06. 2	0. 06. 0
	1	0. 00. 7		
貯水池基金	(27)			
Yary fund	18	0. 11. 5	― 0. 11. 7	
	8	1. 11. 6	― 1. 11. 7	
	1	1. 06. 0		

Source：『バーナード報告』(vol. 69, Salavauk) より作成
Notes： 1. C. M. M. - cullum. marakkal. measure (1 cullum＝12 marakkal＝96 measures)
2. 括弧内は，村の総数。その下の数字は，各手当範囲別の村数の内訳。

は大きいであろう。彼らは，国家によって，兵站輸送や道路工事をはじめとするさまざまな雑役にも従事させられたのであり，その経済的背景にこの手当支払いがあったという解釈である。なお，この問題を耕作者の使用人の立場から逆に見れば，この手当と計量前に支払われる手当の両方を受領することによって，彼らは国家および在地社会（耕作者）の両方に対して二重の従属関係におかれたということにもなる。

図表 I-49 「国家のみによって支払われる手当」（アフラパーッカム村）

受け手	C. M. M.
書記	1.00.5
ポリガール	1.06.0
両替人	1.00.0
計量人	0.02.0
大工・鍛冶屋他	1.00.0
床屋	0.01.3
	4.10.0

Source :『バーナード報告』(vol. 69, Salavauk) より作成

Note : C. M. M. - cullum. marakkal. measure
(1 cullum = 12 marakkal = 96 measures)

　この手当の第三の特徴は，率がほぼ一律に定められている点である。図表 I-48 は，シャーラーヴァッカム地域での国家と耕作者が折半する手当の主な受け手の手当の範囲を示したものであるが，それによって，多くの村で均一の手当が与えられていたことが見てとれよう。このことは，先に検討した計量前の 2 種の手当群が，村ごとにかなりのばらつきがあったことと対照的である。

　国家と耕作者が折半する手当がなぜこのように一律化するのかという点の解釈としては，第一に，それが在地性を欠落させたものに対して与えられたものである（つまり，地域ごとの特殊要因に左右されない）ということ，第二に，この手当は国家と耕作者が折半しなければならないために，手当の設定に際して，国家と在地社会との関係のバランスの安定した維持が意図されていたという二つの解釈が可能である。

　第四の特徴は，手当の総量が大きいという点である。総計は，2 村を除き 9.10.6 から 15.10.1 の間の数値となり，平均すれば 13％ 前後（生産全体の 12％）である。これは，耕作者の使用人への約 4.09.1（4.8％）が含まれているからである。耕作者の使用人は複数であるから，1 人当たりにすれば大きな率ではない。続いて率が高いのは，政府高官のドヴェトローで 2.00.0，県レベルのデーシュムクが 1.11.5，続いて県レベルのカーヌンゴーとシャーラーヴァッカムのムッラー・サイーブ，およびカーンチープラムの寺院がいずれも 0.11.7 を得ている。

図表 I-51 「国家のみによって支われる手当」の受け手と手当量
(シャーラーヴァッカム地域)

受け手	村数	手当の範囲		
		最小 C. M. M.	最大 C. M. M.	平均 (C. M. M.)
職人	71	0.00.6	1.06.6	0.08.0
書記	70	0.07.4	2.03.6	1.05.0
両替人	70	0.00.6	1.00.4	0.06.0
ポリガール	68	0.02.0	6.02.2	1.02.0
計量人	52	0.01.1	1.00.4	0.05.0
タライヤリ	24	0.03.4	1.04.2	0.09.0
ポリガールとタライヤーリ	16	0.01.7	2.11.5	1.05.0
床屋	7	0.01.0	0.01.4	0.01.4
パニサヴァン	4	0.01.0	0.01.4	0.01.4
カーヌンゴー	2	0.10.6	0.10.8	0.10.7
寺院	2	0.10.5		0.10.5
デーシュムク	2	1.09.2		1.09.2
高官	2	1.09.2		1.09.2
土地所有者	1	0.05.7		0.05.7
洗濯人	1	0.01.0		0.01.0

Source:『バーナード報告』(vol. 69, Salavauk) より作成
Note: C. M. M. - cullum. marakkal. measure
(1 cullum=12 marakkal=96 measures)

　第四の手当群は,「国家のみによって支払われる手当」である。図表 I-49 は,そのアフラパーッカム村での手当の受け手を示したものであるが,書記や両替人,計量人等の徴税業務に関係しているものと,警察・治安業務に関係しているポリガール（詳しくは後述),および職人と床屋となっている。これらのうち,書記,両替人,計量人,ポリガールは行政と関係する職分であるから,彼らが国家から手当を受けているのは理解可能である。しかし,この解釈では,なにゆえ職人（artificers:原語ではカンマラール Kammalar。大工や鍛冶屋など）も国家から手当を受けているのか説明できない。それについては,シャーラーヴァッカム全村の検討の後に考察する。
　シャーラーヴァッカム全村における「国家のみによって支払われる手当」の特徴は,第一に,受け手の種類が他の手当の受け手と比べて少ないことである。図表 I-50（口絵）は,国家のみによって支払われる手当の空間分布を示している。ほぼ全ての村で手当を受けているのは,職人 (71),書記 (70),両替人 (70),ポリガール（Poligar & Talliar の 16 村と合わせると 70 村,タライヤーリのみ

の24村分を含めると71村）である。計量人の52村がそれに続く。これら5者以外ははるかに村数が減り，床屋（7），パニサヴァン（死を親族に知らせたり，長尺のラッパを吹くカースト）（4），県のカーヌンゴー（2），カーンチープラム寺院（2），県のデーシュムク（2），ドヴェトロー（2），ミーラーシダール（1），洗濯人（1）など，いずれも7村以下と例外的である。なお，手当を受けている村数の多い5者は，いずれも脱穀前に支払われる手当と計量前に支払われる手当を受けていた。

　第二の特徴は，手当の率が村によってかなりの開きがある点である。また，個々に与えられている率も，脱穀前・計量前の手当と比較して大きい。図表I-51は，シャーラーヴァッカム全村での国家のみによって支払われる手当の受け手と手当量を示している。書記，デーシュムク，政府の高官，ポリガール等は，いずれも1カッラム（1％）以上を得ている。手当の総計は，村によって2.04.4から9.10.6までの幅があるが，平均すると4.5％前後（生産物全体の4％）となる。

　さて，書記，両替人，ポリガール（とタライヤーリ），計量人と並んで，なぜ職人に対しても国家が手当を支払ったのかという先の問題をどう解釈するかであるが，彼らが，鍬をはじめとする農具生産など，農業生産に必須の役割を果たすことは事実であり，そのことに対して，国家が手当を与えているという解釈が第一に可能である。ただ，後に見るように，書記，両替人，計量人，ポリガール，そして職人が，ほとんどの村で常にセットになって手当もしくは免税地を得ていることから，これら5者が国家にとって在地社会の中軸的な存在と位置づけられ，国家は，そうした存在に対して手当を支払うことによって，在地社会を国家の支配の下に取り込もうとしたという解釈の方が適切のように思われる。手当の率が村によってかなり異なるという点も，国家による一律的な手当の割り当てよりも，むしろ在地社会の原理が強く働いていたからであろうことを想定させる。

　これら4種の手当群が分配された残りの生産物が，国家と耕作者との間で分配された。その分配の方式は，アフラパーッカム村の場合には，先にみたように三つの方式があったが，シャーラーヴァッカム地域全体でみると，最多の村では10通りを数えた。

図表 I-52　生産物分配のモデル図（シャーラーヴァッカム地域）

免税地享受者の取り分 7%	国家の取り分 25%	
耕作者の取り分 33%		全収量（100%）
ミーラーシダールの取り分 10%		
国家が負担する手当 4%		
国家と耕作者が負担する手当 12%		
計量前に分配する手当 5%		
脱穀前に分配する手当 4%		

免税地 10%	課税・作付地 35%	課税・非作付地 18%	公共的利用地 38%

（作付地　45%）　　　　　　（非作付地　55%）
全面積（22,495.7 Cawnie）

　全村を通じた一般的傾向として，同一村内では，村内の耕作者より村外の耕作者の方が，ミーラーシダールより非ミーラーシダールの方が，灌漑地より非灌漑地の方が，そして，水路灌漑よりピコタ（picotah シーソー式の揚水装置）や井戸による灌漑の方が，それぞれ耕作者の取り分が大きい。国家の取り分は，最高の村で 51.06.3（全生産の 47%），最低で 20.01.6（18%），平均するとおおよそ 32% 前後，耕作者の取り分は，最高で 63.10.5（58%），最低で 34.04.0（31%），平均すると 43% 前後である。これらの取り分をモデル化して図示すると，図表 I-52 のようになる（図でミーラーシダールの取り分として 10% としている点に関しては後述）。

『ティルヴェンディプラム報告』

　これまで，もっぱら『バーナード報告』をもちいてミーラース体制の特徴を検討してきたが，『バーナード報告』はあくまで単なる権益の数値表に過ぎず，それぞれの職分についての情報は含まれていない。それに対して，次に検討する『ティルヴェンディプラム報告』[33]は，村々でのそうした情報を含んでいるだけではなく，『バーナード報告』よりもさらに早い 18 世紀半ばという時点で作成されていることから，『バーナード報告』には見られない情報も含まれる。

　ティルヴェンディプラム地域は，マドラスの南方，植民地期に南アルコット

県と呼ばれた地域の一角を占め，全部で32の村落[34]を含んでいた。それらの村名と空間分布については，図表I-53A（CD）と図表I-53B（CD）に示す。

ティルヴェンディプラム地域の村々には，『バーナード報告』の記録内容と同じく，さまざまな職分を持つ者達が住み，それぞれの職分に応じて手当や免税地を受け取っていた。報告は，それらの職分者を二つのカテゴリーに分けている。第一は「国家（circar）によって任命された村落サーヴァント（village servants）」である。ポリガール，見張り人，占星術師（astrologer Braminy），村書記，大工と鍛冶屋，両替人（shroff），集金人（collector of money），計量人（1st Toaty），水路管理人（2nd Toaty），ダム管理人（3rd Toaty），洗濯人，床屋，蛇医者，壺造り，靴造り，楽師（players of country music），貯水池潜水夫（マダガムリギ Madagamulligy）がそれである。第二のカテゴリーは，耕作者の男女使用人（Pannacara, Pannacaracheey），書記の長（head Conicoply or Nautucanacan），徴税のために村々に派遣されるマハータディ・ピオン（Mahatady peon）である。

注目されるのは，耕作者の男女使用人が第二のカテゴリーに入っている点である。先に，シャーラーヴァッカム地域での「国家と耕作者が折半する手当」で，耕作者の使用人が県の役人や高名な宗教関係者トランスナショナル欄でその受け手に含まれていたことを問題にしたが，ここでもやはり，彼らが国家の職掌と関連づけられていたことが示唆されている。

主な村落サーヴィス職の手当と特権

次に，それぞれの職分と権益について見てみたい。ティルヴェンディプラム地域の免税地の受け手別面積と免税地を得ている総村落数を図表I-54に，同じく受け手別の手当と免税地以外の特権の内容を図表I-55に，免税地の受け手別村別面積を図表I-56（CD，以下略）にそれぞれ示す。

ポリガール

ティルヴェンディプラムには，1人のポリガールがおり，その職分は，自身の費用でタライヤーリ（ポリガールの下で雑役に就く見張り人）を雇い，昼夜，地域内の32村のうち，後に述べる4人の見張り人が管轄する6村を除く26村を見張り，住民や外部の者が盗みに合うことを防ぐことにある。万一26村内で

第1章　18世紀南インドの在地社会とミーラース体制

図表 I-54　村別免税地の受け手別面積と免税地を得ている総村落数
(ティルヴェンディプラム地域)

1772年時点の免税地所有者	面積(acre)	頻度(村数)	延べ村数
ポリガール. P	95.89	14	
ポリガール. S	129.45	12	21
ポリガール. 塩田	0.91	1	
占星術師. P	15.48	17	20
占星術師. S	17.81	13	
村書記. P	64.40	21	
村書記. S	99.35	23	24
村書記. 塩田	1.73	3	
大工. P	18.05	20	27
大工. S	53.72	23	
鍛冶屋. P	24.43	21	27
鍛冶屋. S	50.21	23	
両替人. P	17.50	14	18
両替人. S	35.48	17	
集金人. P	4.47	5	6
集金人. S	10.93	4	
計量人. P	29.58	20	
計量人. S	126.48	23	24
計量人. 塩田	0.37	1	
水路管理人. P	11.38	9	9
水路管理人. S	2.62	3	
ダム管理人. P	8.73	2	2
ダム管理人. S	0.00	0	
床屋. P	11.57	17	26
床屋. S	28.78	20	
蛇医者. P	3.26	5	9
蛇医者. S	4.47	6	
壺造り. P	2.02	4	6
壺造り. S	2.55	3	
靴造り. P	0.99	5	11
靴造り. S	4.67	9	
楽師. P	3.83	4	6
楽師. S	4.30	3	
潜水夫. P	0.60	2	2
潜水夫. S	0.00	0	
書記長. P	30.87	12	14
書記長. S	6.84	2	
マハータディ・ピオン. P	0.35	3	4
マハータディ・ピオン. S	2.65	1	
洗濯人. P	7.93	14	24
洗濯人. S	27.33	19	

Source : *Reports and Accounts of the Old Farm of Tiruvendipuram* (Selections from the Records of the South Arcot District, No. IV, Printed at the Collectorate Press, 1888) より作成

Notes : 1. 原報告では、cawnie, culie という面積単位が使われている。その実際の大きさは村により異なり、全部で11通りある（下記参照）。表では、全てエーカーに換算した。なお村番号12は換算率が不明のため、エーカーに換算出来ない。
2. cawnie の実際の面積は村によって異なる。1 cawnie 当りのエーカー数は次の通り。
A 3.49　B 2.65　C 6.21　D 5.51　E 2.97　F 3.31
G 3.70　H 2.50　I 3.40　J 6.09　K 5.97
3. P-paddy land（灌漑地）　S-small grain land（非灌漑地）

第2節　ミーラース体制　83

図表 I-55　村落サーヴィス職の手当・特権（免税地を除く）（ティルヴェンディプラム地域）

受け手	A. 生産物分割地 (400 マラッカルあたり)		B. 定額租税地 (1 cawnie あたり)		その他
	計量前	計量後	計量前	計量後	
ポリガール (26村を担当)	2 マラッカル (=2束)		2 マラッカル (=2束)		シュロットリアム村 年に2ファナム/織機と関税
見張り人 (6村を担当)	2 マラッカル (=2束)		2 マラッカル (=2束)		年に2ファナム/織機 (除関税)
見張り人 (Arriavetty を担当)					店その他から諸手当3
占星術師		1 メジャー		1 メジャー	
村書記		4 マラッカル		3 マラッカル	
大工, 鍛冶屋	1 マラッカル (=1束)			1 マラッカル	1労働日当り1/2 メジャー
両替人	1 マラッカル (=1束)		1 マラッカル		
集金人	1 マラッカル (=1束)		1 マラッカル		
計量人		0.75 マラッカル		0.75 マラッカル	
水路管理人		0.50 マラッカル		0.50 マラッカル	
ダム管理人		0.50 マラッカル		0.50 マラッカル	
洗濯人		0.50 マラッカル		0.50 マラッカル	私的に1世帯2マラッカル/年
床屋		0.50 マラッカル		0.50 マラッカル	私的に1世帯2マラッカル/年
蛇医者					私的に1世帯2マラッカル/年
壺造り		1 マラッカル		1 マラッカル	
靴造り		0.25 マラッカル			私的に少量の穀物
楽師		0.75 メジャー			
潜水夫 Veerapermanullore村 Allapaucum村		0.75 メジャー		0.75 メジャー	(免税地のみ)
耕作者の使用人	16 マラッカル (4束)		4 マラッカル		
書記長					関税
ペオン					手当 (長のみ)
小計	23 マラッカル	8 マラッカル 2.5 メジャー	6 マラッカル	11.75 マラッカル 1.75 メジャー	
総計			48 マラッカル 4.25 メジャー		

Source : *Reports and Accounts of the Old Farm of Tiruvendipuram* (Selections from the Records of the South Arcot District, No. IV, Printed at the Collectorate Press, 1888) より作成

Notes : 1. マラッカル-marakkal　メジャー-measure　束-bundle
2. マラッカルとメジャーの間の換算率は、明記されていない。
3. 見張り人の項目参照。
4. 免税地については、図表 I-37 参照。

盗難が発生した場合には，盗人を捕らえない限り，自分で弁済する。これは農作物の場合も同じで，刈り取りの1ヶ月前から刈り取り後まで，タライヤーリを任命して作物を見張らせる。盗人を捕らえた場合には，監視下に置く。また，農民の村からの逃散や，役畜の連れ出し，農具の持ち出し等を防ぐのも職務の一部である。軍事に際しての応援も，義務の一つである。万一敵軍が侵攻して来る恐れがあり，徴税官であるアマルダール（amuldar）もしくは徴税請負人（レンター）[35]から命じられた時には，シッバンディとしてピオンを防衛のために派遣しなければならない。ただし，その場合には，派遣の経費は通常の手当に追加して支払われることになる。

ポリガールは，権益として，まずシュロットリアム村（通常より税額の低い村）を5村持っていた。加えて，図表I-54に示したように，21村にイナームあるいはマーニアムと呼ばれる免税地を得ていた。これらの土地権益の他に，タライヤーリを任命している26村からは，現物と現金による手当も支給されている。それらの手当は，図表I-55に示したように，A．国家と耕作者との間で一定割合によって生産物が分配される方式がとられた土地の場合（以後，生産物分割地）と，B．定額租税地の場合では異なる方式で賦課された。土地や農産物への権利以外に，ポリガールは，商工業活動への権益として，織機1台につき年に2ファナムと，アリアヴェッティ（Arriavetty）での関税（ジュンカン juncan）を除く全関税の8分の1の手当を受け取る権益をもっていた。ポリガールは世襲であり，これらの諸特権も，その職分と共に世襲されてきたものであった[36]。

見張り人

ポリガールが管轄した以外の6村は，4人の見張り人が管轄した。彼らの地位も世襲であった。4人の見張り人の内，1人が三つの村（Chinnaconganamcopang, Mundagaput, Nellatore）を管轄し，残りの3村（Veerapermalnellore, Tirtoriore, Arriavetty）はそれぞれ1人の見張り人が管轄した。仕事の内容はポリガールと同じである。ただし，軍事に必要なシッバンディについてはポリガールのみに提供義務が有り，見張り人がシッバンディを召集することはなかった。

特権としては，関税への権益が無いものの，他はポリガールと同じである。

図表 I-57　アリアヴェッティ（Arriavetty）の見張り人の手当

152台の織機から	1台につき	年	2F.
染色業者達から	20作業場につき	年	1F.
18のアラック（ヤシ酒）店から	1店につき	年	40C.
27のビートル・タバコ店から	1店につき	年	1F.
8台の荷車に対して	1台につき	年	40C.
彩色業者から	5作業場につき	年	40C.
42人の漁師から	1人につき	年	2F.

Source : *Reports and Accounts of the Old Farm of Tiruvendipuram* (Selections from the Records of the South Arcot District, No. IV, Printed at the Collectorate Press, 1888) より作成

Note : F. - fanam, C. - cash, 1 fanam＝80 cash, 1 pagoda＝42 fanam

　なお，手織業が盛んであったアリアヴェッティの見張り人の場合にのみ，手織機1台につき2ファナムなど，主に商工業関係者から，図表 I-57 のような手当を徴収していた。

　占星術師

　占星術師の最も重要な仕事は，農事暦，すなわち，土地の耕起，幡種時期，刈り取り，水利・灌漑施設の修復等の最も縁起の良い日を告げることにある（権益については，図表 I-55 と図表 I-56 参照）。

　村書記

　村書記の仕事は，村関係の全ての公文書を記録することにある（権益については，図表 I-54 と図表 I-55 参照）。

　大工，鍛冶屋

　彼らの職分は，農機具を製造することにある。その場合，依頼者である農民が材料を提供する。権益は，図表 I-55 と図表 I-56 に示したものに加えて，仕事を依頼された場合の手当として，その都度雇い手から1労働日当たり2分の1メジャーの精米を得る。

　両替人

　両替人は耕作者から地代として支払われた貨幣を分類・検査し，その貨幣を，徴税請負人から支払いを要求されるまで保管しておく（権益については，図表 I-55 と図表 I-56 参照）。

　集金人

　集金人は両替人の仕事を手伝う（権益については，図表 I-55 と図表 I-56 参照）。

計量人

計量人は土地の測量と刈り取り後の穀物の計量がその仕事である（権益については，図表 I-55 と図表 I-56 参照）。

水路管理人

水路管理人は，水路から各耕作者に対して配水する（権益については，図表 I-55 と図表 I-56 参照）。

ダム管理人

ダム管理人は，徴税請負人が河川に設置したダムの管理を職分とする（権益については，図表 I-55 と図表 I-56 参照）。

洗濯人

洗濯人は，図表 I-55 と図表 I-56 の権益に加えて，個々の耕作者から年に籾米 2 マラッカルを私的な形で得る。

床屋

床屋は洗濯人の場合と同じく，図表 I-55 と図表 I-56 に示す権益に加えて，私的に個々の耕作者から年に籾米 2 マラッカルを得る。

蛇医者

蛇医者は，蛇を退治し，万一耕作者が蛇に噛まれた場合は薬を与える。個々の耕作者が，年に 1 カーニにつき穀物 4 分の 1 マラッカルを私的に与える。図表 I-55 に示す免税地を持っているが，現物による手当はない。

壺造り

壺造りは，図表 I-55 と図表 I-56 に示す権益に加えて，耕作者から私的に穀物を少量得ることがある。

靴造り

農具に用いる皮革や，サンダルを耕作者に供給する。それに対して，耕作者が，私的に穀物を少量与えることがある。他に，図表 I-55 と図表 I-56 に示す権益をもつ。

楽師

楽師は，宗教的催しや公的行事に出席して音楽を演奏する。手当として，穀物 400 マラッカルにつき，籾米 4 分の 3 メジャーを受け取る。これが A，B いずれの徴税方式の土地からかは明記されていないが，生産量に対する数値とし

て記されていることから見て，Aの方式の土地であると思われる。他に，図表 I-55 に示す免税地を持つ。

潜水夫

アーラパーッカム（Aulapaukum）とヴィーラペルマルネッロール（Veerapermalnellore）の両村には潜水夫がおり，その職分は，貯水池に潜り，粘土やその他のものによって穴や割れ目を埋めて堤防の破壊を防ぐことと，貯水池の水の出口を開閉して水の管理をおこなうことにある。ヴィーラペルマルネッロール村の潜水夫の場合には，免税地として同村にパッディ地（通常，灌漑地を意味）が 10 クーリ与えられているが，現物の手当はない。アーラパーッカム村の潜水夫の場合には，免税地として同村にパッディ地 10 クーリを得ているほかに，図表 I-56 に示す手当が与えられている。

以上が，『ティルヴェンディプラム報告』で「国家によって任命された村落サーヴァント」とされている者達の職分と手当である。これらの「村落サーヴァント」が，「国家によって任命された」という記述がなされる背景として，土地は国家のものであり，そこでの生産物から手当を得ている者は，基本的に国家によって任命された者であるという，同報告を作成した当時のイギリス人の基本的な考え方があったと思われる。もちろん，そうした考え方をそのまま受け取ることができないことは，先の『バーナード報告』での国家と在地社会との関係の分析によって明らかであろう。

ティルヴェンディプラム地域には，これらの村落サーヴァントに加えて，それ以外のカテゴリーとして，以下に示す職分を持つものがいた。

耕作者の男女使用人

耕作者の使用人を形容する語としては，報告中に奴隷（slave）という語も使われているが，原語ではパンナイカーラ［ン］（男性形が Pannacara，女性形が Pannacaracheey）である。この語で呼ばれる存在は，現在の南インド農村にも存在しており，一般に，常雇いの農業労働者を指す。『バーナード報告』の元になったパームリーフ資料では，「耕作者の使用人」の原語はパディヤルであるが，基本的な意味はパンナイカーランと同じである。彼らの職分は土地の耕作であり，免税地は与えられていないが，図表 I-56 に示す手当が与えられている。

書記の長

書記の長の職分は，アマルダールもしくは徴税請負人の事務所に行き，村々の書記が作成した記録類をまとめることである。元々国家によって任命されたものであり，世襲である。特権としては，後述する関税への権益と，図表 I-55 に示す免税地を持つ。

マハータディ・ピオン

マハータディ・ピオンは，アマルダールもしくは徴税請負人からの耕作者への伝言や，アマルダールや徴税請負人に債務があるために拘留された者の監視をおこなう。元来国家に任命されたものであり，その地位は世襲されている。毎月，アマルダールもしくは徴税請負人から手当を受け取っている。彼らの間で長と目されている 2 人は，図表 I-55 に示す免税地を持っている。

以上の手当をまとめた図表 I-56 に示したように，個々の世帯によって支払われる私的な支払いを除くと，計 48 マラッカル 4 1/4 メジャー（マラッカルとメジャーとのこの地での換算率は不明）となる。

以上が，ティルヴェンディプラム地域での職分と権益の状況である。まとめておくと，1. さまざまな職分をもつ者達が，生産物分割地では生産物の一定割合を，定額租税地においては土地の面積に応じて一定量を，それぞれ手当として受けていた，2. 耕作者の使用人を除き，面積の大小はあるものの，全員が何らかの免税地を与えられていた，3. 大工・鍛治屋や洗濯人，床屋，蛇医者，靴造り等は，別個に現物で私的な手当を受け取っていた，4. ポリガールと見張り人は手織機と関税に，書記長は関税に関してそれぞれ権益を持っていた，などである。

注意すべきなのは，このように，『ティルヴェンディプラム報告』には，大工，鍛治屋が仕事の依頼をした世帯から 1 労働日あたりいくらという出来高払いの形で，また洗濯人と床屋が世帯あたり年にいくらという形で，それぞれ別個に手当を受けていたという事実である。このような支払い形態が，ミーラース体制のなかに含まれるものなのか，それとも逸脱形態であるのかという問題があるが，家族数の大小によって必要なサーヴィスの大小が左右されることや，大工や鍛治屋への仕事の要請が，他のサーヴィスと比較して個別性が強いことからすれば，あえて逸脱形態とみなす必要はないだろう。なお，商工業活動に

第 2 節　ミーラース体制　89

関連した取り分の問題については，後に第 2 章で検討する。
　これらの手当に加えて，ティルヴェンディプラム地域では，さらに以下の「共通手当」（joint charges）が配分されていた。

共通手当（joint charges）
　共通手当とは，刈り取りを終えた後，国家と耕作者が各々の取り分を分配する前に差し引かれるものであり，上述の手当の場合と同様，土地への課税方式によって賦課の方法が異なった。
　まず，生産物分割地では，半分は国家が，半分は耕作者が負担した。すなわち，各村で，400 マラッカル（100 カッラム）につき 42.5 マラッカルが徴収される。この 42.5 マラッカルのうち，16 マラッカルは上記の村落サーヴィス職の者達へ（内訳については記述がない），16 マラッカルは耕作者の使用人へ，残り 10.5 マラッカルがティルヴェンディプラム村（Trevenduporam）とティルマニクーリ村（Tremaniculy）の二つの村にある寺院へそれぞれ分配される。また，これらの手当は，4 分の 3 が脱穀前に藁付きで分配され，残り 4 分の 1 が脱穀・計量後に分配された。
　他方，定額租税地では，共通手当は全額耕作者が負担した。現物と現金で支払われ，現物では 1 カーニにつき 32 マラッカルの手当であり，32 マラッカルのうち，16 マラッカルは上記の村落サーヴィス職へ，16 マラッカルは耕作者の使用人へ支払われた。他方，現金では土地 1 カーニ当たりの租税 1 パゴダ（42 ファナム）につき 2 ファナムが徴収され，上記二つの村の寺院へそれぞれ分配された。現物での手当は，4 分の 3 が脱穀前に藁付きで分配され，残り 4 分の 1 が脱穀・計量後に分配された。
　このように，ティルヴェンディプラム地域でも，土地の課税方式によって手当の方式が異なるものの，総生産に対して一定割合の手当，あるいは，定額租税地に関しては単位面積当たりの税額の一定割合が手当として分配されるという『バーナード報告』で検討した分配のありかたと基本的に同じ性格の分配方式が見られたのである。

国家と耕作者との取り分

こうした各種手当類の分配の後に，今度は国家と耕作者との間で分配がおこなわれた。それに関して，ティルヴェンディプラム地域で注目されるのは，「耕作者」がナーッタール，ウルクディ，パラクディという三つの階層に分類され，それぞれ異なる比率の取り分を得ていたという点である。このうち，ウルクディは，報告では先祖代々この地域に居住する耕作者を指し，パラクディは，ウルクディが耕作しない土地を耕作させるために臨時に呼び入れられた者であると定義されている。両者とも，種子をはじめとする耕作費を自前で負担し，その意味で自立した農業経営を営む農民であった。

パラクディとウルクディは，各種手当の残りの部分を，次の比率で国家と分配した。手当分を除く生産物を100として，生産物分割地では，河川や貯水池からの水路による灌漑地で，ウルクディは40％，パラクディは45％，残りを国家が得た。井戸や水路からピコタ（シーソー式の灌漑装置）で灌漑している土地の場合は，ウルクディもパラクディも取り分は3分の2で，残り3分の1を国家が得た。灌漑に手間がかかる分だけ農民の取り分が増えている。一方，定額租税地の場合は，パラクディはウルクディよりも12.5％低い税を支払った。ウルクディよりもパラクディが優遇されている理由は，パラクディが遠方から役牛や農具を運んでくる費用が考慮されているということである。以上のような分配率の差は，『バーナード報告』でもミーラーシダールとそれ以外の耕作者の間でみられた。

ナーッタールの権益

他方，ナーッタールは，このティルヴェンディプラム地域全体の領主的存在であった。すなわち，ティルヴェンディプラム地域には6人のナーッタールを祖先とする家系があり，各家系の長男がこの地域全体をいくつかのシェアに分割して支配していた[37]。この場合，6人のナーッタールの子孫は，図表 I-58 に示すように特定の村々を領有していた。しかし，それぞれが領有する村々の構成は流動的であり，地域全体へのシェアのみが固定されていた[38]。おそらく6人のナーッタールは元来均等な持分を持っていたのであるが，その後互いに持分を割替えあるいは売買したために各家系の持分に差が生まれ，村々の分割

図表 I-58　ナーッタールとそれぞれの領有村（1775）(ティルヴェンディプラム地域)

ナーッタール名と領有村名	Nattars and Villages	1971年センサスでの村番号
1. クリシュナ・レッディ	Kistna Reddy	
マナマデーヴィ	Manamadavy	CU152E
アンナヴェッリ	Annavelly	CU219A
パッチャングゴパング	Patchancopang	CU215A
チンナガンガナムクッパム	Chinnaganganamcopang	CU196A
ムルダード	Murdaud	CU186A
ワルガルパット	Wargalput	CU187A/189D
キーラコパング	Keelacopang	CU150A
2. マイラルンペルマル・ピッライ	Mylarumperoomal Pillay	
アッラギナッタム	Allaganuthum	CU162A
クディカード	Cudecaud	CU216D
ウッタリー	Wottary	CU157A
トレヴェンディプラム	Trevendeepuram	CU207D
アリシェペリアコパング	Arisheperiancopang	CU209A
カルペディタンドゥ	Carupedytundo	CU210A
アッリアヴェッティ	Arriavetty	
3. ヴィシュヴァナーダ・レッディ	Vishvanadda Reddy	
トンダマナッタム	Tondamanattum	CU229D
アッラパーッカム	Allapaukum	CU234A/226B
ラマプーラム	Ramapooram	CU155E
トレミニクーリ	Treminiculy	CU154B
ヴァダガンバム	Vadagumbum	
プドゥペッタ	Pudupetta	CU103D?
ティルトリオール	Tirtoriare	CU011C
4. ダタトリ・レッディ	Datatry Reddy	
マンダガパット	Mundagaput	VI220B
ネッラットール	Nellatoor	CU166C
5. ジアンティ・レッディ	Jeanty Reddy	
トッタパット	Toataput	CU189C
スンダラワンディ	Sundaravandy	CU148C
6. チャンダシャイラ・レッディ	Chundashaira Reddy	
ヴィーラペルマルネッロール	Veerapermal Nellore	CU021C

Source : Copy of the Advertisement, 7.1.1786, BOR Proceedings, No.14. Reports and Accounts of the Old Farm of Tiruvendipuram: 10 より作成
Note : CU-Cuddalore Taluk, VI-Villupuram Taluk

にも変更が生じたものと推定される。

　ナーッタール達は，耕地拡大の努力，水路整備の半額負担，アマルダールや徴税請負人への情報提供などの役割を果たし，その一方で，ティルヴェンディプラム地域全体に対して，以下の権益を持っていた（村ごとの耕作面積とそれに占めるナーッタールの耕作地の割合，および免税地面積とナーッタールの特権の総額については，図表 I-59 参照）。

図表 I-59 ナーッタールの特権（ティルヴェンディプラム地域）

No.	村名		ナーッタールの特権額 P.F.C.	村の全耕地面積 灌漑地 CA.CU.	非灌漑地 CA.CU.	ナーッタールの耕作地 CA.CU.		村の全免税地 CA.CU.	換算率
1.	マナマデーヴィ	Manamadavy	111.36.55	54.31	77.44	50.95	39%	25.32	A
2.	ウッタリー	Wotary	41.08.53	43.26	19.38	20.80	33%	16.58	B
3.	キーラコパング	Keelacopang	15.08.76	9.50	40.94	10.86	21%	8.05	B
4.	スンダラワンディ	Sundarawandy	6.18.07	5.00	49.15	2.00	4%	14.02	B
5.	トレマニクーリ	Tremaniculy	48.27.08	32.90	88.37	30.47	25%	21.95	B
6.	ムルダード	Murdaud	47.20.10	17.02	7.37	7.90	32%	8.62	C
7.	トッタパット	Toataput	81.23.21	23.25	19.58	13.15	31%	13.51	C
8.	ラマプーラム	Ramapuram	34.33.55	17.22	107.87	13.26	11%	27.17	D
9.	アンナヴェッリ	Annavelly	31.07.44						
10.	ヴァダガンバム	Vadagumbum	11.27.40						
11.	クディカード	Cudicaud	47.10.12						
12.	アッラギナッタム	Allagynuttum	39.06.18						
13.	チンナガンガナムクッパム	Chinnaconganamcopam	16.16.47	22.20	18.15	32.35	80%	9.15	E
14.	マンダガパット	Mundagaput	65.37.79	50.15	111.38	20.83	13%	37.30	A
15.	ネッラットール	Nellattore	26.19.03	80.95	149.66	21.51	9%	56.60	F
16.	ティルトリオール	Tirtoriore	16.21.27	9.60	85.11	11.71	12%	27.35	E
17.	アーラパーッカム	Aulapaukum	45.38.54	45.59	7.93	21.30	40%	9.52	G
18.	トンダマナッタム	Tondamanottum	45.40.67	47.54	97.77	13.34	9%	38.70	D
19.	ワルガルパット	Wargalput	26.40.25	56.12	30.49	21.70	25%	26.83	H
20.	アッリアヴェッティ	Arriavetty	7.21.00	133.64	225.00			31.80	I
21.	パッチャンゴパング	Patchangopang	30.00.00	3.37	4.96			20.58	J
22.	トレヴェンディプラム	Trevenduporam	Nil*	5.49	58.10			39.17	B
23.	アリシェペリアコパング	Arisheperiancopang	Nil*	4.81	11.18			4.64	J
24.	カルペディタンドゥ	Carupedytundo	Nil*	1.90	4.40			0.94	J
25.	プドゥペッタ	Pudupettah	Nil**						D
26.	クータヴァーッカム	Cootavaukum	Nil***	0.00	24.25			2.60	J
27.	ヴィーラペルマルネッロール	Veeraperumalnellore	56.10.05	160.30	232.40	69.15	18%	54.25	E
SH.	ピッラーリ	Pillary	Nil****	33.60	61.60			68.17	A
SH.	ポンニアンコパング	Ponniancopang	Nil****	9.84	1.07			4.00	J
SH.	クマラペッタ	Comarapetta	Nil****	4.39	5.83			5.65	J
SH.	マーヴェディポッラム	Mavedy-Pollam	Nil****	1.00	10.18			2.14	J
SH.	ヴェッタコラム	Vettucolum	Nil****	1.00	0.87			1.08	K
	計	Total	854.41.66						

Source : *Reports and Accounts of the Old Farm of Tiruvendipuram* (Selections from the Records of the South Arcot District, No. IV, Printed at the Collectorate Press, 1888) より作成

Notes :
1. cawnieの実際の面積は村によって異なる。1 cawnie当りのエーカー換算率は次の通り。
   A 3.49　B 2.65　C 6.21　D 5.51　E 2.97　F 3.31　G 3.70　H 2.50　I 3.40　J 6.09　K 5.97
2. 村番号22*, 23*, 24*では全ての土地が定額地租となっており、ナーッタールの特権はない。
3. 村番号25**は漁村。村番号26***はブラーミンへの一括免税村。
4. SHはポリガールのシュロトリアム村（低い額の定額請負村）であり、ナーッタールの特権はない****。
5. P.F.C. - pagoda, fanam, cash　CA.CU. - cawnie, culie
6. 村番号9, 10, 11, 12については数値が記録されていない。

第2節　ミーラース体制　93

1. 領主的取り分

河川，貯水池によって灌漑されている土地でウルクディかパラクディが耕作する土地の生産物の10％を得る。同じく，ウルクディかパラクディが定額租税を納めている土地の租税の10％相当を得る。

2. 自耕地での特権的な取分率

河川，貯水池によって灌漑されている土地の場合，ウルクディは40％，パラクディは45％の取り分であるのに対し，ナーッタールは50％の取り分を持つ。

3. 定額租税地での税割引

定額租税地では，ウルクディは割引が無く，パラクディは12.5％の割引が認められているのに対して，ナーッタールの場合は25％割引されている。

4. 抵当権

権益相当額までの土地を，抵当に入れることができる。

5. 免税地

かなりの規模の免税地を所有していたが，事情により[39]，報告書が作成された時点では消滅している。

6. 関税への権利

域内を通過する商品に対してかけられていた関税に対して権益を持つ。

ナーッタールとミーラーシダール

ナーッタールの権益リストからみてとれるように，彼らは，ウルクディやパラクディが耕作する土地から10％の地代を得る領主的存在であった。これに，定住農民のウルクディ，非定住農民のパラクディ，「耕作者の使用人」である農業労働者を加えると，当時の農業経営のおおよその構造となる。

ウルクディやパラクディという語は『バーナード報告』には登場しないが，国家と耕作者の間での生産物の分配方式に関する部分では，村内の耕作者と村外の耕作者という区分が一般的に見られ，後者により大きな取り分が認められていた。したがって，『バーナード報告』での村外者がここでのパラクディに相当したことは間違いない。問題は，ウルクディとミーラーシダールとの関係である。『ティルヴェンディプラム報告』には，ミーラーシダールについての

記述はなく，ウルクディがミーラーシダールに相当する可能性もあるが，報告中にはそれを明示する記載はない。一つの解釈は，ティルヴェンディプラム地域のような強力なナーッタールが存在し続けていた地域では，ミーラーシダール権益が成立しえなかったというものである。逆の見方をするならば，ナーッタールが力を失った地域では，ナーッタールが掌握していた地位や権益をミーラーシダールが獲得したということになる。

　ナーッタールの分布は不均等で限定的であり，南アルコットについても，ミーラーシダールが植民地支配以前は存在したことは認められていたから[40]，ティルヴェンディプラム地域のようにナーッタールが領主的な支配をしているケースは，むしろ例外的と考えることもできよう。在地社会のまとまりが崩れていく中で，村々のミーラーシダールがナーッタールに代わって村落領主層としてその権益を奪取していく過程が見られたのではないかという見通しも成り立つが，ここではこの問題にこれ以上立ち入ることを控えたい。

　　寺院の権益
　ミーラース体制のさまざまな手当の受け手の中に，個々の在地社会を超える広い領域にまたがって権益を享受している存在がいくつか見られた。その代表的で一般的なものが，寺院とポリガールである。まず寺院の権益から検討したい。

　寺院がどのような広がりで権益を保持していたかについては，シュリニヴァーサンをはじめとするマドラスの政策研究所グループがおこなった『バーナード報告』の全村統計処理がある［Srinivas et al. 2001］。それを利用すると，図表 I-60（CD），I-61（CD）のようになる。図表 I-60（CD）は受け手別の免税地面積，全免税地中の割合，およびそれらが設定されている村落数を，図表 I-61（CD）は受け手別の手当の量，全手当中の割合，およびそれらが設定されている村落数を示している。

　寺院には，村に場合によっては数十も存在するような各種小規模寺院と，遠隔地からも巡礼者を招く著名な寺院があり，両者に，免税地や手当全体の1割強が分与されている。ここで対象とするのは後者であり，表では「大寺院，教団」として分類されている。これらの表から，それらが，免税地全体の6％余

を52%の村々で，手当全体の6%を88%の村々で得ていることがみてとれる。

図表I-62（CD）は，これらの「大寺院，教団」に分類されている宗教機関ごとに，それぞれ何村で手当を得ているかを示したものである。たとえば，カーンチープラム・ヴァラダラージャスワミ寺院（Kanchipuram Varadarajaswamy）は，計1,265村で権益を得ている。それ以外の寺院も，数十から数百の村々から権益を得ている。

各宗教機関の権益が，具体的にどのように広がっていたかを示すために，『ザミンダーリー制報告』を利用する。同報告には，各ザミンダーリー地域に含まれる全ての村（全体で2,200余村）に関して，それぞれどのような権益が存在したかが数値として記されている。図表I-63（CD）は各寺院（宗教機関）がザミンダーリー地域ごとにそれぞれ何村に権益[41]を有していたか，図表I-64（CD）は権益の総額をそれぞれ集計して示したものである。そこから，たとえば最も広範な権益を持っているカーンチープラム・ヴァラダラージャスワミ寺院の場合，全1,399村に，計4,243パゴダの額の権益を保持していたこと，その権益が複数のザミンダーリー地域にまたがって分布していたことがみてとれる。

これらの寺院ごとの権益の空間的広がりを，権益の存在する村の位置が確認されたものについて地図で示すと，図表I-65（口絵）のようになる。図ではチングルプット地域のみを扱っているため，チングルプットをさらに超えた地域への広がりについては不明であるが，図よりもはるかに広い領域に権益が分布していたであろうことは間違いない。もちろん，他の地域での権益を加えれば，その権益もはるかに大きくなるはずである。加えて，巡礼や信者からの寄附など土地以外の形での直接の収益もあったわけであるから，その経済的権益は極めて大きなものであったに違いない。宗教勢力の国家に対する自律性の問題については，それ自体独立した研究を要するものであるが，ここでは，一部の寺院が在地社会に対して上位レベルにあったこと，および，国家に対して高い自律性を有していたことを指摘するにとどめたい。

ポリガールの権益

寺院と並んで，在地社会を超えたレベルの存在として重要なのは，ポリガー

ルである。ポリガールの職分は，地域社会における治安の維持であるが，治安の維持とは言っても，その担い手としては，単なる村の警護人から強力な軍事領主まで含みうる。実態はどうであったのか。

ポリガールに関する初期の研究を著したラージャッヤン［Rajayyan 1974］は，ポリガールの語義は，「軍事拠点（パーライヤム）を有する者」という意味で，この場合のパーライヤムは，通常は軍事的サーヴィスに対して特権として施与された2〜3村からなる地域であったと指摘する。そして，ポリガールの一般的特徴として，これらのポリガールが，法と秩序の維持にあたり，軍事的サーヴィスと貢納支払いを条件に特権を享受したこと，その場合，サーヴィスと特権とのバランスは，ポリガールの自律性の程度に応じて変動したことなどをあげている。

このように，軍事的領主としての側面を強調する見解がある一方で，チングルプット地域の徴税官を務めたイギリス人プレースは，ポリガールの職分は，「地域（district）の住民の財産を守り，［万一何らかの事件が起きた場合には］住民がこうむった5パゴダか場合によっては10パゴダの価値以上の損害を賠償する」ものであると記している[42]。この場合のポリガールのイメージは，軍事領主からは程遠く，単なる見回り——日本の「十手持ち」のイメージに近い——程度の存在である。

チングルプット地域のポリガールに関しては，18世紀末に作成された資料がいくつか存在し，筆者は一部を用いて別の機会にポリガールについて論じたことがある［水島 1995: 681-718］。ここでは，新たに統計処理を終えることができた『ザミンダーリー制報告』を追加して，ミーラース体制とポリガールとの関係に焦点をあてて検討してみたい。

図表 I-66（CD）と図表 I-67（CD）は，『ザミンダーリー制報告』の処理結果であり，それぞれ，ポリガールが権益をもつ村の数，権益の額をパラガナ（郡に相当）ごとに示している。最も多くの村に権益をもっていたのはラヤル・ナーイク（Royal Naick）というポリガールであり，5つのパラガナにまたがって，全部で388村に権益をもっている。続いてシュリラーマ・センガマ・ナーイク（Streerama Sengama Naick）が9つのパラガナにまたがって，全部で148村に権益を持っている。他にも数十村を超えて権益をもつポリガールが少なくない。

他方，わずか1～2村にしか権益をもっていないポリガールも多数存在する。上條安規子が指摘しているように，ポリガールには二つの階層が存在したわけである［上條 1962］。

このように，ポリガールの管轄と権益の観点から，在地社会の内部的存在で村の警護をするポリガールと，在地社会を超えたレベルの軍事領主的ポリガールの両階層を見出しえたわけであるが，ポリガールの性格を規定するには，ラージャッヤンも指摘するとおり，ポリガールの自律性の如何が問題となる。そのためには，ポリガールが持つ権益の内容を今少し詳しく検討する必要がある。そこで，チングルプット地域のポリガールの権益の構成を，『ジャーギール地域でファスリ暦1202年［A.D.1792/93］にポリガールが享受していた特権記録』[43]から検討することにしたい。

同記録には，計179組（複数が組んでいる例がある）のポリガールの収支項目が記録されている。そのうち，収入としては，ムカーサー（ポリガール村：後述），シュロットリアム（減税村），カーヴァリ（警護料），マラー（手当），マーニヤム（免税地），カンダーヤム（雑収入：後述），トゥッケリ（縄張り料）[44]が主である。続いて，塩田のマーニヤム，寺院（ポリガール寺院のことか），イナーム（施与地），庭地（バナナやココナツ園），関税所（land customs），パラパッタダイ（さまざまなカーストが混住する土地から徴収される手当），ライヤット・イジャラ（農民が通常より低い税で請け負った村のことか？）などがあるが，いずれも例は少ない。他方，支出としては，ペシュカーシュ（政府への税，貢納）とシュロットリアム村での減免された税についての支払いが大半を占める。

これらの権益の中で，ほぼ全ての事例で出てくるのは，カーヴァリ，カンダーヤム，マラー，マーニヤムの4つであり，それらは通常セットで記されている。続いてトゥッケリが約3分の2の122例で現れ，ムカーサー村は17例，シュロットリアム村は8例，他は頻度が落ちてせいぜい2～3例のみである。つまり，おおまかに言って，ポリガールは，無税か減税された村（ムカーサーとシュロットリアム）や免税地（マーニヤム），さまざまな手当類（カーヴァリ，マラー，カンダーヤム）を権益として享受し，上位支配者に対して一定の貢納（ペシュカーシュ）と減税分（シュロットリアム）を納めていたわけである。

これらの項目の内，説明を要するのはムカーサー村とカンダーヤムである。

ムカーサー村は，ポリガールが経営する村であり，国家への税は支払われていない。つまり，ポリガールの支配村である。後に対象とするチングルプットのポンネリ地域[45]の場合，『バーナード報告』中の全150村の内17村がムカーサー村であった。さらに，同地域のポリガール達は，シュロットリアム村を1村，定額請負村を7～8村保有していた。これらの村々の支配は，ポリガールの政治的・経済的自律性の重要な根拠になったものと思われる。

他方，カンダーヤムの内容については，チングルプットの徴税官プレースが，カンダーヤムとは，手当や免税地に加えて，ポリガールが，現金や布・山羊・鶏・ビーテルの実等の現物で得ているものであるとし[46]，十数人のポリガールについて，それぞれが受け取っていたカンダーヤムの詳細をリストにしている[47]。資料の虫喰い状態が激しいので，比較的状況の良い3人のポリガールの分について表にして示すと，図表I-68（CD）のようになる。この表から，ポリガールが，数村において，一般の住民，トゥッケリ（Tookeree People）とかヴェッティヤン（Vettiyan）と呼ばれる手下，鍛治屋，洗濯人，商人のチェッティ，床屋，銀細工師，牛飼い人，手織工，不可触民のパライヤその他様々な職種の者から，現金または現物（米，ナイフ，ココナツ，胡椒，役牛，ビーテルの実，布等）で手当を得ていたことがみてとれる[48]。

他方，ポリガールの支出に関して詳しい数値が記載されているのは，チングルプットのサッタヴァイド地域のものである。図表I-69（CD）に示すサッタヴァイド地域の5人のポリガールの例をみてみたい。そこに示されているように，収入は，マーニヤム，ソウヤール（sawyer 関税などの雑税），スワタントラム（swaduntrum 手当），マラーなどからなり，62パゴダから1,165パゴダの間である。支出は，国家への貢納をはじめとして，雑兵への給与や免税地を中心に，ヴァキール（vakil 差配人），サンパルティ（sumperty 会計補助），ラーヤサム（roysum 事務補佐），マニガール（moneygar 村役人），カルナムなどへの支出からなっている。それらの経費を除いた純収入は55パゴダから398パゴダの間であった。以上の支出項目から，ポリガールが，何人かの配下の者を配置した拠点をもち，場合によっては軍事行動に参加するような位置にあったという状況を窺うことができる。

このようなポリガールの権益のあり方や収支構造から，ポリガールの自律性

をどのように評価することができるのだろうか。確かに，ポリガールは，国家に対してペシュカーシュと呼ばれる貢納を支払っていた。しかし，その一方で，多くの村落を，丸ごと，ムカーサー，シュロットリアム，請負などの形で支配下に入れていた。彼らが保有する軍事力は，18世紀の動乱の中で，それなりの重みをもったであろうし，その帰属は，軍事行動を左右する性格のものであったはずである。その自律性については，たとえば，徴税官プレースは，1792年の報告書[49]に，次のように記録している。

「［ポリガールのカラストリのラージャ（Rajah of Calastry）は］ムカーサーを5村保有し，その価値は363.14.2（パゴダ，ファナム，カーシュ：貨幣単位）と想像されるが，その帳簿の提出を求めたところ，単に帳簿を隠蔽しただけではなく，住民を2ヶ月にわたり逃散させた。実際にはもっと［村々の］価値があるだろう。数年前，何人かの丘陵部のポリガール達が，アルコット［のナワーブ］政府に属する村々を奪い，貢納を支払うことを拒否した。ナワーブは，それらの村々を奪い返し，ポリガール達の他の特権も剥奪したが，ポリガール達がしばしば侵攻してくるので，軍を駐留させなければならなかった。しかし，軍の費用が税収のかなりの部分を使ってしまうので，約20年前に村々をボムラージャ（Bomrauze）とカラストリのラージャ［の2人のポリガール］に移管し，丘陵部のポリガール達に要求していた以前の貢納分を両者が支払うという処置がなされた。その結果，上の5つのムカーサー村はカラストリのラージャのものとなった。これらの村々は，会社支配下のジャーギール地域に位置していたので，彼はナワーブから安堵状（パルワナ）を得るとか会社から証書を得るとかの手続きをしなかった。結局，その所有は，現在まで何の支払いもなく，黙許の形で保有されている。」

ここに描かれているポリガールに代表されるように，ポリガール達は，いずれも，ナワーブ政権にせよ植民地政権にせよ，それらに従順に従うような存在ではなかった。ポリガールの多くが，政治的に非常に自律性の高い存在であったと考えてよい。その自律性の根拠は，ミーラース体制に支えられたさまざまな権益であった。

第3節　社会的文法

ミーラース体制とカースト

これまで分析してきたアフラパーッカム村やそれを含むシャーラーヴァッカム地域，およびティルヴェンディプラム地域の村落記録の分析から，少なくとも次の二つの点を導きうる。第一は，農業に従事する者であれ非農業に従事する者であれ，さまざまな職分を持つ者が，免税地や手当の形式をとる在地社会全体の農業生産物に設定された各種取り分を受け取ることによって，自身と在地社会両方の再生産を維持していたことである[50]。職分および権益は代々相続され，場合によっては売買や質入れも可能なものとして認識され，この権益は，タミル語ではカーニ，植民地資料ではミーラース権と呼ばれた。そして，このミーラース権によって在地社会の再生産が維持される体制を，本書ではミーラース体制と呼んでいる。第二は，この体制の中には，『バーナード報告』での「村外者の財産である古くからの免税地」や「国家と耕作者が折半する手当」の受け手に見られたように，在地社会を超えたレベルの個人や機関が包含されていたことである。

ミーラース体制の意味を考えるとき，まず問題とすべきなのはミーラース体制とカースト制との関連である。ミーラース体制とは，その中に生きる人々にとって，自らに与えられた職分を果たす限り自己の再生産が保証される体制である。したがって，その体制が永く続くことは，単に在地社会の再生産のためだけではなく，自らの再生産にとっても必要不可欠なことであったろう。他方，ミーラース体制も，変化への対応力をもち，長期にわたって生き延びうる手立てをもっていた。なぜなら，在地社会に何らかの異質な要素・文化，人々が入り込み，あるいはさまざまな活動がそこで新たに生まれた場合には，取り分の分与・創出という形によって，それらを容易に取り込むことができたからである。

この場合，再生産に関わる職分とそれに附随した権益（取り分）の生成や再

編は，しばしば新たなカースト集団の生成や集団間のカースト再編という形をとった。それらの権益が，一般的に特定の集団（カースト）の権益と認められたからである。しかも，その結びつきは，カースト成員間の生まれ，婚姻規制，生活規制などを核とする集団性と排他性によってさらに補強された。

　ミーラース体制は，このように，歴史の中で生み出されてくるさまざまな変化に対して，経済的仕組みとしては在地社会の生産物の分配率を再編することによって，社会的仕組みとしては新カーストの生成や再編という形によって，それぞれ対応したわけである。その結果，非常に長い時間にわたって強固な体制を形成し，維持することとなった。

　もう一つ問題にしておかなければならないのは，インド社会において，ミーラース体制とカースト制とのいずれを基本的な体制と考えるかという点である。たとえば，カースト集団の拡がりがミーラース体制の基本的な単位である在地社会の空間的枠組みを超えているという一般的な状況の中で，カーストの問題とミーラース体制の関係がどのように在地社会で調整されたのか問題となる。この点に関し，小谷汪之は，中世マハーラーシュトラを対象として，次のような解釈を示している［小谷1989］。すなわち，当時の社会には，数十から百ヶ村ぐらいの村々を含む地域共同体的まとまりがあったが，カーストは，この地域社会（本書での在地社会に相当）を単位とした第一次集団を基礎としながら，隣接する地域社会の同一カースト集団とつながって，より広い範囲でのカースト結合の網の目を形成していた。しかし，地域社会の内部で問題が発生した場合には，主な「ワタン持ち」（ミーラース権所有者）が出席する地域社会集会が開催されて問題の解決が図られたという。つまり，ミーラース体制とカースト体制とは表裏の関係であったが，基本はあくまで在地社会の再生産体制であるミーラース体制であったと解釈している。筆者も，この氏の解釈に同意する。カーストの生成，分裂という形で表現され，カースト体制の変化としてしばしば理解されてきたインド社会の変化は，実際には，ミーラース体制の中での変化であったと考えるからである。

　　ミーラース体制と国家
　ミーラース体制に関する第二の問題は，ミーラース体制と国家との関係であ

る。まず指摘しておくべきは，国家がミーラース体制にとって外部的な存在ではなかったという点であり，この点は国家の主導権を重視する小谷の解釈と大きく異なる。本章第1節で，免税地や生産物に設定された手当には，在地社会に固有のものと国家の意図や権益が強く表現されたものがあることを指摘した。「国家と耕作者が折半する手当」「国家のみによって支払われる手当」などの表現や，「村落機構に附随する免税地」「村外者の財産である免税地」という表現も，国家と在地社会の二つの関係がミーラース体制の中に組み込まれていることを示唆するものである。また，各種手当が分配された後に，最終的に国家と耕作者が生産物を分配するという点も，ミーラース体制が基本的には国家と在地社会との関係の中で形成されてきたことを示唆する。ここでの国家の取り分を，量的な大小は別として，他の取分権者の取り分と質的に異なるとみなす理由はない。国家も，主要な一員としてミーラース体制に参加していたのである。

では，ミーラース体制を主管していたのは，はたして国家なのか在地社会なのかという問題は，どう考えることができるのか。それに関する解答の一端は，すでに，第1節での検討によって与えられている。すなわち，在地社会が非常に強い自律性をもっていたという点である。免税地を例にすると，一般に免税地は国家への税相当分が免税地所有者に支払われるものであるから，国家の主導性を示すものと理解されがちである。しかし，たとえば，「村落機構に附随する免税地」は，在地社会の既存の権益を国家が追認したとしか考えられない。免税地であるからといって，国家権益の譲渡とみなす必要は必ずしもない。加えて，脱穀前，計量前の手当類は，いずれも在地社会固有の権益であったし，国家が負担した手当類も，しばしば在地社会の軸となる職分に対してのものであった。

筆者は，このように，ミーラース体制は国家をその重要な構成要素としているものの，基本的には，高度な自律性を維持する在地社会を基本とした体制であり，国家は，このミーラース体制に依存していたと考えている。在地社会の統治機構が存在していたか否かという議論が続いているチョーラ時代やヴィジャヤナガル時代はさておくとしても，少なくとも18世紀の南インドに浮かんでは消えていく国家権力は，アルコットのナワーブ政権をはじめとして，いずれも内部抗争，継承争い，外部からの武装勢力の度重なる侵攻によってめまぐ

るしく政権交替を繰り返すような，極めて不安定な権力基盤しか持っていなかった。それらの国家にとって，ミーラース体制を存続させることは，在地社会側の権益を追認することになっただけではなく，そこに組み込まれている国家自身の権益をそのまま主張する根拠ともなった。ミーラース体制を安堵することによって，そこに組み込まれている粗生産の3分の1前後にのぼる国家の取り分をそのまま主張できたとすれば，新たに権力を掌握した者にとってそれほど好ましいことはない。また，国家自身が官僚機構を立ち上げ，在地社会に拡げ，それを通じて徴税するよりは，ミーラース体制に依存した方がはるかに小さいコストで安定した徴税が可能であったろう。その一つの証左は，在地社会レベルに，国家の出先機関や官吏がほとんどみられなかったことである。チョーラ朝からヴィジャヤナガル朝にかけての南インドの国家体制を「分節国家」として解釈しようとしたバートン・シュタインの説も，多分に官僚制の欠如した国家体制をどのように理解することができるかという発想からのものである。たとえばポンネリ地域の場合，『バーナード報告』で世帯別内訳が記録されている全150村，4,428世帯のうち，国家の官吏と考えられるデーシュムクは1世帯のみである。国家の官吏としての書記であるカーヌンゴーは全く見あたらない。唯一の例外は，村々の書記であり，全115世帯が住んでいた。したがって，統治の形式としては，村々に広く存在する書記が記録を作成し，それを元に，国家が統治をおこなうというものであったと考えられる。ただし，この場合に書記が作成していた記録の内容とは，主に，これまで検討してきたミーラース体制に関するものであった。国家が官僚機構を通じて在地社会を支配するという状況は，極めて考えにくいのである。

　それでは，在地社会が一方的に主導権を握っていたかというと，もちろんそういうわけではない。ミーラース体制は，「国家と耕作者が折半する手当」という表現が象徴的に示すように，在地社会が主体でありながらも，国家との対抗と協調の入り混じった利害関係を包み込みながら歴史的に形成されてきたものである。

　それでは，国家権力の交替が生じた際に，新たに国家権力を獲得した者による正統性（レジティマシー）の主張は，はたして在地社会にそのまま受け入れられたのであろうか。この点に関して資料から浮かび上がるのは，新たな権力者

がある地域の統治を開始しようとした場合，しばしば自らの権益を，寺院や在地社会の有力者などに免税地として積極的に譲ったという事実である。図表I-70（CD）は，『バーナード報告』のポンネリ地域にみられる新規免税地の与え手と受け手，および面積を示したものであり，図表I-71A（CD）は年別の与え手の構成を数値で，図表I-71B（口絵）はそれをグラフ化したものである。そこから知ることのできる事実は，ムスリム政権下で，政権に何らかのつながりをもつと思われるムスリムを中心とした有力者達が免税地を積極的に与えていたことである。受け手は，ブラーミンを中心にして，ヒンドゥーであることが多い。免税地とは異なり，どのような新たな手当がこの時期に誕生したかについては知ることはできない。しかし，免税地と同様な事態，すなわち，新たな権力者が新たな手当を──しばしば自らの権益を掘り崩して──設定し，在地社会の協力を得ようとしたのではないかと推定しうる。

国家と軍事領主

　ミーラース体制における国家と在地社会との関係はこのように考えうるとして，今ひとつ検討しておかなければならないのは，広い領域にわたって権益を保持していた軍事領主（ポリガール）や寺院の位置である。いずれも，在地社会を超えたレベルの存在であるから，在地社会よりも上のレベルにあったとすることには異論がないであろう。問題は国家との関係である。

　まず，国家と軍事領主との関係から検討する。18世紀の南インドに関する限り，マラーター，ニザーム，アルコットのナワーブとその継承者，マイソールなどのインドの諸勢力に加えて，イギリス，フランスの東インド会社が互いに入り乱れて抗争を繰り返し，軍事関係者は，好むと好まざるとにかかわらず，生存をかけて提携先を選び，あるいは変えなければならなかった。いわば，政治的環境のゆえに，否応なく自律性を保たなければならなかったわけであり，風見鶏的な対応が普通であった。この点に関し，『日記』に記されている1746年のフランスによるマドラス占領前後の時期に交わされた，フランスのポンディチェリ総督デュプレクスと各地の政治権力者との間の書簡類が参考になる。1746年9月22日，ポンディチェリのフランス勢力は，ナワーブのアンワルッディーン・カーンの命令を無視し，イギリスの拠点マドラスを占領した。それ

に対して，ナワーブの長男であるマフフズ・カーン（Mahfuz Khan）の軍が介入し，ナワーブ軍とフランス軍とは，11月2日と7日の2回にわたり交戦した。これらは，いずれも小規模な交戦であり，フランス側が勝利したが，なおもマフフズ・カーン軍による包囲網は続いた。デュプレクスは局面の打開をはかって各地の政治権力者や城主に対して，いかにマフフズ・カーン軍の行動が不当であるかを訴える書簡を送った。以下の『日記』からの引用は，それへの各地の有力者からの返信の内容である。

「今晩，ターキ・サーヒブ（Taqi Sahib）［ワンディワーシュ（Wandiwash）のキッラダール（Killedar 城主）］とポルール・ムハマッド・アリ・カーン（Polur Muhammad Ali Khan）［ポルール（Polur）のキッラダール］からの手紙がデュプレクスのもとに到着した。その手紙は，マドラスの占領を祝うものであった。」[51]

「ピール・サダット・ダスタギル・サーヒブ（Pir Sadat Dastgir Sahib）から次ぎの手紙が来た。『私は世を捨て，世俗とは離れて生きている。この［マドラス占領の］ような混乱については，私は与り知らない。』」[52]

「［ナワーブ政府の高官の］フサイン・サーヒブ（Husain Sahib）から手紙が来た。『マドラスにいる貴殿の部下やポンディチェリからやってきた者達は，和平の申し出を受けず，ムスリム軍を攻撃した。今からでも和平するに遅くない……この国の統治者を敵に回して，どうやって商取引を継続するつもりなのか。』」[53]

「［ポルール（Polur）のキッラダールの］ムハマッド・アリ・カーン（Muhammad Alikhan）から手紙が来た。彼は，マフフズ・カーンの敗北は，［前ナワーブの］サフダル・アリー・カーン（Safdar Ali Khan）とその息子を殺害したことに対するフランスを通じて与えられた天罰であると述べている……彼はまた，フランスは，アンワルーッディーン・カーンの息子［であるマフフズ・カーン］に対して，もっと多くの教訓を与えるべきであり，そうすればニザームからもムガル皇帝からも敬意を払われるようになるであろうと書いている。」[54]

「ティミリ（Timiri）のキッラダールの返事は次ぎのようであった。『私は，貴殿の手紙にあるあらゆる情報を読み取った。そこで貴殿が述べているこ

とは正しい。ムスリムがたどるべき正しい筋道は，貴殿と常に友好関係を保つことである。』」[55]

「チダンバラム（Chidambaram）のムハマッド・ミヤーン（Muhammad Miyan）は，次ぎの手紙を書いてきた。『貴殿の手紙が着き，私は大変喜んでそれを読んだ。マフフズ・カーンの態度は，確かに不当なものである。神が，彼の王国の転覆を運命づけたように思われる。』」[56]

「カルングリパーライヤム（Karunguzhipalaiyam）のキッラダールが次ぎの手紙を書いてきた……『私が貴殿に書くべきことは何もない。神が運命づけたことは，必ずやってくる。正しいことは勝利を導き，不当なことは敗北につながる。この格言の正しさは，これまで起きた出来事で証明されている。』」[57]

「ミール・グラム・フサイン（Mir Ghulam Husain）の返事がティンネヴェッリ（Tinnevelly）から届いた。そこには，彼がマドラスの占領に対して極めて満足していることや，フランスが同様な勝利を今後も多く重ねることを望むこと，さらには『敵の面目は丸つぶれだ。私は，貴殿の勝利をあたかも自分のことのように喜んでいる。』と書いている。」[58]

「ジンジー（Gingee）のキッラダールからの手紙は次ぎのようである。『私は，貴殿の手紙を読んで非常に嬉しい。マフフズ・カーンの行動は決して正当化しえない。しかし，ナワーブとの友好関係は保った方がよい。』」[59]

「サディック・サーヒブ（Sadiq Sahib）がヴェッロール（Vellore）から手紙を書いてきた。『マラーター軍の侵攻の際に，ポンディチェリに滞在中に私に与えてくれた保護に対して感謝する。マフフズ・カーンは，マドラスとポンディチェリを占領すると誓っている。だから，私は貴殿に対して，彼と和平し，もし和平しないのであるなら守備を固めるように助言する。』」[60]

「しばらく前に，ファテ・シング（Fatteh Sing）のエージェントとしてマラーター軍からやってきたことのあるケーサヴァ・ラオー（Kesava Rao）が手紙を書いてきた。『マフフズ・カーンとムハメッド・アリー・カーン［ナワーブのアンワールッディーン・カーンの次男］は，両者とも貴殿を攻撃するための軍を集めている。もし，5,000パゴダを送ってくれるな

らば，2,000騎のマラーター軍を引き連れて参戦し，全ムスリム軍を撃退する。』」[61]

「マイ・マンダラム（Mayi Mandalam）の山城のカディル・フサイン・カーン（Qadir Husain Khan）の息子が，次ぎの返事を書いてきた。『貴殿は，約束を破った……貴殿のような商人が，政府（subah）を攻撃することを正当化することができようか。』」[62]

これらの返信の内容から窺えるのは，当時の複雑な政治情勢を見極めながら，各地の権力者がさまざまな対応をしていたという事実である。ポリガールと呼ばれた各地の軍事領主も例外ではない。彼らにとって，自律性を保ち，自ら政治的決断を下していくことが自己の生存を確保する道であった。そして，そうした国家権力からの自律性は，既にみてきたように，免税村をはじめとした数々の権益による経済的な自律性によって支えられたものであった。

国家と寺院

国家と寺院（宗教勢力）との関係については，ムスリム政権下で，ヒンドゥーの諸寺院が自律性を保持していたことは容易に想像しうる。また，先にみたように，ムスリムの高僧（ファキール）やイスラームの宗教施設（St. Thome Pirzada）も，広い範囲にわたって権益を得ていた。軍事領主と同様に，経済的に国家からの自律性を保持していたと考えてよいであろう。また，単にこうした経済的な自律性だけではなく，宗教的権威による王権の正統化の役割や，ブラーミンと世俗権力との相互関係など，宗教的権威の自律性に関してはさらに広いアプローチが可能であるが，本書ではこの問題にこれ以上立ち入らない。

社会的文法

国家，在地社会，軍事領主，寺院，そしてミーラース体制に関してこれまで分析を行ってきたが，これらの関係をモデル化すると図表 I-72 のようにまとめることができよう。すなわち，大きく上位の国家，軍事領主，寺院と，下位の在地社会の二つのレベルから成り，上位には国家，軍事領主，寺院がそれぞれ自律性をもって存在し，下位には在地社会が存在した。そして，これら全体がミーラース体制によって統合され，維持再生産されていた。

図表 I-72　18世紀南インド社会のモデル図
ミーラース体制の二重構造

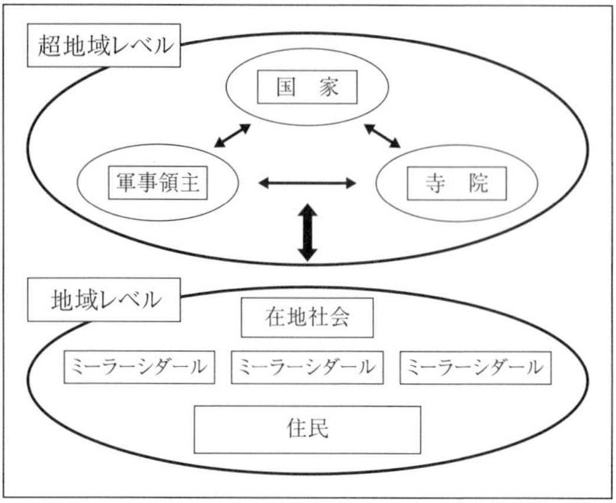

```
超地域レベル
    国家
  ↙    ↘
軍事領主 ⟷ 寺院
    ↕
地域レベル
    在地社会
ミーラーシダール　ミーラーシダール　ミーラーシダール
    住民
```

　このように，ミーラース体制は，18世紀の南インド社会のさまざまな社会単位を統合するシステムであった。そこに生きる人々は，ミーラース体制の中で，何らかの職分を持ち，その職分に結びついた権益によって自らの再生産を維持していた。したがって，たとえば自らの権益を拡大しようとした場合，基本的にはミーラース権を取得し，あるいは集積し，もしくはミーラース体制の中での手当の比率を拡大するという形をとることになった。このように，人々は，ミーラース体制の中に位置づけられ，その生の中で得られる富，名誉，地位，権力，さらには希望も，ミーラース体制を通して表現されるものであった。それは，国家から最下層の不可触民に至るまで共通の事態であったわけであり，しかも，ベンガルなどの一部の地域を除き，多かれ少なかれインド亜大陸のあちこちでみられた事態でもあった[63]。その意味で，ミーラース体制は，前近代までのインドの社会的文法として機能していたといってよいであろう。

ミーラース体制の変容

　インド社会全体を覆ってきたミーラース体制は，しかし，18世紀に顕著になった三つの動きによって，急激に変容しつつあった。三つの動きとは，第一に，綿業を中心とした商業交易活動の展開であり，第二に，ミーラース体制での第一次分配後に市場に入ってくる農産物取引の動きであり，第三に，ミーラ

ース体制で設定されてきた職分と手当の関係がミーラース権の頻繁な売買によって分離するという動きの三つである。ミーラース体制は，これらの動きの中で，崩壊過程をたどるのであるが，そのうち，第一と第二については第2章で，第三の動きについては第3章で，それぞれ論ずる。

註

1) 『バーナード報告』では，カースト名あるいは職業名ごとに家屋数が記されているが，中には，関税所，給水小屋，物置などが含まれていることもある。ただし，数的には極めて例外的である。
2) マドラス政策研究所の報告では，これをヴェッティヤン（vettiyan）あるいはトッティ（totty）であるとしている [Srinivas et al. 2001: 37]。
3) ポンネリ地域では，金細工師が19村に18戸（1戸は資料欠損）と広く分布し，それに対して両替人は3村に3戸のみ（内1戸は両替人のコーマティと分類されている）となっている。これに対して，後に見るように，シャーラーヴァッカム地域では，金細工師が1村に3戸のみで，逆に両替人は21村に35戸存在する。いずれの地域でも，金細工師と両替人が同じ村に併存して記されている例が1村あるので，何らかの明瞭な区分があったとは思われるが，はっきりしない。
4) パライヤと同じく数の多いはずのパッランがリストに見当たらないことから考えて，ここでは両者が区別されず，不可触民農業労働者がパライアとして一括して扱われていた可能性もある。
5) これらの名称は『バーナード報告』からとっているが，『バーナード報告』は，この家屋数の構成を示した部分に対して見出しを付けているわけではなく，いわゆるカースト名称と単なる英語の職業名が混在している。たとえば，牛飼い（cowkeeper）の場合，ガウンダー（Gounder）などの特定のカースト名称があったに違いないが，報告では英文の一般名が記されているだけである。一般名が記されているのは，村落役人（書記，ピオン），治安維持（ポリガール，タライヤーリ，カーヴァル），農牧（耕作者の使用人，牛飼），職人・サーヴィス（大工，鍛冶屋，金細工師，壺造り，洗濯人，床屋，蛇医者，石切り工），宗教サーヴィス（占星術師，僧，ファキール，踊り子），商人・小売り（両替人，石灰売り，靴造り，椰子酒売り，漁師，木こり），綿業従事者（手織工，綿繰り工），その他（貯水池見張り人，マラバル教師，楽師，太鼓たたき，水運び女，曲芸師）などであり，カースト名が記されているのは，ヴェッラーラやブラーミン，パッリ，ムスリム，チェッティ，コーマティなどである。両者を一括してカーストとして取り扱うのは必ずしも正確ではないが，ここでは，便宜的に，『バーナード報告』で一つの名称のもとに記載されているものをカーストとして扱うことにする。
6) ヴェッラーラは，タミル表記をローマ字化するとVellalaとなるが，『バーナード報告』では，Vellaraと表記されていることが多い。タミル語がアルファベット化されている場合には，資料中でしばしばLとRとの混同が起きている。
7) 1891年のセンサスによれば，彼らは南カナラ地域（Tulu）出身のヴェッラーラである。
8) 本書が対象とする18世紀に先立つヴィジャヤナガル時代の空間単位について，ステファンは，碑文で最も一般的に現れるのはシーマイ（simai）であるとしている。シーマイは行政単位であり，その大きさは色々であって，時と共に変化した。もう一つの重要な単位はパットゥル（parru）であり，徴税単位であって，多くのナードゥを含んだ。ナードゥ（nadu）は，パットゥルよりも少し小さな単位であり，15世紀には行政的意味合いを失って衰退したという。なお，このシーマイとパットゥルは，チョーラ時代のコッタム（kottam）やナードゥに代わるものであったということである [Stephen 1997: 25-29]。18世紀の史料には，シーマイ，ナードゥ，マハール（mahal），マガン（magan）もしくはマーガーナム（maganam）などが登場する。対象とする『バーナード報告』では，チングルプット地域（当時の呼称はジャーギール）が15の

シーマイに分かれ，それらがさらに 250 のマガンに分かれていた [Srinivas et al. 2001: 2]。
9) 地理情報システムを歴史学に応用する場合の最大の問題は，地名の同定と境界の変更の取り扱いである。本書では，1960～70年代に作成された1インチ1マイル（ほぼ5万分の1に相当）縮尺のタールク（Taluk 郡）地図をベースにし，そこで用いられている行政村の境界と自然村の位置を基本にして作業をおこなっている。しかし，本書の扱う18世紀後期からは200年前後の時間的開きがあり，その間に村名や境界の変更，新村の誕生，廃村，統合，分村などのさまざまな動きがあったことや，同一村名が数十の単位で存在することもあるので，同定しえた比率は全体の6割程度である。また，村落境界については，そもそも海岸から60マイル以内の詳細な地図の入手がインドでは禁じられていることから，その変遷を追うことは極めて困難である。したがって，特に必要な場合を除いて，面ではなく点でさまざまな数値を表現した。作成された地図が多少見難くなっているのは，こうした理由による。
10) 同報告では locality という語が使用されているが，自然村に相当すると考えてよい。
11) サトウキビの生産地に関する刻文資料は，ペンナイ川の南岸，ヴェッラール川の上流，パラール川のカーンチープラム流域で盛んに栽培されていたという状況を伝えている [Stephen 1997: 52]。
12) ヴィジャヤナガル期の手工業生産，特に綿布生産については [Stephen 1997: chapter 3] 参照。特に，16世紀の手工業生産センターの空間分布については，[ibid.: 71 (Map. 2)]。また，紀元1000年から1500年にかけての南インド綿業センターの空間分布については，[Ramaswamy 1985: 7 (Map. 1)]。
13) よく知られているように，インドでは，特定の仕事に従事する者は，内婚制，飲食規制，信仰，宗教的導師などいくつかの要素によってまとまるカースト（ジャーティー）集団を構成していた。
14) 註1に指摘したように，厳密にはカースト名称別あるいは職名別の家屋構成である。
15) circar ground という用語は，このように国家的土地所有とは無縁である。なお，ヴィジャヤナガル期のパンダラヴァダイ（pandaravadai）という用語が，ナーヤカッタナムに対する王領を意味すると解釈するのは間違いであると辛島は指摘しているが，ここでの議論からみてその指摘の通りである [Karashima et al. 1988: 24]。
16) この範疇の土地は，植民地期以降現在までの土地分類ではポランボク（poramboke）として分類されている。
17) 免税地は，植民地期には一般にイナーム地と呼ばれるが，それ以前はマーニヤム地と呼ばれることが多い。ここでは，マーニヤムである [Srinivas et al. 2001: 14]。
18) 『バーナード報告』の末尾の注意書きによる。
19) 『バーナード報告』の原語では，ヴェッティヤン（vettiyan: measurer）となっている [Srinivas et al.: 141]。
20) これらに続くのは，土地所有者（landholders 34），村の長（chief of the village 25），イーシュヴァラム寺院（Eishveram Pagoda 26），床屋（17），占星術師（Panjangum Braminy 13）等である。
21) 村の長が新規に免税地を得たのは，ヴィシュヌ派ブラーミンとシヴァ派ブラーミンが土地所有者となっており，89戸のうちそれぞれが9戸と22戸を占める村である。この村では，免税地が1747年に施与されている。そこにはまた，寺院に付属するココヤシ園に対しても同年に免税地が与えられており，さらに，後に述べるように，村外関係者（寺院や宗教関係者）に対しても全部で 7.50 カーニが1757年から1771年の間に施与されている。ただし，ここでいう村の長が，具体的に誰を指しているのかわからない。この村は，カースト構成数が多いことからみて，都市的色彩が強い村であったと思われるが，そのことが免税地施与とどうつながるかについても明らかではない。また，土地所有者が新規に免税地を得ている三つの村のうち，第一の村は，ヴィシュヌ派ブラーミンが土地所有者であり，かつ20戸のうち10戸を占めている村である。土地所有者は，1761年にこの地域のレンターから免税地を得ている。第二の村は，シヴァ派とヴィシュ

ヌ派ブラーミンが全78戸のうちそれぞれ7戸と17戸を占め，同様の比率で土地所有者となっている村である。彼らはレンターから1768年に免税地を得ている。第三の村は，ヴィシュヌ派ブラーミンが12戸のうち2戸を占め，土地所有者となっている村で，1768年に施与を受けている。いずれも，ブラーミンが土地所有者であることが特徴である。

22) このシータープーラム村（Seetaupoorum）は，諸手当が一切存在しない唯一の村であり，免税地，手当の村数で72村のうち71村という数値が上がっている表の全てはこの村が例外となっている。

23) 古くからの免税地が1710年以前に施与されたという時間的なズレから考えると，別の人物であり，名前が称号として継承されたのかもしれない。

24) 村外関係の免税地に関して注目されるのは，何人かの「ディストリクトの住民の長」（chief inhabitant of the district）と呼ばれている人物が混じっていることである。彼らの名前を書き出すと，以下のようである。

 Moodooramanaick, Ramia Braminy of Panauyoor, Vanagoovamoodeliar, Vencatachela Braminy

 彼らは，おそらく後に議論するナーッタールに相当する者であろう。しかし，1801年の調査記録に記されているシャーラーヴァッカム地域のナーッタールの特権の所在村とバーナード報告のそれとを比較し，さらに，人名から知りうるカースト名で比定しても，少なくともシャーラーヴァッカム地域の場合は，系譜的に両者は全くつながらない。

25) 免税地においても同様な分配がみられたと考えられるが，史料的にははっきりしない。

26) 原語ではudavaram [Srinivas et al. 2001: 18] で，語義としては，分割される前の総生産物を意味する。

27) 国家と耕作者の取り分の合計は，どのような分割方式であれ，常に一定（アフラパーッカム村の場合は82カッラム）であるはずであり，事実，大半の村では一定になっている。アフラパーッカム村の場合は，両者の合計が第二・第三の方式の場合にそれぞれ81カッラム，79カッラムにしかならず，その理由は不明である。報告では，他の項目においても総計が合わない例がいくつかあることから，単なる誤記か計算間違いである可能性が強い。

28) バーナード報告の原語では，パディヤル（padiyal: labourer assisting cultivation）[Srinivas et al. 2001: 142]。

29) 脱穀前の手当を受けておらず，計量前の手当しか得ていないのは，ブラーミン女性（Braminy woman），石灰売り（chunam seller），寺院（Connegul Pagoda），関税所のランプ油基金（cutchery lamp oil fund），寺院（landholders Permal Pagoda），ブラーミン（Mauhaaveraputher Braminy），寺院（Nookalamun Pagoda），寺院僧（Pagoda servant），ブラーミン（Ramia Braminy of Saulavaucum），パンダーラム（Simcoo Pandaram），歌い手（singers），寺院（Uncaulamun Pagoda），寺院（Veerabuddra Pagoda），寺院（Viravum Pagoda），木こり（woodcutter）等である。

30) 「計量しなければ，国家はどの程度の生産があったのか把握しようがないということを考慮すれば，自明である」と論じた点に関して［水島1987: 49]，佐藤は，北インドにおいては，ムガル時代からイギリス支配時代にかけて，国家は郡役人や村役人を通じてその年度の農作物の作付・生育状況を調査させ，各村の収穫予想高帳を提出させる慣行があり，したがって，この計量前の手当を国家が掌握しえない部分であると断定することは出来ないと批判している［佐藤1988: 294-296]。確かに，『バーナード報告』の元になっている村落資料の存在自体が，生産全体に対する国家による情報の掌握を推測させるものである。しかし，それではなぜ，国家が全生産物を計量せず，それ以前に生産物を分配することを認めていたのかという疑問が残る。国家がこのような在地社会の慣行に干渉せず，というよりは干渉しえなかったと解釈すべきではなかろうか。このことは，計量後の手当が，国家と耕作者が折半する手当および国家のみによって支払われる手当というように，国家の関わりが明確に認識されている分類概念が存在することからも推定できる。

31) ブレースの1795年報告によれば，ドヴェトロー（『バーナード報告』ではdovetraw：『ブレース報告』ではdoowotra）というのは，サーダットゥラー・カーンがマラーターと抗争していた時期に，その交渉で功績を挙げたトダルマル（Toorelmull）という人物に対して与えられた2%の手当（doは数字の2）を意味していた。その名のとおり，この地域においても，この手当はほぼ2%前後である。この手当は，この人物が死去した際に政府に接収されたと記されているが，その年代については記されていない［Report from the Collector of the Jaghire, 6.10.1795, BOR Proceedings, 25.1.1796, P/285/27, paragraph 57］。
32) ジャーギール地域の全パラガナのうち，『バーナード報告』で耕作者の使用人（cultivators' servantsあるいはlabourersとして表記される）が計量前の手当の受け手としてのみ記載され，国家と耕作者が折半する手当の受け手とはなっていない地域が2～3ある。これがどのような原因によるのか，バーナード自身の説明が無いために明らかにすることができない。バーナードが依拠したパームリーフ資料との照合によって，この点を明らかにしうると思われるが，諸般の事情から難しい。いずれにせよ，この問題についての解釈は試論的な性格を持つことをあらかじめ断っておきたい。
33) *Reports and Accounts of the Old Farm of Tiruvendipuram* (Selections from the Records of the South Arcot District, No. IV, printed at the Collectorate Press, 1888)
34) これは主村の数であって，自然村の総数ではない。たとえば，永代ザミンダーリー制を導入するために1806年にファロフィールドが提出した報告書にある村別の徴税記録によれば，ティルヴェンディプラム地域の主村（mauza: principal village）の数は34であり，それらの主村に属する村（muzra: small village）の数は，多い場合には16村（計85村）を数えた［List of the Principal Villages in the District of Trevenduporam including the Smaller Ones depending on Them, 25.3.1806, Madras Revenue Proceedings, 28.4.1806: 2, 138-175］。
35) レンターはアマルダールの職務を果たすものであり，両者が重なって存在することはない。
36) 筆者が現地でおこなった聞き取りによれば，その子孫は，代々オッカル・ナイドゥ（Occul Naidu）という名を名乗り，数十年前までティルヴェンディプラム地域内のクマラペッタイ村（Kumarapettai）に住居を構えていたが，今は，元々の出身地であるアーンドラ・プラデシュ州のネッロールへ戻ったという。その住居跡だけは，現在も見ることができる。
37) 後に詳述するように，ティルヴェンディプラム地域はイギリス東インド会社が1750年に領有したが，それ以前の時期にはいくつかの別個の行政単位として存在していたようである［『ティルヴェンディプラム報告』18］。
38) 個々のナーッタールの領有する村の構成が流動的であるという事実は，1775年，1785年，1806年の各時点の村ごとのナーッタール名を比較することによっても知ることができる。詳しくは［Mizushima 1986: Table III-2-10］。
39) 『ティルヴェンディプラム報告』では，ナーッタールの権益を1768年に廃止する命令が出されたのにも関わらず，免税やその他の特権が今日まで存続してきたのは徴税請負人の間違いのせいであるから，報告では彼らの免税地は政府地の中に含めてしまうと記されている［『ティルヴェンディプラム報告』2］。
40) たとえばミーラース権に関する徴税局の質問に対する返答の中で，南アルコットの徴税官であったハイドは，1804年のライヤットワーリー制（初期ライヤットワーリー制）および1802年の地券条例（Puttah Regulation XXX of 1802）の導入の際に，ミーラーシダールの権利や特権は全く顧みられることはなかったし，現在はその痕跡もないと述べているが，それはそれらの制度の導入によるものであるとの理解を示している［From Mr. Hyde, Collector of S. Arcot, to Board of Revenue, dated 17th December, 1817 (*Papers on Mirasi Right selected from the Records of Government*, Madras, Pharoah and Co. Atheneum Press, 1862: 345-347)］。
41) 免税地，スワタントラムと呼ばれる手当，およびシュロットリアム村からの収入を総計した金額である。
42) Names of the Several Descriptions of Persons included in the four Classes of Tarabud-

dy Mauniamdars with an Explanation of their respective Duties & Employments (Place's Report on the State of Jagir F. 1205-07 & Its Enclosures to Place's Report, 1799: Appendix E.

43) Account of the Privileges enjoyed by Poligars of the Jagir for Fusly 1202, Permanent Settlement Record, vol. 44.

44) プレースは，『プレース1799年報告補遺』の中で，免税地を得ている人々のさまざまな職分の内容を簡単に書いている [Names of the several Descriptions of Persons included in the four Classes of Tarabuddy Mauniamdars with an Explanation of them respective Duties & Employments (Place's Report on the State of Jagir F. 1205-07 & Its Enclosures to Place's Report, 1799: Appendix E)]。それによれば，ポリガールの職分は，「地域（district）の住民の財産を守り，〔万一何らかの事件が起きた場合には〕住民がこうむった5パゴダ以上か場合によっては10パゴダの価値以上の損害を賠償する」とある。この記述は，ポリガールが治安の維持について責任を持ち，住民が何らかの被害を受けた場合にはそれを弁済するという事情を説明している。他方，同じリストの中に，トゥッケリ（tookery）という別のカテゴリーについての説明がある。それによれば，トゥッケリとは，同様の職分を村レベルで持ち，5パゴダ金貨以下の損害を弁済するものとなっている。いわば，ポリガールの縮小版というべき職分である。「トゥッケリ達（tookery people）」からポリガールが収入を得ていることから，一種の縄張り料であったと考えられる。

45) 1879年に出版されたチングルプット県のマニュアルによれば，同県は，2,625.5平方マイルからなり，1860年代までは10の郡（taluk）に分かれ，そのうちのナイル郡（Nayer）の中心地としてポンネリの町があった。その後，同県は6つの郡に分けられ，ポンネリ地域はそのうちの一つの郡を構成した。

46) Place's Report on the State of Jagir Fusli 1205-07, Fort St. George, 1st July, 1799 to William Petrie Esq. President & ca. Members of the Board of Revenue (Board's Miscellaneous Records, vol. 45): Paragraph 470.

47) Place's Report on the State of Jagir Fusli 1205-07 & Its Enclosures to Place's Report, 1799, (Board's Miscellaneous Records, vol. 46): Appendix I.

48) 支払いの中に，トゥッケリとヴェッティヤン（見張り人），トーッティ（見張り人）が含まれているが，それらはいずれもポリガールの配下にあるものと考えられ，謂わば貢納の第二次，第三次版である。

49) Account of the Privileges enjoyed by Poligars of the Jagir for Fusly 1202, Permanent Settlement Records, vol. 44.

50) 免税地も，免税地に課された国家の取り分相当を免税地の受け手が受け取るのであるから，基本的には取り分の分配の一つの形式であると考えることができる。なお，免税地においても先の4種の手当が差し引かれたかどうかは非常に興味のある問題である。たとえば，プレースは，アルディ・マラー（ardie marah）という範疇の手当群があり，それは，前述のドヴェトローへの2%の手当，および，カーヌンゴーの監視のためにニザームによってサーダットゥラー・カーンの時代に導入された税額の1%に相当するセッリ・ムズマ（serry muzma）と呼ばれる手当の2種のみからなるが，いずれも，免税地には適用されないと指摘している [Report from the Collector of the Jaghire, 6.10.1795, (BOR Proceedings, 25.1.1796: paragraphs 56-59)]。この2種の手当は，いずれもナワーブ時代に国家が政府高官のために新設した，いわば政府内の内部的な手当であり，本来，国家への税相当部分が与えられるという建前の免税地では徴収されないというのは，むしろ当然であろう。これら2種を除いては，免税地は除外されないと特記されている手当は見あたらず，基本的には，免税地においても各種手当てが徴収されたのではないかと筆者は考えているが，確証はない。

51) *Diary of A.R. Pillai*, 10.10.1746.

52) *Diary of A.R. Pillai*, 1.11.1746.

53) *Diary of A.R. Pillai*, 13.11.1746.
54) *Diary of A.R. Pillai*, 16.11.1746.
55) *Diary of A.R. Pillai*, 18.11.1746.
56) *Diary of A.R. Pillai*, 19.11.1746.
57) *Diary of A.R. Pillai*, 20.11.1746.
58) *Diary of A.R. Pillai*, 21.11.1746.
59) *Diary of A.R. Pillai*, 23.11.1746.
60) *Diary of A.R. Pillai*, 23.11.1746
61) *Diary of A.R. Pillai*, 23.11.1746.
62) *Diary of A.R. Pillai*, 10.12.1746.
63) これに関しては，小谷汪之（編）［2007］の序章参照。

第 2 章　商業交易活動の展開とミーラース体制の崩壊

第 1 節　商工業活動の展開

商工業活動

　南インドの基本的な再生産体制であったミーラース体制は，本書の対象とする 18 世紀には，解体過程を歩むようになっていた。その第一の要因は，17〜18 世紀の商工業活動が，基本的にはミーラース体制の外側で展開したことである。第 1 章で用いた『バーナード報告』と『ティルヴェンディプラム報告』で，この点を検討してみたい。

　はじめに，『バーナード報告』で，1770 年代の分業構成とその中での商工業関係者の割合をみておきたい。図表 II-1A（CD），1B（CD），1C は，マドラス政策研究所によるジャーギール地域全体の職業（カースト）分類集計をもとに作成したものである。そのうち，図表 II-1A（CD）は数値を，図表 II-1B（CD）は小分類によるグラフを，図表 II-1C は大分類によるグラフをそれぞれ示したものである。大分類でみておくと，多い順に，農牧 55％，学芸・宗教 14％，工芸 13％，商業・金融 7％，軍事 4％，床屋や洗濯人などのサーヴィス 3％，書記を主体とした行政関係が 3％ となっている。商工業関係者が全体の 2 割を占めたということである。

　シャーラーヴァッカム地域ではどうであろうか。同地域の 72 村，全 1,863 戸のうち，手織工は 4 村に 38 戸，綿繰り工は 6 村に 9 戸，代表的な商人カーストのチェッティは 26 村に 59 戸それぞれ分布していた（シャーラーヴァッカム各村のカースト別戸数を示した先の図表 I-10 参照）。問題はミーラース体制との関

図表 II-1C　ジャーギール地域の職業構成（『バーナード報告』: 全62,529世帯）

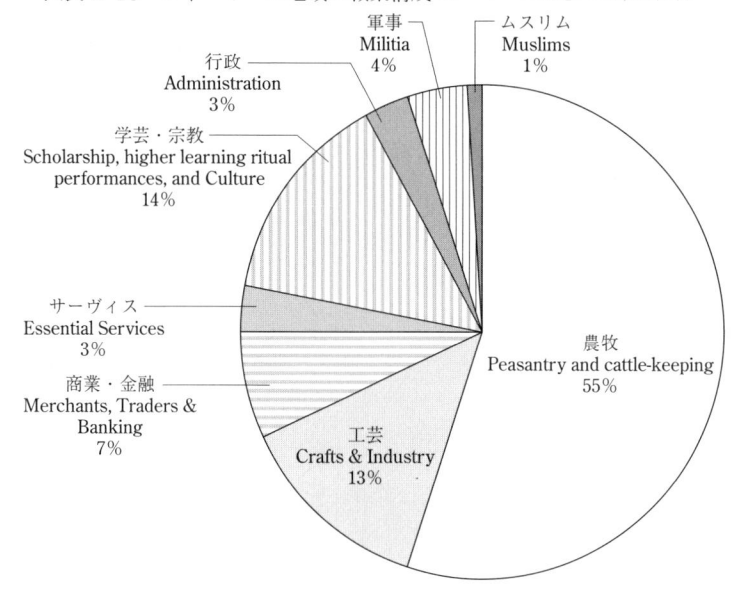

- 軍事 Militia 4%
- ムスリム Muslims 1%
- 行政 Administration 3%
- 学芸・宗教 Scholarship, higher learning ritual performances, and Culture 14%
- サーヴィス Essential Services 3%
- 商業・金融 Merchants, Traders & Banking 7%
- 工芸 Crafts & Industry 13%
- 農牧 Peasantry and cattle-keeping 55%

係である。極めて注目されるのは、そのいずれも、免税地どころか手当も得ていないという事実である。ポンネリ地域においても、手織工は2村に計29戸、チェッティは62村に152戸それぞれ分布していたが、そこでもこれらの綿業に関わった関係者は何の権益も得ていない。『バーナード報告』全村の権益の受け手を統計処理したマドラス政策研究所の研究においても、手織工や商人などへの免税地や手当はみられない。つまり、これらの数値は、彼らが在地社会で生産される農産物から一定割合の手当を得、それで自己の維持再生産を図るというミーラース体制の職分権者とは全く異なる位置にあったことを示唆している。

『バーナード報告』で、手織工や商人などの商工業関係者についての記載があるのは、彼らにかけられた現金による税額についてである。たとえば、マドラス政策研究所が紹介している『バーナード報告』のパームリーフ版の2村のうち、ヴァダックパットゥ村（Vadakkuppattu）には数世帯の手織工がおり[1]、彼らに対して、年に1〜1.5パゴダ前後の税がかけられていた。同村への農業生産物への税の貨幣換算額が年に1,000から1,500パゴダの範囲であったこと

第1節　商工業活動の展開　117

と比較すると，金額的には0.1％前後の極めてわずかな税額であったことがわかる。なお，チェッティは村に2世帯おり，毎年0.10.45（P.F.C.）の決まった税額を課されていた。現金で課税されていたのは，他に油造り，椰子酒造り，アラック売り，塩魚売りなどがいた。注目すべきは，しかし税額の多寡ではない。ミーラース体制の中で職分を持つ者達が，その職分を果たすことによって地域の生産物全体から何らかの比率で手当を受けていたのに対して，これらの商工業関係者は，明らかにそうした仕組みから外れていたという点である。

　この時期の村レベルでの商工業活動に関しては，第1章でとりあげた『ティルヴェンディプラム報告』に，今少し情報がある。ティルヴェンディプラムでは，商工業関係者の住む21の村々で，手織機，店舗，輸送業者，綿繰り工その他に対して国家が税をかけ，在地社会の代表者も，限られた形ではあったが彼らから手当を徴収していた。一つの例として，綿業が盛んであったアリアヴェッティ村を取り上げてみたい（アリアヴェッティ村を含むティルヴェンディプラム地域の各村における商工業生産への税や手当については，図表II-2（CD）参照）。

　アリアヴェッティ村では，手織機，染色工，アラック店，ビーテル・タバコ店，荷車，彩色工，荷役人，漁師から税と手当が徴収されていた。まず手織機については，同村に計174台の手織機があった。これは同村がかなりの規模の綿業生産地であったことを物語る数値である。これらの手織機には，さまざまな税や手当が課されており，まず，国は，152台から税として1台につき月に0.53（ファナム．カーシュ．以下同様）から2.50の間の額を徴収しており，見張り人（この場合の見張り人はポリガールと同等の存在）も，同じく152台から1台につき年に2.00徴収していた。残りの22台は慈善用とされ，そこからの徴収分が免税扱いとなり，税相当部分が配分された。具体的には，毎月1台あたり1.25ずつが，9の寺院へ10台分，3ヶ所の関税所へ3台分，1人のパンダーラム（非ブラーミンの宗教カースト）の医者へ1台分，6人のナーッタールへ6台分，2人の税徴集人へ2台分，計22台分がそれぞれ配分された。

　税と手当は，染色工（dyer）からも徴収されていた。染色工は全22の染色場にいたが，国家はそのうち20の染色場から1ヤードにつき毎月0.52から6.50を徴税し，見張り人も同じく20の染色場から年に1.00ずつ徴集した。残りの二つの染色場については，ピッライヤール寺院（Pilliar's Pagoda）が月に

2.17 を，染色工の長が同じく月に 2.17 をそれぞれ受領した。染色工の長が受け取る分は，本来自分が支払うべき税額に相当し，彼の分が帳消しにされる免税措置と考えてよい。

綿業関係の最後は彩色工（painter）である。彩色工は全部で 5 つの作業場にいたが，国家は 1 作業場につき月に 0.53 を，見張り人は年に 0.40 をそれぞれ得た。

これらの綿業関係以外に，村には他にもいくつかの商業関係活動がみられ，そこからも徴収がなされた。椰子酒店は 18 あり，そこからは，国家が月に 1.00 から 1.25 の税を徴収し，見張り人は年に 0.40 を得ていた。ビーテルとタバコについては，27 の店から，政府は月に 0.52 から 1.25 を徴収し，見張り人は年に 1.00 を得ていた。また，1 店から 1.25 が集められ関税所に対して支払われ，また，1 店から 1.25 がこれらの店全体を統轄する長に対して支払われた[2]。商品を扱っている者達の間に長がおり，彼に対して免税措置がとられていたことになる。

商品の運送に携わる者達に対しても，税や手当が課されていた。まず，荷車に対して，国家が 8 台の荷車にそれぞれ月に 0.53 を課し，見張り人も同様に 0.40 徴収していた。荷役人（クーリー）も集団を形成していたらしく，27 の荷役業者（house of coolies）から，国家が月に 0.53 から 2.27 を徴税していた。

漁師は 42 人おり，国家は 1 人につき月に 2.00 を徴税し，見張り人は年に 2.00 を得ていた。漁師の長は 2.00 が免ぜられていた。

以上が，アリアヴェッティ村の商工業活動に関わる税と手当の徴収状況である。ティルヴェンディプラム地域の他の村々においても，政府および見張り人（ポリガール）を受取人とした徴収がなされたという事情は共通している。この状況は，これら商工業活動に携わる者と在地社会，あるいはミーラース体制との関係が部分的であり，ミーラース体制にみられたものとは根本的に異なる関係となっていたことを示唆するものであるが，この点を結論する前に，これら商工業活動にかけられた関税をめぐる状況をみておく。

当時のインドにおいては，各地に関税所が設置されていた。ティルヴェンディプラム地域においても計 8 ヶ所に関税所が置かれ，域内を通過する各種の商品に対して関税が課せられていた。8 ヶ所の関税所では，それぞれ商品によっ

第1節　商工業活動の展開　119

図表 II-3　関税所6ヶ所における関税と付加手当の事例

関税 F. C.	付加手当 F. C.	商品名
3.25	1.55	sandalwood, broad cloth of all sorts, nutmegs, mace, cloves, lead, tin, tuthenaigur, washing stuff, mahmoties, iron, steel, beetle nuts, turmeric, long pepper, pepper, chillies, suffron, copper, musk, ginger, garlic, quinter seeds, chayroot, jaggary, sugar
6.50	3.30	cotton thread, cotton, ghee, oil
6.50	3.30	callicoes brought into the bounds
7.70	3.30	callicoes passing from the southward to the northward
nil	nil	callicoes brought for the Company
7.70	3.30	indigo, tobacco
16.50	3.30	ganjee
2.49	1.55	gingelee seeds, lamp oil seeds, horse gram, cotton seeds, sanigalo, wheat, amounds, callivances, green gram, black gram, red gram, indigo seeds, jayara seeds
1.73	1.27	warago without husk, rice
1.06	0.69	small quantity of paddy, combo, warago with husk, natcheny, shama, cholum, tena, caudacuuny
(29.20)	(35.60)	110 small oxen load of paddy, combo, warago with husk, natcheny, shama, cholum, tena, caudacuuny
2.24	0.56	coconut, jaggary ball, plantain, lime, jack
2.00	1.00	beetle leaves
(8.00)	nil	piece goods carried in baskets

Source : *Reports and Accounts of the Old Farm of Tiruvendipuram* (Selections from the Records of the South Arcot District, No. IV, printed at the Collectorate Press, 1888) より作成

Notes : 1. 1888年に印刷出版された *Reports and Accounts of the Old Farm of Tiruvendipuram* とそのオリジナルである BOR Proceedings の1797年7月12日の記事の間にはいくつかの食い違いがある。その場合には，後者の記述を優先した。
2. 貨幣単位は，次のとおり。F. - fanam, C. - cash, 1F. = 80 cash

てあるいは商人によって異なる税率の関税がかけられていた。重要なのは，関税と共に一定の手当（関税に付加される形で徴収される）が徴収されたことである。たとえば，一般の商人からは，6ヶ所（Sharady, Ramaporam, Padrycopang, Comerapuram, Toutaput, Cuddalore river side）の税関で図表 II-3 に示す関税と手当が徴収されていた（ティルヴェンディプラム内の全ての税関における関税と手当の詳細については，図表 II-4A および図表 II-4B～4H（CD））。この表に見られるように，綿製品はもとより，穀類，食料，くだもの，タバコ，金属類，アヘンなど，会社に納入されるキャリコを除く多種多様な物品に対して関税がかけられ，その税関の徴収の際に手当が同時に徴収されていた。

徴収された手当は，図表 II-5 に示す者の間で分配された[3]。この例では，寺

120　第2章　商業交易活動の展開とミーラース体制の崩壊

図表 II-4A　ティルヴェンディプラム内の全関税所での関税と付加手当

関税 F.C	＊付加手当 F.C	商品名
3.25	1.55	sandalwood, broad cloth of all sorts, nutmegs, mace, cloves, lead, tin, tuthenaigur, washiing stuff, mahmoties, iron, steel, beetle nuts, turmeric, long pepper, pepper, chillies, suffron, copper, musk, ginger, garlic, quinter seeds, chayroot, jagary, sugar, salt petre, physic salt, brimstone, hing, mustard seeds, mint seeds, common seeds, garlinger
6.50	3.30	cotton thread, cotton, ghee, oil
6.50	3.30	callicoes brought into the bounds
7.70	3.30	callicoes passing from the southward to the northward
nil	nil	callicoes brought for the Company
7.70	3.30	indigo, tobacco
16.50	3.30	ganjee
2.49	1.55	gingelee seeds, lamp oil seeds, horse gram, cotton seeds, sanigalo, wheat, amounds, callivances, green gram, black gram, red gram, indigo seeds, jayara seeds
1.73	1.27	warago without husk, rice
1.06	0.69	small quantity of paddy, combo, warago with husk, natcheny, shama, cholum, tena, caudacuuny
(29.20)	(35.60)	110 small oxen load of paddy, combo, warago with husk, natcheny, shama, cholum, tena, caudacuuny
2.24	0.56	cocoanut, jagary ball, plantain, lime, jack
2.00	1.00	beetle leaves
(8.00)	nil	piece goods carried in baskets

原註：関税は他の商品に対してもかけられるが，付加手当は徴収されない。
註：この表はシャラディ，ラマボラム，パドリコパング，コマラプラム，トウタパット，カッダロールの橋ぎわの6ヶ所についてのものであり，他の関税所については，図表 II-4B～H（CD）を参照。

図表 II-5　関税への付加手当の配分例　　　　　　　　　　　(cash)

寺院	ティルヴェンディプラムの寺院	20
	トレマニクーリの寺院	20
	トレパボルールの寺院	20
ナッタール		
	かつてナッタールであった3人	20
書記	書記長	10
ブラーミン	ナダチャーリ・ブラーミン	10
	シンガチャーリ・ブラーミン	10
	シャマチャーリ・ブラーミン	5
	ティンマナチャーリ・ブラーミン	2 1/2
	ラガヴァチャーリ・ブラーミン	2 1/2
	ヴェンカタチャーリ・ブラーミン	2 1/2
	ヴィジアナガラ・ブラーミン	2 1/2
	オッパナアイヤンガール・ブラーミン	2 1/2
	ヴィーラガベルマル・アイヤンガール・ブラーミン	2 1/2
	ヴァティアール・アンナヴァアイヤンガール・ブラーミン	2 1/2
ムスリム僧	ファキール・アブドゥッラー	1 1/4
パンダーラム	シャラディ関税所のパンダーラム	1 1/4

　　　　　　　　　　　　　　　　　　　　　　　1 fanam 55 cash

Source : *Reports and Accounts of the Old Farm of Tiruvendipuram* (Selections from the Records of the South Arcot District, No. IV, printed at the Collectorate Press, 1888: 13) より作成
Note : 手当の額が異なる場合には，この表の比率に応じて分配される。

院，ナーッタール，書記長，ブラーミン，ムスリム僧，パンダーラムがその受け手となっている。ここに記された手当と同様な徴収が他の関税所でもなされたが，手当の額も受け手も，関税所によって，あるいは関税を支払うものによって，必ずしも同一ではなかった。図表II-6（CD）は，各関税所で手当を受けていた者をまとめたものである。表から，多くの関税所で手当を受けていたのは，寺院，ナーッタール，書記長，バラモン，ムスリムのファキール，パンダーラム，村書記，見張り人，トッティであったことが見てとれる。その中でも，その頻度と額からみて特に重要なのは，寺院，ナーッタール，書記長の3者であり，ほぼ全ての税関で手当を受けている。表には記されてないが，関税額の総額の8分の1をポリガールが得ていたと記述されているので，寺院，ナーッタール，書記長にポリガールを加えた4者が，関税からの手当の主要な受け手であったと言うことができる。

ミーラース体制と商工業活動

　以上の関税と手当の実態は，二つの重要な点を示唆している。第一は，商品流通に対して，関税と手当が同時に徴収されるという事実の中に，商工業活動の展開に対しての国家と在地社会の対応が，それぞれ関税と手当という権益として現れている点である。第二に，ミーラース体制のように在地社会全体を覆うようなさまざまな受け手がいたわけではなく，実際に手当を受け取ったのは，寺院，書記長，ナーッタール，ポリガールという在地社会の一部でしかなかったという点である。この意味するところは，ミーラース体制と商工業活動との関連を考える上で，極めて重大である。たとえば，ミーラース体制において，「村落」職人の大工の場合，大工は在地社会成員全体のための職分を果たし，それが故に，生産物全体の中から一定の取り分を手当として受け取った。したがって，大工と在地社会との関係はあくまで大工と在地社会の成員全体との間に結ばれたものであったはずである。しかし，商工業活動からの手当を受け取っているのは，在地社会全体ではなく上記4者のみであり，その払い手（商人や手工業者）と在地社会との関係は，在地社会の一部にしか過ぎないこれら4者との関係に限定されていた。彼らと在地社会との関係は，部分的でしかなかった[4]。

商工業従事者と在地社会との関係は，このように部分的であっただけではなく，在地社会の再生産システムであるミーラース体制による商工業従事者の包摂の仕方も部分的であった。ミーラース体制は，職分を果たす者の生産やサーヴィスをいったん全てミーラース体制に組み込み，そこからさまざまな権益保持者に分配するという仕組みとなっていた。しかし，商工業従事者と在地社会との関係の結び方は，従来のミーラース体制下でのそれとは全く逆の方向のものであった。後者が在地社会の再生産に寄与する何らかの職分を果たし，その職分に付随した権益を得るという，いわば在地社会の一員としてミーラース体制に包摂される形で自身の再生産を維持していたのに対して，商人や手工業者の場合には，逆に，自己の生産活動から得られた収益の一部を，いわば営業権，生産権として支払うという程度のものであった。しかもそれを受け取ったのは，在地社会の一部でしかなかった。

このように，商人や手織工はミーラース体制にとって外部的な存在であり，その収入の一部は在地社会の代表者に対して支払われたものの，残りは手元に，すなわちミーラース体制の外部に蓄えられることになった。こうした商工業活動の拡大は，ミーラース体制の役割を相対的に縮小させ，崩壊させる役割を果たしていくことになるのである。

国家と商工業活動

在地社会が，17～18世紀の商工業活動の展開に対して，商品流通の過程で国家による関税徴収に付随してその分け前の一部に与かるという形でしか対応しえなかったのに対して，これら商工業従事者を直接的に取り込もうとしたのは，商工業活動全般に対して課税する姿勢をとった国家の側であった。たとえば，先の例では，被課税対象となっている商工業活動をおこなっていた集団の長が納めるべき税が免除されていたが，それは，国家が彼らの活動を管轄下におくための方策でもあったろう。

国家が，商業活動に対して課税するという事態は，南インドの他の地域でもしばしばみられた。たとえば，チングルプットのサッタヴァイドでは，図表II-7に示すような税が徴収されていたし，ティルチラパッリのトゥライユールや，ウダイヤールパーライヤムでも，図表II-8，図表II-9に示されているよ

図表 II-7 サッタヴァイド地域で1805年に廃止された税

Toranadurasanum	5. 30. 72
Tax paid by Chitties	28. 1. 24
Tax paid by bullock people	2. 0. 0
Tax paid by oil mongers	2. 0. 0
Tax paid by oil press	1. 31. 20
Loom Tax	53. 21. 27
Cutnum on the looms	8. 0. 0
Hemp tax	0. 14. 76
Tax paid by the people who sells glasswares	1. 34. 40
Tax paid by cowkeepers	1. 43. 10
Tax paid by ironsmiths	1. 20. 70
Tax paid by artificers	1. 16. 43
Tax paid by goldsmiths	0. 5. 60
Tax paid by Putnavers	2. 28. 0
Tax paid by pallanqueen boys	0. 30. 0
Tax paid by Tookeries	2. 34. 40
Tax paid by Toty	0. 23. 0
Tax paid by chuckler	0. 11. 40
Cutnum on the mauniam of Calatty Easoovarer	5. 0. 0
Cutnum on cawny mauniams	215. 21. 45
Muctah paid by Chitties	15. 5. 60
Muctah paid by weavers	1. 0. 0
Muctah for garden and tope	18. 22. 23
Neercooly paid by the mauniamdars	2. 17. 30
Tookery Neketum	2. 0. 0
Tax upon grass from Toty	3. 0. 0
Sauderevaree	218. 3. 57
Cundayem by the inhabitants	254. 23. 34
Anuntaverdom by the inhabitants	2. 0. 0
Calavery by the inhabitants	59. 35. 40
Cutnum upon cawny mauniams	3. 23. 0
Ponvary	16. 5. 60
Payment at the time of the Pongal feast	4. 32. 40
Adoocole	153. 19. 4
Cundayem paid by Chitties and Comutties	28. 35. 50
Cundayem paid by Palaputtada people	0. 23. 0
Cundayem paid by Beetleuttada gardener	5. 2. 0
Cundayem paid by weavers	35. 32. 61
Cundayem paid by oil mongers	3. 33. 60
Cundayem paid by bullock people	0. 23. 0
Cundayem paid by cowkeepers	0. 36. 75
Cundayem paid by toddy drawers	0. 11. 40
Cundayem paid by artificers	0. 6. 38
Cundayem paid by watchmen and ba[n?]ker	0. 2. 71
Cundayem paid by Taliar	5. 6. 66
Cundayem paid by Toty	3. 29. 32
TOTAL	578. 15. 31

Source: Letter from the Collector in Zilla Chingleput (BOR Proceedings, 4.7.1805: 4,827) より作成

Note：表中の税目や納税者については不明なものが多い。意味が判明しているのは、下記のいくつかである。
cundayem（税）, cutnum（上級者に対するプレゼント）, muctah（定額の税）, palaputtada（さまざまなカーストが混住する区域）, ponvary（金貨 (pon) の両替手数料か？）, sauderevaree（役所の経費）, tookery（タリヤリと同義）。

124　第2章　商業交易活動の展開とミーラース体制の崩壊

図表 II-8　トゥライユール地域で 1805～06 年に廃止された税

農業税（Agricultural Taxes　2,199 Pagodas）			
Tax on grass	1698	Comaravurgumvaree	2
Jungle rent	40	Nanttoovaree	48
Vempaudaputta rent	3	Saivaree	277
Fish rent	44	Vavel coondanee varee	5
Toranavaree	4	Malatavasengoottaga	20
Canchevaree	55		
商工業税（Tax on Manufactures and Trades　675 Pagodas）			
Tax on oil mills	35	Shops of goldsmith	17
Bazar	205	Shops of iron smith	1
Merchants	1	Shops of shoemakers	51
Load bullocks	17	Thread sellers	24
Looms of Cumbalees	106	Charcoal rent	1
Looms of hatts	7	Choyvaree	1
Houses	201	Cora rent	5
人頭税（Tax on Individual　226 Pagodas）			
Barbers and Weavers	43	Cooroombercoruen, Pullen, and Parayen Varee	164
Voodoopoovaree	5	Mameliers rent	13

Source : Letter from the Principal Collector of Tanjore and Trichinopoly, 15. 6. 1806 (BOR Proceedings, 24. 7. 1806: 4,113-4,119) より作成
Note : canchevaree（垣根税？）, cora（未漂白布？）, hatts（綿布工場）, saivare（その他の税？）, varee（税）, voodoopoovaree（洗濯人からの借着への税）

図表 II-9　ウダイヤールパーライヤム地域で 1805～06 年に廃止された税

農業税（Agricultural Tax　496 Pagodas）			
Tax on grass	119	Jungles	335
Toranums	42		
商工業税（Tax on manufactures and Trades　1,119 Pagodas）			
Cloth shops	9	Oil mills	18
Cash shops	13	Oil sellers	7
Shops of Vallan Chittee	8	Fish sellers	1
Shops of dry goods	12	Villan Chitty Madippoovaree	5
Shops of cotton	3	Fishing people	3
Shops of Banions	153	Mat sellers	1
Sundry merchants	18	Shops of fish	1
Shops of Caru Chittees	2	Volayore Chitty	175
Shops of thread	7	Files Caulavay	2
Shops of rice	2	Arippooyar	1
Houses of dyers	5	Chunam sellers	1
Sellers of gold or silver threads	1	Shops of vegetables	2
Bullocks of merchants	79	Loads of Palmira jaggery	1
Load bullocks	134	Onion sellers	1
Cavarasalvaree	3	Coconut sellers	1
Pauvooloachelcauravaru	1	Cowkeepers	392
Shops of coconuts	10	Chunam Caulavoy	3
Shops of goldsmiths	35	Bricks Caularay	4
人頭税（Individual Tax　45 Pagodas）			
Load coolies	45		

Source : Letter from the Principal Collector of Tanjore and Trichinopoly, 15. 6. 1806 (BOR Proceedings, 24. 7. 1806: 4,113-4,119) より作成

うな種々雑多な税が徴収されていた。しかし，商工業における国家によるコントロールの試み，あるいは国家のプレゼンスは，必ずしも大きなものではなかった。たとえば，商業取引への関税が金額的に見て極めて小さいものであったことは，これら三つの表中の税額をみれば明らかであろう。発達し拡大する商工業生産活動に対して，国家は関税と商工業税によって，在地社会は手当によって，それぞれ捕捉し取り込もうとしたが，実際に彼らが掌握しえたのはそのごく一部に過ぎなかった[5]。

　ミーラース権の売買

　以上に見てきたように，商工業活動の展開は，ミーラース体制とそれを基盤とする在地社会を変容させるものであったが，その一つの端的な現れは，ミーラーシダールの地位と権益の頻繁な売買である。図表II-10は，『バーナード報告』に記載されているポンネリ地域の村々のミーラーシダールに関する記述をまとめたものである。そこにおいて見られる特徴は，第一に，ミーラーシダールがその権益が存在する当該村以外に居住している場合が多いことである。ミーラーシダールに関する記述がある全148村のうち，全67村で当該村以外の場所にミーラーシダールが住んでいる。第二に，その場合，近隣の村々に住んでいることが多いのであるが，そればかりではなく，かなり遠方に住んでいる場合も含まれていた。たとえば6村でミーラーシダールがマドラスに住んでいるし，その内一つの村のミーラーシダールはナワーブのマフフズ・カーン自身であった。第三に，売買，抵当，贈与などのミーラース権の取引が頻繁に見られた（売買が12村，抵当が2村，贈与が2村で，売買と抵当の重複1村分を含む）。たとえば，ナワーブのマフフズ・カーン自身もコンダイカッティ・ヴェッラーラからミーラース権を購入したと記録されている。第四に，ミーラーシダールの所在が不明な村が20村みられた。マイソール戦争による混乱も一つの理由であろうが，ミーラーシダールの存在に関してかなり不安定な状況があったことは確実である。これらの状況は，この時期にミーラーシダールの地位と権益がしばしば取引され，彼らの地位が大いに流動化していたことを示唆するものである。

　こうした問題については，後に今一度論ずるが，ここで確認したいのは，ミ

ーラーシダール権の頻繁な取引に象徴されるように，この時期の商工業活動の展開が在地社会とミーラース体制のいずれをも大きく揺るがし始めていたという点である。そして，この点と大きく関係したのが，17世紀以来の綿業を中心とした海外交易の発展と，大量に流入する地金，それらの富の流入に応じて植民地港市へと移動する人々，そして，都市の成長と比例して展開する農村ー都市間の農産物取引である。次節では，この問題を検討する。

図表II-10　ミーラーシダール（ポンネリ地域）

『バーナード報告』の頁数	村名	1971年センサス村番号	土地保有者（ミーラーシダール）の名前，株数，取引状況　[1971年センサスでの村番号]，XXX—判読不能	ミーラーシダールの居住地
BRPO001	Cusba Of Ponary	PO115C	Tuliva Vellaler, head landholders: Karykista Mudali & Gopaul Mudali, Paupa Mudali, Sittapa Mudali, & Ramalinga Mudali	
BRPO002	Tirvapady	PO116A	Karykista Mudali & Gopaul Mudali, Paupa Mudali, Sittapa Mudali, & Ramalinga Mudali	Neighboring village
BRPO004	Vilpacum	PO081E	Vadama Bramins	
BRPO006	Aulaud	PO111A	Landholder Bramins residing in the following Villages, Vepary Bramin at Coommungalam [PO115B], Vedma Bramin at Vembauk [PO115E], Vishnu, Gentoo Bramins at Cattaroor [PO184A]	Neighboring villages
BRPO008	Sevaporam	PO110A	Tuliva Vellaler	
BRPO010	Tudyperumbauk	PO112D	Vadama Bramins	
BRPO014	Coommungalum	PO115B	Ancient landholders Palli from whom Chettis purchased the landholdership & from the Chettis Tuliva Vellaler purchased. Thus changeable shares 5 fixed	
BRPO016	Codavoor	PO184A	Niyogee Bramins residing at Suttavadoo[XXX]	
BRPO018	Kistnaporum	PO115A	Ancient Landholders are Palli from whom the Chettis purchased the landholdership & from whom bought Tuliva Vellaler who are landholders now.	
BRPO020	Trevengadaporam	PO113C	Landholders share 4 fixed and they are residing in other 4 different villages: Seavacolenda of Coommungalum [PO115B] 1, Ambelanum of Periacavenum [PO145A] 1, Rakeappen of Oudavoor [PO184A] 1, Puvlumula Mudali of Chentadrypetta 1	Neighboring villages
BRPO022	Chinnacavenum	PO157A	Tuliva Vellaler	
BRPO026	Agharum	PO156A	Tuliva Vellaler of Chinnacavenum [PO157A]	Neighboring village
BRPO028	Coventangel	PO154A	Tuliva Vellaler of Chinnacavenum [PO157A]	Neighboring village
BRPO030	Periacavenum	PO149A	Nullamootta Mudali & Aroonachela Mudali of Periacavenam (Tuliva Vellaler) [PO149A]	
BRPO032	Daveranjary	PO155A	Tuliva Vellaler	
BRPO034	Mutteravade	PO159A	Head landholders: Tumban, Kurian, Nynan of Madras	Madras
BRPO036	Yaresiven	PO160A	Nelloran, Andiappan, Cuttan (Tuliva Vellaler)	
BRPO038	Viarungavade	PO164A	Reddy Mudali, Tuliva Vellaler of Viarungavade	
BRPO040	Woppalum	PO152C	1. Kanamaula Vencaten's share purchased by Andeappean who residing at Coodvary [Xx], 1. Rahaviah have one xxx residing at Chennacavanum [PO157A], 2. Sooriya Sola & c. residing at Coommungalum [PO115B]	Neighboring villages

第1節　商工業活動の展開　127

『バーナード報告』のページ数	村名	1971年センサス村番号	土地保有者(ミーラーシダール)の名前, 株数, 取引状況　[1971年センサスでの村番号], XXX一判読不能	ミーラーシダールの居住地
BRPO042	Purkaputt	PO153A	Tuliva Vellaler (poligar & head inhabitant Nyneppa, Tuliva Vellaler residing at Woppalom [PO152C]	
BRPO044	Munymoghumiandika	PO163A	Gentoo Bramins of Munymoghumeandika [XXX]	
BRPO046	Arevakum	PO161A	Ancient landholder Tuliva Vellaler who granted their landholdership as gift to Hury Pundit who residing at Coommungalum [PO115B]	Neighboring Village
BRPO048	Luchimiporam	PO157B	Vepary Bramin of Coommungalum [PO115B] 4 1/2, Vadama Bramin 4 1/2, Vellaler 1	
BRPO050	Cattavoor	PO184A	Piercotah Vellaler	
BRPO054	Pullembacum	PO167B	Landholders residing at Cattavoor [PO184A]	
BRPO056	Coodvanjary	PO151A	Tuliva Vellaler	
BRPO058	Cuncavullyporam	PO148A	Sadiappa Mudali landholder of Madras	Madras
BRPO060	Aumoor	PO078A	Gentoo Bramins 15, Piercotah Vellaler 1	
BRPO062	Vaducaputt	PO077A	Vadama Bramins 15, Piercotah Vellaler 1	
BRPO064	Sayenaporam	PO076A	Data not available	
BRPO066	Alunjepacum	PO065A	Vadamals [Vadama Bramin]	
BRPO068	Perinjary	PO075A	Tuliva Vellaler residing at Madras	Madras
BRPO070	Cattoor	PO099A	Piercotah Vellaler	
BRPO074	Tuttamunjey	PO100A	Niyogee Bramins 120, Piercotah Vellaler 8	
BRPO078	Attamunachary	PO104A	Gentoo Bramins	
BRPO080	Silladpanjary	PO103A	Piercotah Vellaler at Tattamunjey [PO100A]	Neighboring village
BRPO082	Cudapacum	PO098A	Niyogee Bramins of Tattamunjey [PO100A] 30, Piercotah Vellaler of Vallar [XXX] 2	Neighboring village
BRPO084	Perembade	PO162C	Gentoo Bramin Appaviar & Poorooshetienaier, Vishnu Bramins, Piercotah Vellaler	
BRPO088	Lingapierpetta	PO158A	Margasahasuwara Pagoda	
BRPO090	Mulooporam	PO107A	Gentoo Bramin	
BRPO092	Somunanjary	PO102A	Palli	
BRPO094	Colatoor	PO108A	Vepary Bramins of Coommungalum [PO115B]	
BRPO096	Lingasamoodram	PO109A	Vishnu Bramin of Lingurpatah Yelembade [PO 147A], Vepary Bramins	
BRPO098	Asanpoodoor	PO165A	Niyogee Bramins residing at Tuttamunja [PO100 A], Gentoo Bramins their residence unknown, Purootah Vellaler residing at Madras	Madras
BRPO100	Veloor	PO087B	Piercotah Vellaler	
BRPO102	Serveloor	PO086A	Piercotah Vellaler of Nagachary [PO087A] & XXX	
BRPO104	Nagachary	PO087A	Piercotah Vellaler	
BRPO106	Cudamunjary	PO151A	Piercotah Vellaler of Nagachary [PO087A], their share 1 fixed, landholder Bramins, their shares unknown	
BRPO108	Ariapillaycopum	PO106A	Piercotah Vellaler	
BRPO110	Tanapacum	PO090A	Piercotah Vellaler	
BRPO112	Marattoor	PO089A	Vishnu Bramin landholders of unknown place	Unknown
BRPO114	Culpacum	PO051A	Palli	
BRPO116	Vellumbacum	PO053A	Desmook Ram Row	
BRPO118	Tirvellavoil	PO105B	Tuliva Vellaler	
BRPO120	Sattamungalchary	PO104A	Piercotah Vellaler of Nagachary [PO087A]	
BRPO122	Tottacaud	PO052A	Kondaikatti Vellala of Nuthvoil [PO051A] who mortgaged their village to Nunda Gopauler.	
BRPO124	Voiloor	PO091C	Gentoo Bramin of Voiloor [PO091D] 1, Tutavajee Bramin at Valloor [PO042I] 1, Niyogee Bramin at Madras 1, Vishnu Bramin at Menjoor [PO050C] 1, Numby & Siva Bramin at Madras 1, Kanakapillai 1	Neighboring villages, Madras

128　第2章　商業交易活動の展開とミーラース体制の崩壊

『バーナード報告』の頁数	村名	1971年センサス村番号	土地保有者(ミーラーシダール)の名前, 株数, 取引状況　[1971年センサスでの村番号], XXX－判読不能	ミーラーシダールの居住地
BRPO126	Cautpulley	PO092B	Piercotah Vellaler 3, Nulvellaler 1	
BRPO128	Poolidarvacum	PO045B	Kondaikatti Vellalars 3, Cowkeepers bought share 1	
BRPO130	Serpacum	PO059C	Gentoo Bramins 40, Tuliva Vellaer 2	
BRPO132	Autriamungalum	PO079B	Gentoo Bramins their residence unknown 12	Unknown
BRPO134	Moorchambutt	PO055A	Gentoo Bramins	
BRPO136	Elevunbutt	PO080A	Tuliva Vellaler [Angooreddy Mudali]	
BRPO138	Pooleycolum	PO082A	Landholder, their name & residency unknown	Unknown
BRPO140	Coommersirlpacum	PO084A	Solia Vellaler	
BRPO142	Anoopumbutt	PO081A	Rajahs	
BRPO144	Cauneyembacum	PO085A	Tuliva Vellaler	
BRPO146	Davedanum	PO083D	Solia Vellala of unknown place	Unknown
BRPO148	Minjoor	PO050C	Kondaikatti Vellaler	
BRPO152	Areyempoil	PO049A	Kondaikatti Vellaler of unknown place	Unknown
BRPO154	Naithvoil	Unidentified	Kondaikatti Vellaler, Nunda Gopauler who bought landholdership	
BRPO158	Collapudey	Unidentified	Kondaikatti Vellaler of Munjoor [PO050C]	
BRPO160	Ennoor	PO044A	Landholder. resides at Poolidavacum [PO045B] & Auttypade [PO043A], Kondaikatti Vellaler landholder. & cowkeeper who purchased landholdership: Kondaikatti Vellaler 6, Kondaikatti Vellaler purchased from above landholders. 5, cowkeeper purchased from above landholders. 1	
BRPO162	Nauloor	PO054D	Vishnu Bramins of unknown place, share 4	Unknown
BRPO164	Vunnypacum	PO056E	Gentoo Bramins	
BRPO166	Panapacum	PO212A	Landholder, their residency & shares unknown	Unknown
BRPO168	Ilvuntangel	Unidentified	Landholder, their residency & shares unknown	Unknown
BRPO170	Mudiyoor	PO040B	Landholder, their residency & shares unknown	Unknown
BRPO172	Coloor	PO213B	Piercotah Vellaler	
BRPO174	Elpacum	PO211A	Gentoo Bramins of unknown place, 32 Fixed.	Unknown
BRPO176	Chunambcolum	PO242C	Palli	
BRPO178	Comeranjary	PO210A	Tuliva Vellaler	
BRPO180	Chelembade	PO127A	Piercotah Vellaler	
BRPO182	Vembade	PO177A	Piercotah Vellaler	
BRPO184	Auvoor	PO209A	Tuliva Vellaler	
BRPO186	Woomepade	PO223C	Tuliva Vellaler	
BRPO188	Madoor	PO040B	Gentoo Bramins	
BRPO192	Arsoor	PO183A	Ancient landholder Palli, place unknown. Piercotah Vellaler, changeable shares 24, Fixed.	Unknown
BRPO196	Chittarsoor	PO182B	Ancient Landholder Palli, place unknown. Piercotah Vellaler of Arsoor [PO183A]. They cultivate this village on 24 shares.	Unknown
BRPO198	Tadarsoor	PO071A	Ancient Landholders Palli who made this village Agraharum to the Bramins of unknown place. Now Piercotah Vellaler. Changeable share 24. Fixed.	Unknown
BRPO200	Vitatandelum	PO208E	Data not available	
BRPO202	Ennakeracherny	PO101A	Gentoo Bramins	
BRPO204	Tirpalvenam	PO174A	Palaswara Swamy Pagoda	
BRPO206	Vonebacum	PO115E	Palli of unknown place	Unknown
BRPO208	Poorvame	PO175A	Piercotah Vellaler of Poodechary [PO213C]	
BRPO210	Pacum	PO172A	Landholder. Name and place unknown	Unknown
BRPO212	Praliumbacum	PO167B	Gentoo Vellaler	
BRPO214	Annamulacherry	PO215A	Kalians	
BRPO216	Chinnavapatoor	PO216A	Kalian landholders of Annamulacherry [PO215A]	

第1節　商工業活動の展開　129

『バーナード報告』の頁数	村名	1971年センサス村番号	土地保有者(ミーラーシダール)の名前，株数，取引状況　[1971年センサスでの村番号]，XXX一判読不能	ミーラーシダールの居住地
BRPO218	Sakenium	PO224B	Gentoo Bramins 62, Piercotah Vellaler 2	
BRPO220	Punapacum	PO212A	Gentoo Bramins. Ancient share 24. Now 1. Piercotah Vellaler. Ancient share 8. Now 1	
BRPO222	Andavoil	PO207A	Tuliva Vellaler	
BRPO224	Cooriveporam	PO218A	Tuliva Vellaler	
BRPO226	Mangode	PO248A	Piercotah Vellaler of unknown place	Unknown
BRPO228	Kearapacum	PO249A	Piercotah Vellaler of unknown place	Unknown
BRPO230	Periavepattoor	PO217A	Palli	
BRPO232	Wopesamoodram	PO243C	Palli	
BRPO234	Cooleynauvel	PO218A	Palli of Wopesamoodrum [PO243C]	
BRPO236	Coryevoil	PO176A	Landholders residing at Chinnacavanum. [PO157A]	
BRPO238	Serlpacum	PO214A	Landholders of unknown place	Unknown
BRPO240	Cungaunmade	PO222A	Tuliva Vellaler of Wommepade [PO223C]	
BRPO242	Wooppoonelvoil	PO250A	Piercotah Vellaler	
BRPO244	Aynellore	PO208A	Vishnu Bramins, ancient shares 60. Now fixed 7 1/2.	
BRPO246	Punapacum	PO143A	Vishnu Bramin	
BRPO248	Moodalambade	PO143D	Gentoo Bramins	
BRPO250	Colloor	PO186A	Covelgar of the village. [Gentoo Bramin, Vipaury Bramin, Vishnu Bramin?]	
BRPO252	Cunacumbacum	PO145A	Gentoo Bramin, Vishnu Bramins, share 30. Rakeapa Mudali purchased the landholdership, share 2	
BRPO254	Tirooparoo	PO143K	Gentoo Bramins of Cunasumpacum [PO145A], Arsoor [PO183A]. Vencatachel Modaly purchased part of land, and has taken for mortgage the other part of land from Gentoo Bramin landholders of Tirooparoo [PO143K].	
BRPO256	Nauyer	PO034B	Kondaikatti Vellaler, Kanakapillai Ponny Narain Pillay	
BRPO260	Mudiyoor	Unidentified	Kondaikatti Vellaler of Nauyer [PO034B]	
BRPO262	Oulidilumbade	PO227A	Tuliva Vellaler	
BRPO264	Codypullum	PO016A	Kavarais who purchased landholdership	
BRPO266	Mahafoose Cawn Petta	PO035A	Nabab Mahafoose Cawn	
BRPO268	Chinnamullavoil	PO037A	Kavarai landholders of Codepullom [PO016A], Kavarai Cooppe Chetti who purchased landholdership	
BRPO270	Parymullavoil	PO037C	Gentoo Bramin landholders of unknown place, another Gentoo Bramin residing at Garacanxxx [XXX], and Rungaputy Pundit Stul Mojumdar residing at Ponnary [PO115C], Vengamrajah Niyogee residing at Aroomunda [PO017A] who purchased landholdership, Vepary Bramin who purchased landholdership from ancient landholder, Gentoo Bramin who held Daunum or gift of land	
BRPO272A	Girdherporam	PO032A	Data not available	
BRPO272B	Nareconnum	PO031A	Vadama Bramins	
BRPO274	Coodrayputtumcandica	PO195D	Pagoda of Boodary Eswaraswamy of Nauyer [PO034B]	
BRPO276A	Boodoor	PO033A	Data not available	N. A.
BRPO276B	Simaporam	PO041A	Vishnu Bramins of Anoopumbut [PO081A]	
BRPO278	Choleporam	PO022A	Kondaikatti Vellaler	
BRPO282	Aungaud	PO021A	Kondaikatti Vellaler	
BRPO284	Sodyperembade	PO027A	Gentoo Bramins of Comovoday [XXX]	

『バーナード報告』の頁数	村名	1971年センサス村番号	土地保有者(ミーラーシダール)の名前, 株数, 取引状況 [1971年センサスでの村番号], XXX—判読不能	ミーラーシダールの居住地
BRPO286	Sackenjary	PO030A	Vadama Bramins of Nayconnum [PO031A]	
BRPO288	Paulvoil	PO122A	Gentoo Bramins	
BRPO290	Sirneyem	PO006B	Vishnu Bramins of unknown place, Kondaikatti Vellaler of Choleporam [PO022A]	
BRPO292	Punnepacum	PO143A	Vishnu Bramins of unknown place	Unknown
BRPO294	Voraycaud	PO200A	Kondaikatti Vellaler of Choleveram [PO022A]	
BRPO296	Auttoor	PO025A	Vishnu Bramins of unknown place	Unknown
BRPO298	Padianellore	PO008A	Teagarajaswamy of Tirvettur [TV025D]	
BRPO300	Tindagarium-butt	Unidentified	Kondaikatti Vellaler	
BRPO302	Soorapade	PO029A	Kondaikatti Vellaler landholders, from whom purchased the landholdership by Luchumajee Pundit of Ponary [PO115C]	
BRPO304	Cornwoday	Unidentified	Kondaikatti Vellaler of Choleporam [PO022A]	
BRPO306	Marumbull	PO019A	Gopaliah Vishnu Bramin landholder of Girdaporam [PO032A]	
BRPO308	Coombanoor	PO020A	Kondaikatti Vellaler of Aungaud [PO021A]	
BRPO310	Soalpacum	PO009A	Vishnu Bramin Sreenevasah, Moodookistniah, Ayyaniah	
BRPO312	Nalevaley	Unidentified	Gentoo Bramins 30, Vishnu Bramins 10, Vadma Bramins 20	
BRPO314A	Autuntangel	PO002A	Data not available	N. A.
BRPO314B	Vilianellore	PO003A	Data not available	N. A.
BRPO316	Agharum	Unidentified	Gentoo Bramin	

Source : 『バーナード報告』(vol. 68, Ponnary) より作成

第2節　農村－都市間交易の展開

海外交易の展開

　17～18世紀にかけて，インドとヨーロッパを結ぶ綿布交易が大きく発展したことについては，すでに紹介したとおりである。南インドの海外交易に関するこれまでの研究は，17世紀は繁栄の世紀とされ，それに対して18世紀は衰退の世紀という評価がされている。このような見通しを述べているのは，オランダおよびイギリスの東インド会社貿易について研究を進めたアラサラトナムと，フランス東インド会社貿易の研究をおこなったマニングである。アラサラトナムは『17世紀の海のインド』［Arasaratnam 1994］において，1660年代から，コロマンデル地域がイギリスのインド投資の3分の1を吸収して次第に成長していったこと，1678年からは投資額は常に100万ルピーを超え，1683～87年にはピークを迎え，その額は250万ルピーにものぼったこと（オランダと合わせると，年に約400万ルピー［Arasaratnam 1994: 143］），しかし1688年から貿易額は急激に低下していき，1699年を除いて1690年代を通じて40万ルピー以下となったこと，オランダも同様であり，1686年がピークで280万ルピーとなったが1688年には10万ルピーに低下したこと，その後1690年代に少しずつ増えるが，100万を超えることはなかったなどとしている［*ibid.*: 147］。貿易の衰退の理由としては，ムガルとマラーターの間の東カルナータカをめぐる8年間の戦いがチングルプット地域の豊かな穀倉地帯や綿布生産地を荒廃させたという点をあげている［*ibid.*: 146］。

　続く18世紀に関しても，アラサラトナムは，18世紀の南インド綿業と交易が「悲惨な時代（a woeful century）」であったと全般的な結論を下している［Arasaratnam 1992: 101］。その理由として，インド交易が，西方ではオットマンやサファヴィーの衰退によってペルシア市場が縮小したこと，東方では17世紀までの交易の時代が終焉しただけではなく，域内での綿業の発展によってインド製品への需要が減ったこと，インド国内ではこうした海外市場の動きに

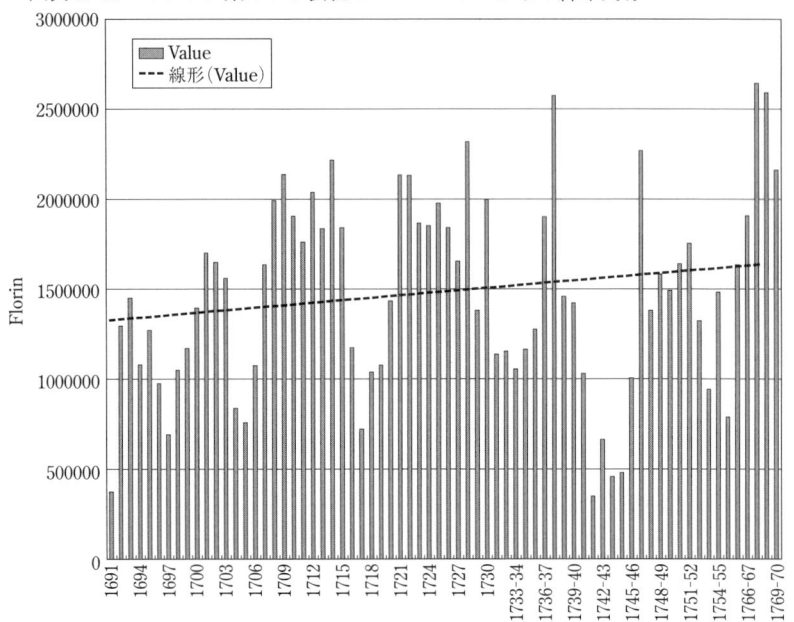

図表 II-11 オランダ東インド会社のコロマンデルからの綿布交易

Source : Prakash, Om 1988. *European Commercial Enterprise in Pre-Colonial India* (the New Cambridge History of India, II-5): Table 6-2 より作成

加えて，政治的不安定の悪化によって綿花を含めた農産物価格が上昇したために綿業従事者の疲弊が進んだことにはじまり，商人資本が税の請負などのより収益の高い投機的な投資対象に流れていったこと，ヨーロッパ市場もこうした市場の縮小を補うことはできなかったという事情を挙げている [*ibid.*: 94-101]。

　18世紀に関する統計は，しかし，必ずしもアラサラトナムの結論を支持していない。たとえば，アラサラトナムが，オランダ東インド会社のインド交易が17世紀末に最高を記録してから，18世紀には一貫して減退傾向を示したと主張していることに対して [*ibid.*: 96]，オム・プラカーシュの統計では，オランダ東インド会社のコロマンデルからの綿布交易の動きを示した図表 II-11 にみられるように，大きな上下動を含みながらも1770年まで全体としては上昇傾向を示している。イギリス東インド会社の貿易動向について，アラサラトナムは，18世紀前半には着実に成長したが，50年代から70年代には減退し，それ以降は回復したとしているが [*ibid.*: 96]，コロマンデルでの貿易活動は，18

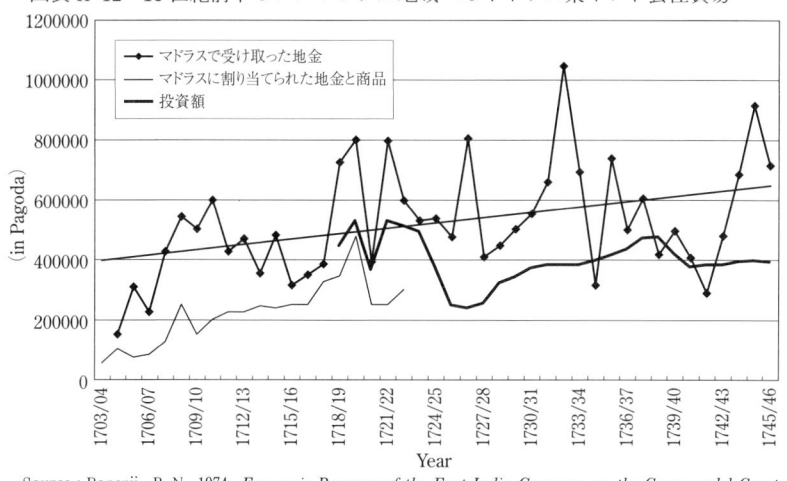

図表 II-12　18 世紀前半のコロマンデル地域へのイギリス東インド会社貿易

（グラフ：凡例「マドラスで受け取った地金」「マドラスに割り当てられた地金と商品」「投資額」、縦軸 in Pagoda、横軸 Year 1703/04〜1745/46）

Source : Banerji, R. N. 1974. *Economic Progress of the East India Company on the Coromandel Coast 1702-1746*, Nagpur University, 1974: 218-219 より作成

世紀に成長を続けたように見える。バナジーは，18 世紀前半のコロマンデル地域（マドラスを含む南インドのベンガル湾側）へのイギリス東インド会社貿易について，図表 II-12 にグラフ化したような数値をあげている。18 世紀前半のマドラスへの地金量は大きく上下動しながらも，基本的には上昇傾向を示している。チョードリーによる 1664 年から 1760 年にかけてのイギリス東インド会社による対インド貿易を対象にした研究では，マドラスからの輸入額は，図表 II-13 に示すように，17 世紀末にいったん大きく落ち込むものの，18 世紀に入ってからはある程度持ち直し，全体としては上昇傾向にあったことを示している。ただ，チョードリーの研究では 1760 年以降は対象となっておらず，18 世紀全体を通してのマドラスでの傾向はわからない。

オランダやイギリスの東インド会社と並んで，18 世紀の南インド史の展開に大きなインパクトを与えたフランス東インド会社の活動については，マニングの研究が参考になる。図表 II-14（CD）は，フランス東インド会社からアジアへの地金輸出量の変化を示したものである。フランスのアジアでの活動の中核は南インドにあったので，ほぼ南インドの動向として読んでよいであろう。そこから，1720 年代後半から 40 年代前半にかけては貿易の隆盛があったようであるが，40 年代後半には途絶えてしまう状況が見える。マニングは，イン

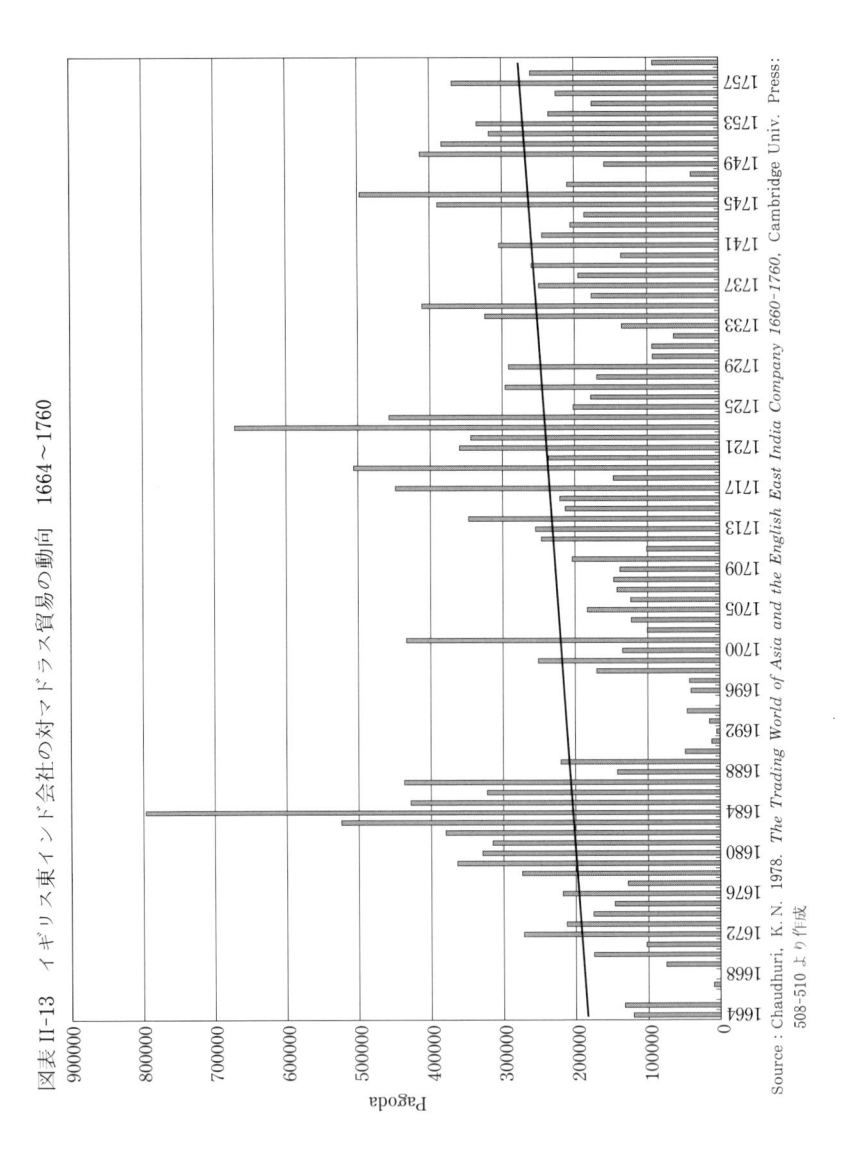

134　第2章　商業交易活動の展開とミーラース体制の崩壊

図表 II-13　イギリス東インド会社の対マドラス貿易の動向　1664〜1760

Source : Chaudhuri, K. N. 1978. *The Trading World of Asia and the English East India Company 1660-1760*, Cambridge Univ. Press: 508-510 より作成

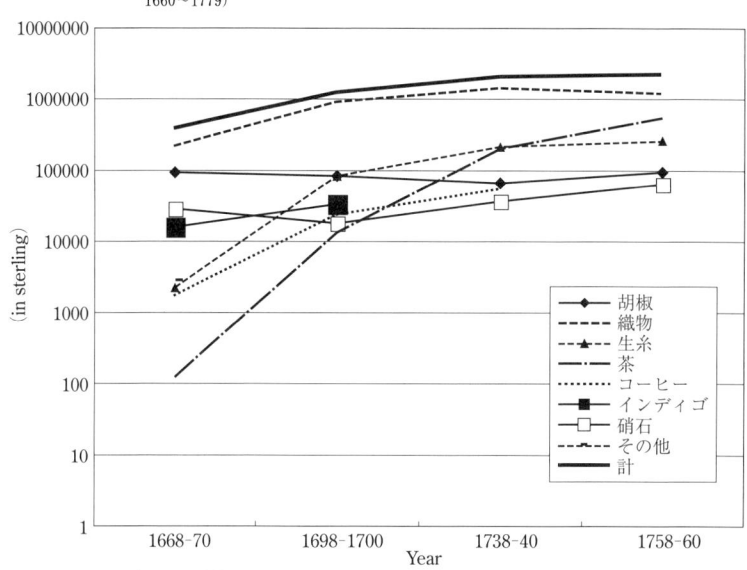

第2節　農村-都市間交易の展開　135

図表 II-16　イギリス東インド会社によるヨーロッパへの輸入額（3年間の総額：1660～1779）

Source : Prakash, Om 1988. *European Commercial Enterprise in Pre-Colonial India* (The New Cambridge History of India, II-5) : Table 4-2 より作成

ドの西方交易がサファヴィー朝の崩壊やバスラ港の混乱などによって困難を極めたために，18世紀半ばには衰退し，それがむしろ40年代後半からのデュプレクスによる積極的なインド政治への介入を招いたという解釈を示している [Manning 1996: xi, 199-200]。この解釈に対して，プラカーシュがあげている同じくフランス東インド会社のアジアおよびインドからの輸入額[6]は，図表 II-15 (CD) に示すように，18世紀半ばの落ち込みから60年代には回復する動きを示している。実際，アラサラトナムも指摘しているように，1763年のパリ条約によってポンディチェリがフランスに返還されてから，南インドでのフランス勢力による綿布取引は急速に成長している [Arasaratnam 1996: 89-90]。

　インド全体の1760年代以降の状況については，プラカーシュが，イギリス東インド会社によるヨーロッパへの輸入額について，図表 II-16 のような統計を出している。内訳は不明であるが，少なくとも総額に関する限り，明らかに，1760年以降は急増傾向となっている[7]。プラカーシュによれば，この時期のヨーロッパへの輸入額の内54％強がベンガルからの輸入であり [Prakash 1998:

120 (notes of Table 4-2)］，とすれば，18世紀後半のイギリス東インド会社の貿易増大は，必ずしも中国茶の取引増大に帰せられる事態ではなかったことになる。

18世紀南インドの海外交易が全体としてアラサラトナムの言うように「悲惨な時代」であったかどうかは，このようにはっきりしない。アラサラトナムの研究では，時期を通じた貿易統計が示されておらず，統計的な裏付けを欠いた議論がなされる傾向があるために全体像を確認しがたい。その理由としては，イギリス東インド会社に限っても地域全体の統計が19世紀初めまで作成されなかったことや，各国の会社ごと，地域ごとに複雑な動きがあったこと，さらには，会社貿易よりもはるかに大きな規模をもっていたとされる私商人をも交えたアジア間貿易の実態を正確に把握することが困難であるなどの事情を挙げることもできよう。たとえば，東南アジアや中国，さらには日本までも範囲とする活発なアジア間交易が存在していたものの，それらを含めた全体像はまだ浮かび上がってきていないからである[8]。

綿　業

貿易額そのものの動きに加えて，インド貿易の中心を占める綿業に関わる人々の経済的地位の変化も問題になる。アラサラトナムは，ヨーロッパの各国東インド会社がコロマンデル地域に進出してから18世紀末に至る間に，手織工と輸出市場をつないでいたインド人商人達が次第に排除され，代わって東インド会社やヨーロッパ人商人に雇われたインド人に置きかえられていったために，手織工や綿布商人の経済的地位がすっかり変化したと論じている［Arasaratnam 1990: 191］。このアラサラトナムの議論を今少し詳しく追ってみたい[9]。

アラサラトナムによれば，17世紀のインドでは，ヨーロッパと比較して，手織工はより独立性をもち，生産した製品をコントロールする力を持っていた。手織工は，いくつかのセンターに集中して住んでいた。従来は農業と兼業で綿業生産に携わっていたが，需要の増大と共に専業化した。このような手織工の農業からの分離は，彼らの現金や信用への依存を高めていったが，手織工を利用する側からは，いかにして手織工に信用を供与するかが重要となった［*ibid*.: 192-96］。手織工を外部の国際的な市場と結びつけたものの第一は綿布

商人であり，通常は綿業村に大量に住んでいた。たとえば，アラサラトナムが紹介する村の例では，綿業中心の全246世帯の村で40世帯が商人であったという。これらの商人が輸出商に製品を取り次ぐことであげる収益は，しかしせいぜい4〜5％程度でしかなかったが，そのことが綿布コストを低く抑え，海外での高い収益をもたらすことを可能にした。このコストが上昇するのは，18世紀に穀物と綿花価格が急上昇してからであった［ibid.: 197］。綿業の構造については，あまりはっきりした情報はないとしながら，次のように叙述している。最下層は「クーリー」手織工であり，手織機を自ら所有していたとしても，商人などに債務を負っていることが多かった。その上にいるのは，世襲化した手織工長であった。しかし，その地位は何らかの親族関係をもつグループの中での地位であって，経済的な支配や仲介的な役割とは無縁であった。そのため，イギリス東インド会社が彼らを通じて綿布収集をおこなおうとする試みは失敗した。それに対して，より重要な仲介の役割を果たしたのはブローカーであった。綿業村には多数のブローカーがおり，商人と手織工の間を仲介し，商人の注文を手織工達の間に振り分け，価格について交渉した。その場合，ブローカーは前貸しや製品の品質について責任を負う代わりに，商人から1％の手数料を得た。これらのブローカーは，通常は村に住む手織工であったが，その一部は植民地都市へ出て東インド会社と取引するようになり，マドラスで有力な商人となった例もあった［ibid.: 198-200］。

商人がブローカーを通じて手織工と契約する際には，現金による前貸しがなされた。手織工は前貸し金で糸や必要な資材を購入し，生活を維持した。したがって，米の値段と綿糸の値段が綿布の値段に直接響いた。18世紀を通じてあらゆる種類の綿布の値段が上昇したが，それは米と綿花の値段の上昇によるものであった。他方，手織工自体の賃金は上昇しなかった。手織工の賃金は，1779年のある試算では，月に34 1/2 ファナム（3/4パゴダ，または3ルピーに相当）であったが，17世紀に3〜5ルピーであったことからして，100年以上賃金が上がらなかったことになる。これに対して，米の価格は2倍以上に上昇した。ちなみに，手織工に対して，ムガル政府は手織機税として，年に3/4から2パゴダ，2ヶ月分の月収に相当する額を徴収していた［ibid.: 201-203］。

ヨーロッパ各国の東インド会社が競合するようになったために，手織工の交

渉力は強まり，その状態は1770年代まで続いた。しかし，この頃からイギリスは競争相手を排除し始めただけではなく，商人の仲介者を排除して手織工と直接に関係を結び，手織工を賃金労働者にしようと試みた。仲介商人を排除しようとするイギリスの試みに対して手織工達は強く抵抗したが，それは商人との間に強い依存関係があったからであった。イギリスは手織工に対して直接エージェントを送ったが，手織工とブローカーとの関係を絶つことは困難であった。手織工の抵抗も強く，イギリスの影響力から逃れて他地域へ移動することや，場合によっては暴力を伴う抵抗を示したこともあった。特に，会社の威光をかさに不利な取引を強いる会社のインド人使用人と手織工との対立は深かった。1780年以降は，さらに新しい事態が生じた。会社が財政的な余裕を失ったことから，私的なイギリス人商人，企業家達が直接手織工の村々に入り込み，中間の商人を通さずに投資をおこない，入手した綿布を会社に納入した。こうした中で，手織工達の自律性は弱まり，賃金労働者と変わらない地位に落ちていった。会社は，価格，流通，品質など，あらゆる面で手織工への支配力を強めた。特に，1786年に各地に監督官が多数任命されたことにより，会社の統制力はいっそう強まった［*ibid.*: 204-212］。

　このように，アラサラトナムは，南インドの手織工の高い自律性が，1770年代からのイギリスの支配強化と共に失われ，単なる賃金労働者と化していっただけではなく，実質賃金も低下していったと論じたわけである。

　このようなアラサラトナムの議論と同様な議論を展開しているのはプラサンナンであり，手織工の社会経済的地位が，植民地化によって決定的に低下したと論じている［Prasannan 1998］。プラサンナンによれば，植民地時代以前に，農業の高い生産性によって高い実質賃金を得ていた手織工達は，イギリスの手織工よりも恵まれた条件にあった。しかし，植民地支配によって手織工の移動が強制的に制限されたために，手織工への支配監督が強化され，結局手織工の地位は大きく低下していった［Prasannan 2001: 5-6］。

　以上に紹介した南インドの綿業に関する議論は，綿業従事者の社会経済的地位，流通構造，手織工と商人との関係，会社の支配のあり方など，綿業全体に関わるものである。しかしながら，それらの議論は綿業や交易に関してのものに限られ，南インド全般の経済構造における綿業や貿易の役割を論じたもので

第2節　農村－都市間交易の展開　139

はない。商品経済の進展，都市の成長に伴う農村と都市との関係の変化，農村部そのものの変動をいかに相関させ，総合的に理解していくかが18世紀の意味を考えるための重要な課題であり，以下はそうした試みの一環である。

　綿布生産の拡大と地金流入
　本節での作業は，次のような見通しの上に立っている。インド産綿布は，古くから西アジア，東南アジア市場に根強い需要をもち，南インドからも，アルメニア人を中心に，マラッカイヤール[10]やチューリアと呼ばれるムスリム商人が環インド洋世界の各地に分布して取引をおこなっていた[11]。17世紀以降，こうしたインド綿布取引に，オランダを中心にしてイギリスやフランス東インド会社，およびその使用人を含むヨーロッパ系の商業勢力がアジア間貿易に参入し，さらにはヨーロッパ市場を拡大していった。綿布の消費市場を近隣の地方市場，インド内の遠隔地市場，東南アジア，西アジア，ヨーロッパなどに分けるとすると，ヨーロッパ市場向けの製品に特化した綿布生産構造が特に比重を増していったと言えよう。
　こうした綿布取引の対貨として持ち込まれたのは，金銀地金であった。ヨーロッパをはじめ，環インド洋地域の交易相手地域からも持ち込まれた地金は，一部はインド人綿業従事者（紡糸工，手織工，商人，運搬業者）に分配され，一部はヨーロッパ人（東インド会社，会社使用人，私貿易商人）の手に残ってヨーロッパに運び出された。インドが一旗揚げる対象として目に映っていた理由として，巨富を得て帰国した多くのヨーロッパ人の事例があったということは確かである。どの程度の地金が持ち込まれたかはある程度把握することができても，再びヨーロッパに持ち帰られた量がどの程度であったかについてはよくわからない。しかし，かなりの部分がインドにとどまり，インド社会の商品経済化を奥深く進めていったのは間違いない。

　植民地都市の成長と農産物取引
　綿布取引と金銀地金の流入の中で，動かしがたい産物として残ったのは，後に見るように，沿岸の植民地都市が多くのインド人を集め，その後も順調に——というよりは急激に——規模を拡大させていったという事実である。この

図表 II-17　17世紀のマドラスの人口増加

年次	人口	出典，原註（by Love, H. D.）
a. 1639	7,000	Rough estimate deduced from comparison of revenue in 1639 and 1648.
b. 1646	19,000	Deduced from figures of 1648 by deduction of reported deaths during famine of 1647.
c. 1648	15,000	The Company (Court Books, vol. XXII, 21st Aug., 1649)
d. 1670	40,000	Captain Thomas Bowrey.
e. 1673	33,000	Exclusive of Europeans, Dr. John Fryer.
f. 1674	50,000	Sir William Langhorn (Original Correspondence Series, No. 3992, 20th Aug, 1674)
g. 1681	200,000	The Company (Letter Books, vol. IX, 22nd Jan., 169 1/2)
h. 1685	300,000	Captain Wilshaw (Public Despatches from England, vol. VIII, 12th Dec., 1687
i. 1691	400,000	The Company (Letter Books, vol. IX, 22nd Jan., 169 1/2)

Source : Love, H. D. 1913. *Vestiges of Old Madras, 1640-1800*, London, Govt. of India, 1913 vol. I: 547 より作成

Note：ラヴ自身の註によれば，最後の g, h, i の三つの人口推計は，女と子供を含んでいるが，それ以前の数値は成人男子のみの人口である。また，g, h, i の数値は，マドラスの一地区である Triplicane 地区の人口を含んでいない。

ことは，当時の農村部に都市という巨大な市場が成長し始めていたことを意味した。もちろん，18世紀の南インドに限っても，政治的，宗教的，軍事的都市が内陸の各地に存在した。たとえば，ナワーブ政府の本拠地であるアルコットの人口について，アーナンダ・ランガ・ピッライの『日記』には50万人という数値が記され[12]，ホイーラーはクライヴが1751年にアルコットの町を攻略した時点で10万人の住民がいたとしている［Wheeler 1886: 34］。また，19世紀初頭のマイソールを調査旅行したブキャナンは，ティプー・スルタンの本拠地であったマイソールのセリンガパタムの人口について，ティプーが存命中の時代には15万人であり，その地がイギリスの手に落ちた後1800年5月20日に訪れたときには，守備隊とその随員を除いて4,163戸（5,499世帯）が居住していると記録している。ブキャナンは，1戸あたり5人の人数と仮定して，この町の人口は20,815人，その郊外の人口を含めると，31,895人になるとの試算を示している［Buchanan 1807: 76-77］。スブラマニヤムは，南インドの重要な宗教都市でかつてチョーラ朝の首都でもあったタンジャヴールの場合，1770年代後期に10万人であったとしている［Subramaniam 1928 (cited in Gough 1981: 118)][13]。これらの人口数がそのまま信頼できるかどうかは別として，在来の都市でも，かなりの人口を擁したことを意味する[14]。

しかし，こうしたいわば在来型の都市に比べて格段のスピードで成長していったのは，やはり沿岸の植民地都市であった。その典型的な例はマドラスであった。マドラスの人口に関しては，いくつかの研究が具体的な数字を挙げている。今世紀初めの歴史家であるラヴは，17世紀のいくつかの時点における人口を記している［Love 1913］。それを示すと図表II-17のようになる。17世紀中頃には2万人に満たない数であったのが，17世紀後期になると40万人へと増加している。それらの数字の正確さを確認することはできないが，ただこの間にマドラスで急激な人口増加があったことは間違いない。また，イギリスがオーラングゼブ帝のもとに送ったノリス使節団は，1700年のマドラスの数値として15万人という数値を挙げている［Richards 1975: 514 (cited in Prakash 1998: 147)］。

　これら以外の研究者もいくつか数値を挙げているが，それらは典拠を出していない。参考のためにいくつか挙げておくと，ホイーラーは，マドラスのブラック・タウン（インド人居住区）の人口について，1670～86年頃が15万人，1725～31年頃が20万人程度であると推計している［Wheeler 1886: 13］。チチェロフは，18世紀初頭のブラック・タウンの人口は8万人であり，18世紀中頃になると15万人になるとしている［Chicherov 1971: 136］[15]。プラカーシュは，18世紀の初めの数値として，10万人という数値を挙げている［Prakash 1998: 148］。

　このようなマドラスの人口増加は，マドラスがブラック・タウンを中心としてインド人商人達が移り住む商業中心地となったことはもちろん，イギリスの植民地支配の政治行政の中心となり，ナワーブさえもがアルコットから移り住むようになった事態の反映である。先にマドラスの後背地にあたるチングルプット全域の人口が，19世紀初頭の時点で24～25万人であったことをみたが，その数値と比較しても，マドラスでの消費がもった意味は非常に大きなものであったことが理解されよう。

　本節は，ヨーロッパ勢力による商業活動が格段に活発になる17～18世紀に顕著になる沿岸部の植民地港市の成長が，従来の内陸政治都市向けの商業ネットワークを，植民地港市向けのネットワークへと再編し，さらに，それらの都市とそこからインド洋ネットワークを介してつながる海外のいずれをも市場と

した商業ネットワークを展開させたという見通しの下で，こうした商取引ネットワークの展開が，南インドの在地社会にもたらした影響を農産物取引市場を通じて解明していこうとする作業をおこなう。もちろん，この作業は，都市消費市場の存在を前提とした農村と都市との間の穀物取引に関し，都市に送り込まれる穀物をどのような階層が出荷したかを突き止め，それが在地社会にもたらした変動と結びつけることにより，当時の綿業生産，海外交易，農産物取引，在地社会構造の全体的な変化を解明するための基礎作業でもある。

さて，この時期の農産物取引についてであるが，コロマンデル地域の植民地都市人口を支えるための農産物の一部が，ベンガルやアーンドラ地域を含め，沿岸交易によって船でもたらされたことが知られている。特に，植民地都市がインドの政治勢力との抗争の中で食糧備蓄が重大な問題になった場合などには，しばしば比較的安全な海上ルートによって食糧確保が図られた[16]。飢饉時には沿岸交易を通じて穀物がアーンドラやベンガルから船で運ばれ，当時の記録では1隻あたり20ガースから40ガースを運んだとある[17]。

ヴィジャヤナガル時代に関して，ステファンは，ポルトガル関係の資料を用いて，米を主要な産品とする非常に活発な沿岸交易が南インドを舞台として展開していたと指摘している［Stephen 1997: chapter 4］。たとえば，コロマンデルの諸港からマラバル沿岸の諸港に1524年に出港した船の積み荷内訳では，量的に圧倒的なのは米（rice）であった［ibid.: 110］。1515年から25年にかけてマドラスの北方のポンネリ地域にあるプリカットからマラッカへ向けて出港した船にも，大量の米が積み込まれていた［ibid.: 142］[18]。ステファンの研究は，ポルトガル関係の資料に依存しているために，海上交易についての情報が主であり，内陸との陸上での農産物取引については不明である。しかし，活発な米貿易が沿岸諸港からさらに海外へ向けておこなわれたという指摘自体，農村部から都市に向けて大量の穀物移動とそれにともなう取引があったことを示唆するものである。その実態については後に検討する。

18世紀における農村—都市間の農産物取引の実態を把握することは，しかし容易ではない。筆者は，拙著『ナーッタールと18～19世紀南インドの社会経済変化』［Mizushima 1986］において，ポンディチェリを対象にして農産物取引の算定を試み，その後も農産物価格や労賃，輸送手段などについての資料を

集めてきた。また，この間，南インドの他の時代やインドの他地域に関しても，農産物取引に主たる関心をもつ研究が少しずつ現れてきている。以下では，それらの新たな情報を加え，イギリスの中心的植民地都市マドラスとフランスの植民地都市ポンディチェリを主な対象にして，農村都市間の農産物取引について検討することにしたい。主に用いる資料は，イギリスの18世紀植民地統治文書，および，ポンディチェリを舞台にした『日記』である。

植民地都市の成長の経済的要因

植民地都市は，海外に向けて出荷される綿布の集荷地であったと同時に，海外から地金がもたらされ各地に流れていく源となる拠点でもあった。以下に論ずるように，それは，ヨーロッパ人であれインド人であれ，新たなチャンスを求める者にとって魅惑的な土地であった。植民地都市は，深まる政治危機の中で，多くのインド人の目には安全な避難場所としても映った。また，中には，都市の空気の自由を求めて在地社会から移ってきた者もいた。いろいろな野望と希望が入り混じりながら，植民地都市は急速にその人口を増加させていったのである。

ポンディチェリは，ではどのような人々を集めたのか。『日記』には，ポンディチェリの住民構成を示唆する幾つかの記述が含まれているが，図表II-18は，そのうち，フランスがイギリスとの対決の中でセント・デーヴィッド要塞（Fort St. David：以後FSD）を占領したことを祝って総督に祝いを持ってきた人々のリストである。そこから，当時の都市の住民が，商人，職人はもちろんのこと，各種農業カースト，徴税請負人，地方有力者のエージェントなど，さまざまな階層を含んでいたことが見てとれよう。

ポンディチェリではこのようにさまざまな人々が活動していたが，町の主要な存在意義は，フランス東インド会社の貿易活動，すなわち綿布取引を中心にした商業活動にあった。ポンディチェリの町には，綿布に加えて，綿花，タバコ，インディゴ，アレカナット，トッディ（椰子酒），米，菓子や輸入品の商店，倉庫などが立ち並んでいた[19]。それらの商品の多くはインド各地や諸外国から持ち込まれたものであり，ポンディチェリには，各地にネットワークをもつ有力商人が住んでいた。たとえば『日記』の書き手であるアーナンダ・ランガ・

図表 II-18　ポンディチェリの住民

1. 商人
   - Company's new merchants
   - Company's old merchants
   - Karikal merchants
   - Betel-leaf sellers
   - Coral merchants
   - Indigo merchants
   - Cloth merchants
   - Colombo arrack renters
   - Shroffs
   - Grocers
   - Sungu Seshachala Chetti
   - Salatu Venkatachala Chetti
   - Chinna Mudali
   - Bapu Rao (mint)
   - Bapu Rao (tobacco godown)
   - Liquor godown people
2. 職人
   - Painters
   - Washermen
   - Carpenters and Blacksmiths
   - Goldsmiths
   - Brass smiths
   - Pressing people
   - Potters
3. カースト・コミュニティー
   - Nayinar
   - Vellala
   - Chetti
   - Komutti
   - Vaniyar
   - Agamudaiyan
   - Kaikkollar
   - Kaikkollar of Muttiyalpettai
   - Shanar
4. 徴税請負人
   - Renters of Olukkarai
   - Renters of the Bound villages
   - Renters of Ariyanbkuppam
   - Ramanji Chetti (Renter of Villiyanallur)
   - Periyanna of Dupleix's Jaghir
   - Savariraya Pillai and others of the country management
   - Peiyanna Mudali and others of Chetpattu and Tiruvannamalai
5. 有力者のエージェント
   - Abd-ul-wahab Khan's vakil
   - Mahfuz Khan's vakil
   - Morari Rao's vakil
   - Najib-ul-lah Khan's people
   - Bhaji Rao's vakil
   - Koneri Nayakkan (Turaiyur vakil)
   - Mysore Vakil Venkatanarayanappa Ayyan
   - Yachama Nayakkan's vakil

Source : *Diary of A.R.Pillai*, 10. 6. 1758.

　ピッライの場合には，アルコット，ラーラーペッタイ，タンジャヴール，ポルト・ノヴォなど南インド各地にエージェントを置き，ラーラーペッタイではアレカナット，綿糸，綿布，アヘンを，アルコットでは輸入ものの幅広毛織物等の商品を扱っていると記述している[20]。

　ポンディチェリの町では，これらの商品取引を円滑にするための金融業者も活動していた。フンディ（Hundi）と呼ばれる手形を全国的に扱うマルワリ系と見られる金融業者（Kasi Das Bukkanji, Govardhana Das, Vallabhu Sundarな

ど) がエージェントを置き，また，南インド系の金融業者 (Guntur Bali Chetti や Kaviral Venkatesa Chetti など) も活動していた。彼らは全国的な組織を持ち，たとえばマルワリ商人のカーシ・ダース・ブッカンジ (Kasi Das Bukkanji) は，インド各地 (Pondichery, Karikal, Arcot, Conjiveram, Chetpattu, Seringapatam, Tinnevelly, Masulipatam, Bengal) にエージェントを置いていた[21]。もちろん，これらの金融業者は，諸外国の貿易会社や地方の支配者とも緊密な金融取引関係を持っていた[22]。

このポンディチェリの例に見られるように，植民地都市は，それぞれインド人の有力商人や金融業者を引き寄せた。マドラスに本拠を置くイギリス側も，「他の土地よりも，ここでより多くの富が得られる見込みがあることこそが，有力な商人を我々の側に引き寄せる要因」[23]であるとみなしていた。新たな富のチャンスを，植民地都市は用意していたのである。

植民地諸都市が商業センターとなりえたのは，植民地諸権力が商工業関係者を積極的に自ら統治する都市に招じ入れる政策をとったことにもよる [Chaudhuri 1974: 127-182; Arasaratnam 1966: 85-95; ditto 1980: 257-281; ditto 1979: 19-40]。より多くの輸出用綿布をより安定して確保することが至上命令であった植民地当局者にとって，そのような都市への商業関係者の移動を政策的に加速することも不可欠であった。そして，そのために，免税処置，価格統制，家屋の無償施与など，さまざまな具体的な政策がとられた[24]。そうした政策努力の結果として，マドラスやポンディチェリは，南インド屈指の商業センターとして機能するようになっていったのである。

植民地都市の成長の政治的要因

こうした，いわば経済的な要因を背景として，さらに人の動きを促したのは，18世紀の政治的混乱であった。特に，南インドでは，マラーター軍やニザーム軍が南インドに侵攻し，アルコットのナワーブ政権の後継争いが始まり，さらに英仏両勢力が南インドの政治抗争に直接巻き込まれるようになる1740年代になって，この動きがいっそう加速された。ヨーロッパ勢力の政治的重要性が初めて商人やその他の階層によって認識されるようになるのも，1740年のことである。具体的には，この年にマラーター軍との交戦によりアルコットの

ナワーブであるドスト・アリー・カーンが戦死し、南インドがマラーター軍の略奪に曝されたときに、マドラスもポンディチェリもマラーター軍との直接の抗争を免れ、避難してきた者達に保護を与えることに成功した。避難民の中には、ナワーブをはじめとする上級政治権力者の家族も含まれていた[25]。このような上級権力の動揺は、商人をはじめとする人々の土着権力への信頼を喪失させ、それと反比例する形でヨーロッパ諸勢力への政治的依存をもたらした。

　政治面でのヨーロッパ勢力への依存をいっそう深めたのは、先に紹介した、1746年に、ナワーブのアンワールッディーン・カーンの息子マフフズ・カーンが、マドラスの南に位置し、古くからの寺院町で有力な商業センターでもあったマイラポールの地で、フランスとの戦いに敗れた事件である。ヨーロッパでの英仏抗争の開始を知ったナワーブは、しばしばナワーブ支配地域で英仏両者が抗争を起こさないように警告していたが[26]、フランスはその警告を無視してマドラスを攻め、1746年9月21日にそれを占領した。占領の数日前に、ナワーブは総督デュプレクスに対して、フランスがマドラスに軍を送ったことに抗議し、自分にはマドラスの商人コミュニティーを保護する義務があることを強調していた[27]。しかし、フランスがマドラスを攻略することをナワーブは阻止することができず、逆にその息子が、マドラスの多くの商人が商品を避難させていたマイラポールの戦闘で敗れ、フランス軍の略奪を許し、商人達に多くの損害を与えてしまったという事件である[28]。

　このような出来事は、当然のことながら、商人をはじめとする多くの人々の土着政治勢力への信頼感を失わせ、ヨーロッパ勢力への政治的依存を深めさせた。そして、この傾向は、南インドでの政治的混乱が深まるにつれてさらに加速され、そのことが、商工業関係者をはじめとする先に見たさまざまな階層の住民を植民地都市へ空間的に移動させる要因となった[29]。加えて、戦乱時あるいは飢饉時に植民地当局が海と陸から食料を安定して確保する措置を積極的にとったことが、さらに多くの人々を引き寄せることになった[30]。

植民地都市の成長と国内政治要因

　商工業関係者をはじめ、人々を植民地諸都市に向かわせたのは、もちろんこのような政治的混乱だけではない。土着勢力が、当時の商工業の急激な展開に

対応することができなかったという要因もある。17世紀後期からの外国からの金銀地金の大量の流入は，商業センターを従来の内陸都市から沿岸植民地諸都市へ空間的に移動させ，また，従来の土地権益に基盤を置いた富の分配構造を，商業権益に基礎を置く分配構造へと移動させた。こうした変化は，既存の社会秩序に強いインパクトを与え，当時の価値体系を動揺させた。内陸諸都市や農村部からのさまざまな階層の移動は，彼らの故郷へのアイデンティティを弱め，あるいは喪失させた。それと同時に，ヨーロッパ勢力の手を通じて大量の富がもたらされたことは，彼らの土着政治権力への従属的関係をも解き放した。クリスチャン・ミッショナリーの活動や低位カーストの軍事集団としての台頭も，既存のカースト的上下観に依拠したヒエラルキーを動揺させた[31]。この時期に頻発する右手・左手カーストの社会的優越性をめぐる抗争は，こうした社会的価値体系が直面していた危機の現れであり，社会秩序の動揺に直面した人々の不安感の反映と理解することができる。

　社会秩序の動揺に対する戸惑いは，人々をして，次第に植民地権力に最終的判断をあおがせる状況を引き起こしていく。たとえば早くも1733年の段階で，FSDの副総督（FSDの会社関係者の中で最高の地位）に対して，その町の商人，手織工，染色工が陳情書を提出し，税の免除の要求に加え，カースト紛争の最終的な裁定を副総督に委ねたいとの要望を出しているという事態さえ見られる[32]。

　このような状況の中で，しかしながら土着の権力者達は，彼ら自身に対する人々の考え方が質的に変わりつつあることに対して無感覚であった。ヨーロッパ諸勢力が手織工や商業関係者を積極的に誘致しようとさまざまな施策を講じたのに対し，土着権力がおこなったことは，単に抑圧だけであった。そのような事例として，たとえば1739年の記録には，従来の税額の3倍の額を新たに課税された手織工が，税の支払いを拒否したために役人により投獄され，獄中から日中仕事場に送られるという事態が発生していることが記されている[33]。この1739年という年は，「この［コロマンデル］沿岸部の商品［綿布］に対して，この国の全ての手織工が生産できるよりも多くの注文があるので，彼ら［手織工］を雇用しないと脅しても全く効果はないだろう」[34]と言われるほど綿布生産が活況を呈していた年である。したがって，イギリス当局がナワーブ政府に

対して次のような感想を述べたとしても，それは当然のことであった。

　　「もし，［手織工が投獄されたとの］Comrapa の話が真実であったならば，［ナワーブ］政府の行為が手織業にとって重大な支障となっていることや，人々［手織工］が，それ［投獄行為のことか？］によって行状を改めることを期待しうる理由はほとんどないと信じる根拠を我々に与えてくれる。」[35]

　土着権力から手織工達が離れていく過程は，たとえば，1747 年に手織製品の一大生産センターであったカーンチーブラムにおいて手織工の反乱が発生したという事件からも知ることができる[36]。このような状況の中で，手織工や商業従事者に与えられた選択肢は，これらの抑圧的な土着領主達の下に留まるか，あるいは沿岸植民地都市へ移動するかであった。そして，当然のことながら，彼らの多くは後者を選んだ。イギリス東インド会社は，こうして移住してくる手織工を受け止め，会社の綿布生産に利用しようとチンタードリペッタ（Chintadripettah）という手織工の町を新たに建設した。その町の責任者から会社に対して，1737 年に次ぎの手紙が送られている。

　　「現在の飢饉は，手織工達の中の極めて優秀な職人の多くを故郷から離れさせた。彼らは皆マドラスにいる。彼らは飢饉や土着政府の収奪によって非常に貧窮化し，もの乞いをするに至っていた。今は，会社での雇用が与えられるならば，故郷へ決して帰ろうと思ったりしないだろう。」[37]

　この引用にも記されている土着政府の強圧的政策の問題点についてイギリス側は充分に認識しており，「それでもなお，商人達はムスリムの港に行くよりは我々の元へやって来るだろう。なぜなら，商人達はそのような恣意的な政府の下では安全を得られないからだ」[38]と見抜いている。

　この時期，新しい価値体系をもつ空間の中に自己の機会の拡大の可能性を見いだした者が多数現れ，植民地都市へ移動したのである。

　次ぎに，こうして移動してきた多くの人々を受け入れて急激に成長していったマドラスとポンディチェリにおける農産物取引の規模の算定を試みる。

農産物取引規模の算定方法

　都市と農村との間の農産物取引の規模を算定するには，いくつかの方法が考えられる。たとえば，『日記』には，ポンディチェリの市場に農産物を積んで

入ってくる荷牛（bullock-load）の数が記されている箇所がある。荷牛の荷の重量とそれによって運ばれる農産物の額が確定しうれば，年間の入荷額が算定しうることになる。また，人口と1人当たりの消費量がわかり，消費量を貨幣換算すれば，それに人口を掛けたものが年間消費額となる。しかし，実際にはこのような算定は容易になしうるものではない。たとえば，人口は推定するしかなく，農産物価格は，後に見るように，当時の混乱した政治情勢の中で，月によりあるいは年により大きく変動した。都市への入荷量も，平時においても季節的に変動するが，戦時においてはなおさらである。消費量については，仮に今日の1人当たりの消費量が確定しえたとしても，18世紀の食料消費と現代の食料消費の量にどの程度の違いがあるのかという点は想像するしかない。もちろん，都市住民の性比や年代の構成を推定しうる資料もない。当時の度量衡および貨幣の交換比率についても，地域によって千差万別であり，また，はっきりしない単位も少なくない。さらに決定的なのは，どのような数値も極めて断片的にしか資料中に現れないという点である。

　こうした事情のゆえに，以下におこなう算定の試みはいずれも不完全なものである。それでもなお，将来何らかのまとまった資料——たとえば植民地都市を囲む城壁の出入り口に設置された関税所の統計資料——が発掘された場合に，その利用方法に対して重要な示唆を与えうるものと思う。また，算定の基礎となるデータ自身，従来ほとんど発掘されてこなかったものであり，他の研究への利用も期待しうる。以下，マドラスとポンディチェリについて，それぞれ別個に算定のための基本的数値を順に確定し，農産物取引を試算することにしたい。

マドラスにおける農産物取引の試算
1．マドラスの農産物価格
　はじめに，マドラスの当時の米の平均価格を，年別・季節別の価格変動とグレード別の価格差を考慮に入れながら算定する。
　マドラスの植民地文書では，農産物価格は1貨幣単位当たりの重量や秤量数か，1重量や秤量単位当たりの価格で表わされるかのいずれかで現れる。図表II-19は，1730年から1760年にかけて，マドラスのセント・ジョージ要塞

150　第2章　商業交易活動の展開とミーラース体制の崩壊

図表 II-19　Fort St. George における 1730〜1760 年の農産物価格一覧

日付 (日・月・年)	商品	価格	註
28. 2. 1730	paddy	25. 22. 40/garce	Bought by warehouse keeper.
30. 4. 1730	paddy	509. 35. 12/63 garce 80 marakkal	Bought by warehouse keeper.
31. 10. 1730	rice	60 pagoda/garce	Bought by warehouse keeper.
19. 1. 1734	rice (fine)	3 marakkal/pagoda	Present to Imam Sahib.
	rice (coarse)	5 marakkal/pagoda	Ditto.
	sugar candy	20. 18. 0/candy	Ditto.
	sugar	26. 18. 0/candy	Ditto.
	almond	40 pagoda/candy	Ditto.
	raison	19. 12. 0/10 maund	Ditto.
	pistahshe	3. 4. 40/12 1/2 seer	Ditto.
	clove	11 pagoda/20 seer	Ditto.
	cinamon	4. 18. 0/2 maund	Ditto.
	nutmegs	14 fanam/seer	Ditto.
	mau	34 fanam/seer	Ditto.
	cardamum	10 fanam/seer	Ditto.
	pepper	1. 11. 20/maund	Ditto.
	cummin seeds	3. 9. 0/maund	Ditto.
	musk	10 pagoda/seer	Ditto.
	saffron	5 pagoda/seer	Ditto.
	gram	1. 6. 50/4 marakkal	Ditto.
	surat wheat	150 pagoda/garce	Ditto.
	onion	0. 14. 60/5 maund	Ditto.
	turmeric	15 fanam/maund	Ditto.
	garlick	34 fanam/maund	Ditto.
	coriander seed	20 fanam/maund	Ditto.
	anni seed	2 fanam/LB.	Ditto.
	wheat flour	4 4/5 fanam/measure	Ditto.
18. 11. 1735	rice (fine)	4 marakkal/pagoda	Present to Imam Sahib.
	rice (coarse)	5. 5 marakkal/pagoda	Ditto.
	horse gram	60 marakkal/pagoda	Ditto.
	gram	4 marakkal/pagoda	Ditto.
	wheat	120 marakkal/garce	Ditto.
	pepper	1. 15. 24/maund	Ditto.
	garlick	2. 30. 70/20 viss	Ditto.
6. 1. 1736	paddy	15 marakkal/pagoda	Very low as the monsoon is very favourable.
22. 3. 1736	paddy	22 3/4 pagoda/garce	Bought by warehouse keeper.
3. 1. 1737	paddy	12 marakkal/pagoda	Distributed among the Company's employee.
28. 2. 1737	cotton	30 pagoda/candy	Very high price.
21. 4. 1737	rice (fine)	4. 5 marakkal/pagoda	Present to Imam Sahib.
	rice (coarse)	8 marakkal/pagoda	Ditto.
	horse gram	70 marakkal/pagoda	Ditto.
	gram	14 marakkal/pagoda	Ditto.
	wheat	168. 27 marakkal/garce	Ditto.
26. 5. 1737	cotton	30-32 pagoda/candy	Very high price. Usually only 18-20 pagoda/candy.
11. 5. 1738	cotton	29-30 pagoda/candy	Brought from Surat.
19. 4. 1739	rice (fine)	3 marakkal/pagoda	Present to Imam Sahib.
	rice (coarse)	8 marakkal/pagoda	Ditto.
14. 2. 1740	paddy	22 pagoda/garce	Bought by warehouse keeper.
30. 4. 1740	cotton	24 pagoda/candy	Brought from Surat.
26. 1. 1741	paddy	26 3/4 pagoda/garce	Carried to FSD.
8. 2. 1741	paddy	24 1/2 pagoda/garce	Market price.
17. 3. 1742	cotton	85-90 Rs/candy	Price in the north.
16. 8. 1742	rice (fine)	5. 5 pagoda/candy	Present to the Ambassadar from Mecca.
	rice (coarse)	4 pagoda/candy	Ditto.
	horse gram	49 /garce	Ditto.

第 2 節　農村―都市間交易の展開　151

日付 (日・月・年)	商品	価格	註
	gram	5 1/2 marakkal/pagoda	Ditto.
	pepper	8 1/2 fanam/viss	Ditto.
	garlick	15 fanam/4 viss	Ditto.
	onion	1 fanam/viss	Ditto.
	sugar	18 pagoda/candy	Ditto.
31. 8. 1742	rice	64. 23. 22/garce(=1 3/8 measure/fanam)	Bought last month. Distributed among the military men.
1. 3. 1743	paddy (fine)	36 pagoda/garce	Delivered to Nizam.
	rice (coarse)	57 pagoda/garce	Ditto.
	rice (coarse)	6 3/4 marakkal/pagoda	Ditto.
	rice (coarse)	6 7/8 marakkal/pagoda	Ditto.
	green gram	7 marakkal/pagoda	Ditto.
	green gram	8 7/8 marakkal/pagoda	Ditto.
	red gram	8 marakkal/pagoda	Ditto.
	red gram	7 1/2 marakkal/pagoda	Ditto.
	black gram	7 marakkal/pagoda	Ditto.
	horse gram	50 pagoda/garce	Ditto.
	sanagalloo	50 pagoda/garce	Ditto.
	ghee	24 1/2 pagoda/candy	Ditto.
8. 3. 1744	rice	43. 29. 48/garce	Bengal rice unfit for stock. Sold at outcry.
12. 9. 1744	paddy	16 marakkal/pagoda	Previous contract of the Company's washers.
	paddy	13-14 marakkal/pagoda	Market price when the contract was done.
29. 4. 1745	sugar	14 pagoda/candy	Market price.
30. 4. 1745	paddy	25 pagoda/garce	Computed price of the rent from the farm.
1. 7. 1745	wheat	4 rupee/bag	Brought from Surat.
23. 9. 1749	rice	80 pagoda/garce	Purchased to keep down the price at bazaar.
2. 10. 1749	rice	80 pagoda/garce	Ditto.
4. 4. 1750	rice	50 pagoda/garce	Bengal rice ordered to sell at the market.
16. 4. 1750	rice	115 pagoda/garce	To be sent to FSD.
	rice	80 pagoda/garce	Ditto.
13. 8. 1750	rice	75 pagoda/garce	Ordered to buy as the famine is approaching.
13. 9. 1750	rice	90 pagoda/garce	Ordered to sell by the higher price.
19. 9. 1750	rice	80 pagoda/garce	Ordered to sell by the reduced price.
29. 9. 1750	rice	51. 23. 23/4485 lb.	To be delivered to the squadron at FSD.
7. 11. 1750	rice	90 pagoda/garce	Ordered to sell at the market.
29. 4. 1751	paddy	44 pagoda/garce or more	Price in January of the year.
2. 7. 1751	rice	80-90 pagoda/garce	Prices bought or sold by the Company.
24. 3. 1753	rice	65 pagoda/garce(=9, 256. 5 lb. / garce)	To be sent to Fort Marlborough.
4. 12. 1753	rice (best)	90 pagoda/garce	Ordered to sell. Good price.
	rice (2nd)	85 pagoda/garce	Ditto.
14. 1. 1754	rice (1st)	85 pagoda/garce	To sell as the price is going down.
	rice (2nd)	80 pagoda/garce	Ditto.
14. 1. 1754	paddy	900 pagoda/24 garce	Taken away by the French from Trivitore etc.
	paddy	38 pagoda/garce	Taken away by the French from Egmore etc.
14. 1. 1754	salt	3 1/2 pagoda/garce	Taken away by the French from Egmore etc.
25. 3. 1754	rice	100 pagoda/garce	Contracted price of Bengal Rice in 1747.
19. 8. 1754	paddy	33 pagoda/garce	Market price.
24. 4. 1755	cotton	40 pagoda/candy	Very high price. Usually 25 pagoda/candy.
16. 7. 1755	rice	2/1 Madras measure/fanam	Price in Devacottah after flood.
22. 6. 1756	paddy	30 pagoda/garce	Rate in the Cowle to Tiruvendipuram renter.
13. 9. 1758	rice (coarse)	167. 4. 40/5 garce	Brought in 1756-57 and sold at publick outcry.
	rice (coarse)	511 pagoda/15 garce	Ditto.
	rice (coarse)	71. 18. 0/1. 405 garce	Ditto.
	rice (coarse)	203. 27. 0/4. 25 garce	Ditto.
	rice	44. 15. 33/garce	Ditto.

日付 (日・月・年)	商品	価格	註
16. 9. 1758	rice	60, 62, 62, 65, 67, 80 pagoda/garce	Sold though there was defficieny of weight.
	paddy	30 pagoda/garce	Ditto.
	red gram	65 pagoda/garce	Ditto.
	black gram	65 pagoda/garce	Ditto.
	green gram	65 pagoda/garce	Ditto.
	brown gram	66 pagoda/garce	Ditto.
	pea	362 rupee/Bengal maund	Ditto.
	doll	2 3/4 rupee/Bengal maund	Ditto.
21. 11. 1758	rice	80 pagoda/garce (=60 bags)	Landed by the Speedwell.
15. 5. 1759	rice	90 pagoda/garce	Contracted price of Bengal rice.
26. 6. 1759	rice	90 pagoda/garce	Received from Bengal

Source : Fort St. George Diary and Consultations, 1730-1760 より作成

(Fort St. George : FSG) の文書である FSG Diary and Consultations の記述中に現れた農産物価格を全て拾い出したものであり，図表 II-20 は，それ以外の資料で，筆者が目にすることのできたチングルプットの農産物価格に関するデータを列記したものである。ここでは，主食であるライス（精米）とパッディ（籾米）の価格を見ておく。それに関する価格のみを年次順に表にしたものが図表 II-21A であり，年次順，月別，価格順にそれぞれグラフにしたものが，図表 II-21B (CD)，図表 II-21C (CD)，図表 II-21D (CD) である。

籾米の価格は，品質あるいは等級によって異なる。たとえば，ナワーブ政府の高官であったイマーム・サーヒブ (Imam Sahib) へのプレゼントのリストによると，上級米 (fine) と粗米 (coarse) という二つの等級の間に，場合によっては 2 倍以上の開きがあった[39]。ただし，上級米は通常は高官へのプレゼントに限られるような性質のものであり，一般に消費されたわけではない。

価格はまた，年によって変動した。おおまかにいって，1730 年から 40 年代には 1 ガース当たりだいたい 30 パゴダ前後であったが，1750 年代には 40 パゴダ強となり，例外的に低い品質のものが売買された事例[40]を除けば，その価格のまま 1750 年代末まで推移する。価格は季節によっても変動しており，図表 II-21C から，収穫期の 1 月から 4 月は比較的価格が低いことが見てとれよう。事例数が少なく，また，さまざまな事情を含む数値であるので結論を出すには程遠いが，18 世紀前半から半ばにかけて 30 パゴダから 40 パゴダへの価格上昇があり，だいたいにおいて，平均価格は 1 ガースにつきパッディで 40 パゴダ（ライスで 80 パゴダ）前後と考えてよいであろう[41]。

図表 II-20　チングルプット地域の農産物価格例

資料	農産物	価格
Letter from the Collector in Zilla Chingleput, 4.7.1805, BOR Proceedings, 4.7.1805, App.1. Prices at which the different principal grains raised in the District of Sattavaid werecommuted in fixing the money rent.	paddy	13.75 marakkal/pagoda
	alloo	17 marakkal/pagoda
	nutcheny	10 marakkal/pagoda
	jonnaloo	10 marakkal/pagoda
	horse gram	12 marakkal/pagoda
	cumbooloo	12 marakkal/pagoda
	menoomooloo	7 marakkal/pagoda
	pasaloo	6 marakkal/pagoda
	gingely oil seed	4 marakkal/pagoda
	samah	1 marakkal/pagoda
	caramony	8 marakkal/pagoda
	cundooloo	8 marakkal/pagoda
Letter from the Collector in Zilla Chingleput, BOR Proceedings, 4.7.1805, app.22. Dowle of the village for Caroongly.	paddy	13 marakkal/pagoda
	paddy	16.5 marakkal/pagoda
	paddy	17 marakkal/pagoda
	cumbooloo	13 marakkal/pagoda
	nutcheny	13 marakkal/pagoda
	pasaloo	8 marakkal/pagoda
	alloo	25 marakkal/pagoda
	tobacco	1/8 marakkal/pagoda
	chillies	1/16 marakkal/pagoda
Dalaymple's Minute, Madras Public Proceedings, 22.7.1776: 339.	paddy	12 marakkal/pagoda
Mr. Greenway's Report to BOR, 29.3.1801, Chingleput District Records, vol.495, para.48. Rate fixed by Place in Fusly 1205.	paddy	17 1/2 marakkal/pagoda
	alloo or ragee	25 1/2 marakkal/pagoda
	natheny	12 1/2 marakkal/pagoda
Public Sundries, vol.17, Proceedings of Grain Committee, 1768-71, No.1, Petition of Nanjungapa Chitty and Oppeyasewamy Veerapa Chitty & ca. Merchants of Ouscotta belonging to Madevarow.	gram	29 seer/rupee
	sugar candy	15 pagoda/13 maund
	cloves	48 pagoda/maund
	mace	1 pagoda/seer
An Account of Goods and their Prime Cost taken at Ramasamudrum by order of Mr. Parkinson from Colar, belonging to Madavarow.	tobacco	1 pagoda/maund
	jagery	44 pagoda/maund
	beetlenut	194 pagoda/maund
	salt	42 pagoda/13.5 maund
Public Sundries, vol.17, Proceedings of Grain Committee, 1768-71, No.2, The Petition of Balajangar Compana Chitty Merchants and Inhabitant of Waulanjaw Nagur near Arcot.	rice	9 seer/rupee
Public Sundries, vol.17, Proceedings of Grain Committee, 1768-71, No.9, An account of Provisions Issued from the Carnatic and arrived in the Army at Trenomally.	rice	17 3/4 seer/rupee
	gram	29 seer/rupee
	paddy	41 seer/rupee
	ghee	2 seer/rupee
	lamp oil	3 seer/rupee
	pepper	1 1/2 maund/rupee
	onions	5 seer/rupee
Public Sundries, vol.17, Proceedings of Grain Committee, 1768-71, No.9, An Account of Rice received in Camp by Colonel Joseph Smith.	rice	35 pagoda/garce
	gram	29 seer/rupee
Public Sundries, vol.17, Proceedings of Grain Committee, 1768-71, No.21.	rice and gram	10 measure/rupee*
	rice and gram	8 measure/rupee*
	rice and gram	15 1/2 measure/rupee**
	rice and gram	15 measure/rupee**

Note：*　軍への支給価格
　　　**　商人への売却価格

図表 II-21 A　年次順パッディ・ライス価格（マドラス：1730-1760）

日付 (日・月・年)		ライス価格	パッディ価格	パッディ価格 (1ガース当たりのパゴダ)	註
28. 2. 1730			25. 22. 40/garce	26	Bought by warehouse keeper.
30. 4. 1730			1509. 35. 12/63 garce 80 marakkal	24	Bought by warehouse keeper.
31. 10. 1730		60 pagoda/garce		30	Bought by warehouse keeper.
19. 1. 1734	fine	3 marakkal/pagoda		67	Present to Imam Sahib.
	coarse	5 marakkal/pagoda		40	Ditto.
18. 11. 1735	fine	4 marakkal/pagoda		50	Present to Imam Sahib.
	coarse	5. 5 marakkal/pagoda		36	Ditto.
6. 1. 1736			15 marakkal/pagoda	27	Very low as the monsoon was very favourable.
22. 3. 1736			22 3/4 pagoda/garce	23	Bought by warehouse keeper.
3. 1. 1737			12 marakkal/pagoda	33	Distributed among the Company's employee.
21. 4. 1737	fine	4. 5 marakkal/pagoda		44	Present to Imam Sahib.
	coarse	8 marakkal/pagoda		25	Ditto.
19. 4. 1739	fine	3 marakkal/pagoda		67	Present to Imam Sahib.
	coarse	8 marakkal/pagoda		25	Ditto.
14. 2. 1740			22 pagoda/garce	22	Bought by warehouse keeper.
26. 1. 1741			26 3/4 pagoda/garce	27	Carried to FSD.
8. 2. 1741			24 1/2 pagoda/garce	25	Market price.
16. 8. 1742	fine	5. 5 pagoda/candy			Present to the Ambassadar from Mecca.
	coarse	4 pagoda/candy			Ditto.
31. 8. 1742		64. 23. 22/garce (=1 3/8 measure/fanam)		32	Bought last month. Distributed among the military men.
1. 3. 1743			fine 36 pagoda/garce	36	Delivered to Nizam.
	coarse	57 pagoda/garce		29	Ditto.
	coarse	6 3/4 marakkal/pagoda		29	Ditto.
	coarse	6 7/8 marakkal/pagoda		28	Ditto.
8. 3. 1744		43. 29. 48/garce		22	Bengal rice sold at outcry as it became unfit for stock.
12. 9. 1744			16 marakkal/pagoda	25	Previous contract price of the Company's washers.
			13-14 marakkal/pagoda	29-31	Market price when the contract of the washers was done.
30. 4. 1745			25 pagoda/garce	25	Computed price of the rent from the Company's villages.
23. 9. 1749		80 pagoda/garce		40	Purchased by this price to keep down the price at Buzar.
2. 10. 1749		80 pagoda/garce		40	Ditto.
4. 4. 1750		50 pagoda/garce		25	Bengal rice ordered to sell at the market.
16. 4. 1750		115 pagoda/garce		58	To be sent to FSD.
		80 pagoda/garce		40	Ditto.
13. 8. 1750		75 pagoda/garce		38	Ordered to buy as the famine was approaching.

第2節　農村ー都市間交易の展開　155

日付 (日・月・年)	ライス価格	パッディ価格	パッディ価格 (1ガース当たりのパゴダ)	註
13. 9. 1750	90 pagoda/garce		45	Ordered to sell at the market by the higher price.
19. 9. 1750	80 pagoda/garce		40	Ordered to sell by the reduced price as Bengal rice came.
29. 9. 1750	(51. 23. 23/4485 lb. = 105 pagoda/garce)		53	To be delivered to the squadron at FSD.
7. 11. 1750	90 pagoda/garce		45	Ordered to sell at the market.
29. 4. 1751		44 pagoda/garce or more	44	Price in January of the year.
2. 7. 1751	80-90 pagoda/garce		40-45	Prices bought or sold by the Company.
24. 3. 1753	65 pagoda/garce (= 9,256.5 lb./garce)		33	To be sent to Fort Marlborough.
4. 12. 1753 best	90 pagoda/garce		45	Ordered to sell. Good price.
2nd.	85 pagoda/garce		43	Ditto.
14. 1. 1754 1st.	85 pagoda/garce		43	To sell as the price was going down.
2nd.	80 pagoda/garce		40	Ditto.
14. 1. 1754		900 pagoda/24 garce	38	Taken away by the French from Trivitore and other villages.
		38 pagoda/garce	38	Taken away by the French from Egmore and other villages.
25. 3. 1754	100 pagoda/garce		(50)	Contracted price of Bengal rice in 1747.
19. 8. 1754		33 pagoda/garce	33	Market price.
16. 7. 1755	1 Madras measure/2 fanam			Price in Devacottah after flood.
22. 6. 1756		30 pagoda/garce	(30)	Rate written in the Cowle to the renter of Tiruvendipuram.
13. 9. 1758 coarse	167. 4. 40/5 garce (1 garce = 400 marakkal)		17	Rice brought in 1756-57 and sold at publick outcry in July.
coarse	511 pagoda/15 garce		17	Ditto.
coarse	71. 18. 0/44072 marakkal (=1.405 garce)		25	Ditto.
coarse	203. 27. 0/4. 25 garce		18	Ditto.
	44. 15. 33/garce		22	Ditto.
16. 9. 1758	60, 62, 62, 65, 67, 80 pagoda/garce		30-40	Grain sold though there was deficiency of weight.
		30 pagoda/garce	30	Ditto.
21. 11. 1758	80 pagoda/garce (=60 Bags)		40	Landed by the Speedwell.
15. 5. 1759	90 pagoda/garce (=56 Bags=112 Bazar maunds)		45	Contracted price of Bengal rice.
26. 6. 1759	90 pagoda/garce (=112 maund=8,736 lb.)		45	Received from Bengal.

Source : Records of Fort St. George (Diary and Consultation Book, 1730-60, Public Department) より作成
Note : 1 garce = 400 marakkal

156　第2章　商業交易活動の展開とミーラース体制の崩壊

図表 II-22　セント・デーヴィッド要塞（Fort St. David）での農産物価格

日付 (日・月・年)	ライス	パッディ	パッディ価格 (1ガース当た りパゴダ)	註
18. 4. 1734	60 pagoda/garce		30	Brought by a vessel.
6. 5. 1734		44 pagoda/garce	44	Credit given for the paddy brought by the Brigantine.
17. 10. 1735		4 1/2 measure/fanam	35*	Sales price by wholesale keeper.
31. 12. 1736		5 1/2 measure/fanam	29*	Lowly fixed price. Marketing price was higher.
	2 3/4 measure/fanam		29*	Ditto.
14. 12. 1738	48 pagoda/garce		24	Brought by a vessel.
6. 4. 1747	80 pagoda/garce		40	Purchased by the Company.
21. 4. 1747		30 pagoda/garce	30	Previous price.
		50 pagoda/garce	50	Very high price at the moment.
2. 5. 1747	80 pagoda/garce		40	Bought from a ship Phaze Salam.
30. 11. 1747	2 measure/fanam (=79 pagoda/garce)		39 1/2	To be sold at the market.
21. 3. 1748		40 pagoda/garce	40	Purchased last year.
16. 4. 1750	115 pagoda/garce		57 1/2	Brought from Fort St. George.
	80 pagoda/garce		40	Ditto.

Source : Fort St. David Consultations より作成
Note : * 1747年11月30日の記録で1ファナム当たり2メジャーは1ガース当たり79パゴダに等しいとあり，この換算率から算出。

　マドラスの南方に位置し，同じくイギリスの植民地都市であったセント・デーヴィッド要塞（Fort St. David : FSD）の記録でも，農産物価格に関するいくつかの記事がある。それを表の形にして示すと，図表 II-22 のとおりである。1730 年代には，だいたいパッディ1ガース当たり 29 から 35 パゴダ，1740 年代には 40 パゴダ前後である。

　2．マドラスの度量衡単位
　マドラスで使われていた重要な度量衡単位は，ガースとマラッカルである。両者とも秤量単位であり，実際の重量がどの程度であったかについては資料により異なる数値が出てくる。
　1750 年9月29日の FSG Diary and Consultations によれば，ライスの価格 51. 23. 23（P. F. C.）で 4,485 ポンドの重量があり，それは1ガース当たり 105 パゴダ相当であると記されている。この換算率でいくと，ライス1ガースは 9,118 ポンドの重量となる。他方，同資料の 1753 年3月24日の記録では，1ガースは 9,256.5 ポンドに等しいと記されている。

ガースとマラッカルとの関係については，同資料の 1758 年 9 月 13 日の記事に，ライス 1 ガースは 400 マラッカルであると記録されている。1776 年 7 月 22 日の Madras Public Proceeding の記事によれば，パッディ価格で 1 パゴダにつき 12 マラッカルという価格は 1 ガースにつき 32 パゴダに等しいとある。その換算率でいくと，パッディ 1 ガースは 384 マラッカル（32×12）に等しくなる。ただし，この数値は別の議題の中で出てきた数値であるので，どの程度正確さを意識して発言されたものかについては若干疑問がある[42]。

FSD Consultations にも，FSG と FSD，およびベンガルでの度量衡の違いに関するいくつかの記事があるのでみてみよう。まず，1747 年 11 月 30 日の記事には，ライスに関して，次のような記述がある。

「契約では，1 袋当たり 2 ベンガル・マーン（Bengal Maund）が入っている 56 袋を受け取ることとなっていた。それは，1 FSD ガース当たり 112 ベンガル・マーン，つまり 8,960 ポンドに相当し，我々［FSG］のガースは 9,704 ポンドなので，［1 ガースを］計量するごとに 744 ポンドつまり 61 3/8 マラッカルの損失となってしまう。」[43]

ここでは，ベンガルからの袋に入っているライスの量がマドラスのそれより少ないので，計量してライスを移し変える度に損失となってしまうという状況が語られているのであるが，この記述から度量衡に関して明らかになった点を列記すると，次ぎのようになる。

1 FSG ガース＝9,704 ポンド
1 FSD ガース＝56 ベンガル・バッグ＝8,960 ポンド（1 バッグ＝160 ポンド）
1 FSD マラッカル＝744 ポンド/61 3/8 マラッカル＝12.12 ポンド

同資料の別の日付（26.6.1759）の記事では，ベンガル・ライス 2,193 袋は 342,068 ポンドであり，ライス 1 ガースは 112 マーンの重さである，そして 1 マーンは 82 ポンド 2 オンスの重量であると記されている。この計算でいくと，次ぎのようになる。

1 ガース＝112 マーン＝112×82 ポンド 2 オンス＝9,212 ポンド
1 バッグ＝342,068 ポンド/2,193 バッグ＝156 ポンド

同じく，同資料の別の日付（15.5.1759）の記事では，ベンガル・ライス 1 ガースは 56 袋即ち 112 マーンであると記されている。上の記述にあるように，1

マーンが 82 ポンド 2 オンスであったとすると，ガースおよび 1 袋当たりの重量は次ぎのようになる。

　　1 ガース＝56 バッグ＝112 マーン＝112×82 ポンド 2 オンス＝9,212 ポンド
　　1 バッグ＝2×82 ポンド 2 オンス＝165 ポンド

　同資料からの最後の記事（21.11.1758）では，ライス 1 ガースはベンガル・ライスを 60 袋含むと記されており，となると，上の数値よりも大きくなる。

　　1 ガース＝60 バッグ

　ここでの記事は，どちらの地域の単位が基準となっているのか記述されておらず，記事によって計算結果にばらつきが出てくるのではっきりしないのであるが，まとめると，1 ガースのライスの重さは 9,200 ポンド前後，それが 400 マラッカル弱に相当し，1 ガース当たりのバッグ数は 56 から 60 の間で，各バッグは 156 から 165 ポンドの重量であったということになる。

3. マドラスの貨幣交換率

　当時の南インドでは，銀貨が圧倒的に流通していたインドの他の地域とは異なり，金貨も重要な通貨として使用されていた。当時の資料で通貨としてしばしばセットになって表記されていたのは，パゴダ（Pagoda），ファナム（Fanam），カーシュ（Cash）の 3 種類であった。これらのうち，前 2 者は金貨であり，カーシュは銅貨である[44]。1740 年と 1758 年の資料では，1 パゴダが 36 ファナムと記録されており[45]，その間に両貨の換算率の変更はなかったようである。ファナムとカーシュの交換比率については，はっきりと明記した資料がないが，後に検討するマドラスのクーリーの賃金に関する資料から算定すると，1 ファナムは 80 カーシュとなる[46]。

　銀貨であるルピーも少なくともマドラスやポンディチェリでは使用されており，資料から見る限り，政治的混乱が深まるにつれて金貨の価値の方が高くなっていく傾向が見られた[47]。マドラスの場合，1730 年代の始めには金銀比価はだいたい 1 パゴダ当たり 3.2 ルピーであったが[48]，1740 年代の後期から 1750 年代末にかけて，1 パゴダ当たり 3.5 ルピー前後で推移する[49]。1758 年の綿布取引では，1 パゴダ当たり 3.68 ルピーにまで上昇している[50]。

4. マドラスの賃金

マドラスでの賃金水準については，FSG Diary and Consultations にいくつかの記事が見られる。図表 II-23 は，1733 年の時点で船乗りに対して支払われた賃金（月給）である。大工が 1 パゴダであり，他はそれ以上となっている。ただし，表には下級船員が見あたらず，一般労働者の賃金は不明である。

同資料の 1741 年の記事には，パライヤ（不可触民）の掃除人の賃金に関する記事がある。それによれば，パライヤの掃除人達が賃上げを要求して仕事を拒否した。彼らは，現在の月 20 ファナムという給与は仕事に比べて少な過ぎ，他のもっと楽な仕事でも月に 30 ファナムは稼げると主張した。そして，彼らの長に対しては 24 ファナム，それ以外の者には月 22 ファナムの賃金を要求し，その要求は会社により認められた[51]。

図表 II-23 船乗りへの月給

職種	パゴダ	ファナム
master	18	6
chief mate	12	
second mate	10	
gunner	7	
syrang	5	
first tindel	4	
second tindel	3	
carpenter	1	
caulker	3	
nockedesal	2	18
helms men	2	18
lascars	2	

Source: Fort St. George Diary and Consultations, 13. 9. 1733.
Note: 1 パゴダ＝36 ファナム

同資料の 1759 年の記事には，クーリーの賃金についての議事が記されている。それによれば，会社は防衛工事のために 2,000 人のクーリーを雇う必要があった。工事局（Board of Works）は，それを「現在クーリー労働者や職人に与えられている法外な賃金を減らす絶好の機会」と捉えた。そして，1750 年以前までの賃金レートである，頑強な男に 1 ファナム，女のクーリーに 4 分の 3 ファナム，子供は男女とも 2 分の 1 ファナムという日給レベルに落すことを考えたとある[52]。この場合に注目しておきたいのは，工事局がクーリーの賃金引き下げを可能と考えた理由として，「労働者の主食（principal subsistence）」であるライスの価格が低くなっているという理由を挙げている点である。これは，都市の住民の主食が米であったことを示唆している。本節で農産物取引を主に米で検討している理由の一つは，こうした事情による。

さて，この工事局の賃金引き下げの考えにしたがい，工事委員会（Committee of Works）が任命され，調査の後に，図表 II-24 に示すように，成人男子クーリーの日給が 1 ファナム 20 カーシュとなるような職種別の賃金率が提案

図表II-24 マドラスの労働者の職種別賃金（日当）

職種	ファナム	カーシュ
established mastrys, carpenter, bricklayers, smiths	3	
occasional mastrys	2	40
bricklayers, carpenters, smiths, having a certificate as able workmen signed by the engineer	2	
bricklayers, carpenters, smiths-ordinary workmen	1	40
bricklayers, carpenters, smiths-working boys	1	20
hammermen	1	20
bellow boys	1	20
stone cutters		40
cooleys (men)	1	20
cooleys (women & lads)		60
cooleys (boys and girls)		40

Source : Fort St. George Diary and Consultations, 5. 9. 1759.
Note : 1. mastry（メイストリ：差配人，親方）
2. 1ファナム=80カーシュ

された。この賃金レートはそのまま認可されることになり，町の住民にこのレートを守ることと，これ以上の賃金を要求するものは厳罰に処するとの布告が出された[53]。

この記事から，少なくとも1750年頃まではクーリーに日給1ファナムが支払われ，それが1750年代に入って1ファナム20カーシュ以上に上昇し，この1759年の工事委員会提案に沿って1ファナム20カーシュに下げ戻されたという事情を知ることができる。平均すれば，1ファナム20カーシュ程度が男子労働者への日給であろうか。なお，女のクーリーには4分の3ファナム，子供は2分の1ファナムにするという考えに基づいた賃金が，ここでは前者が60カーシュ，子供が40カーシュとなっている。先に1ファナム=80カーシュという換算率を導いたのは，この記事を根拠としている[54]。

5. 1人当たり消費量・消費額

上に指摘したように，都市の労働者にとって米が主要な食料であった[55]。したがって1人当たりの消費量・消費額の算定も，米を中心におこなう。

18世紀当時の資料を検討する前に，後の時代に関するいくつかの資料を用い，インド人の消費量がどの程度であったのかを見てみたい。

この問題に関して，かなり早い時期から調査をおこなったのはスレーターで

あり，彼が組織した 1910 年代の村落調査報告には，当時の監獄で重労働に従事する囚人に与えられた食料の詳細が記録されている［Slater 1918: 9 (footnote)］。それは，以下のとおりである。

Ragi（シコクビエ），flour, rice and pulse	708 グラム
Vegetables	170 グラム
Oil	14.2 グラム
Condiments	56.7 グラム

この 708 グラムの穀物というのは，だいたいパッディ 1 マドラス・メジャーを精米した際に得られるライスの量より若干少ない程度の量である[56]。この数値は，しかしながら，同報告にあるいくつかの家計報告にある食料消費のデータとは必ずしも一致しておらず，どの程度の一般性を持つのか明らかではない。

第二の資料は，近年のハリスの調査報告である［Harriss 1982］。それによれば，ハリスが事例調査をおこなった世帯での実際のライスの消費量は，1 消費ユニット（ハリスの定義では「座って仕事をする」成人男子労働者）当たり，300 から 350 グラムを中心として，233 グラムから 560 グラムの間であったという。この場合，毎日摂取されているカロリー量の半分がライスから摂取されている［ibid.: 303-304］。ライスだけでは，その 2 倍の 600 から 700 グラムの間ということになろうか。

第三の資料は，ジュフェルトとリンバーグによる 1960 年代末から 70 年代にかけての調査報告である［Djurfeldt and Lindberg 1975］。それによれば，生存に必要な 2,200 キロカロリーの熱量を摂取するには，600 グラムのライスが必要であるという［ibid.: 89］。

第四の資料は，シヴァートセンによる 1950 年代の村落調査報告である［Sivertsen 1963］。それによれば，成人男子労働者の 1 日のライス消費量は 0.5 マドラス・メジャーであった［ibid.: 92］。グラムに換算すると，750 から 830 グラムとなる[57]。

続いて，18 世紀当時の資料をいくつか見ることにしたい。

FSG Diary and Consultations には，1 人当たりのライス消費量に関する二，三の記述がある。1752 年の記事には，東インド会社が雇っている黒人兵（Coffree）の給食契約に関する記事がある。契約は，1 日に 2 食を用意し，肉また

は魚2分の1ポンドを含み，ライス1メジャーをカレー味にしたものを供給するというものである。ただし，このライス1メジャーの重さについては，当時のメジャーの容量が不明であるので，どの程度の重量であったかはわからない[58]。

　第二の記事は，1759年11月20日のものである。それによれば，この時期，マドラスは深刻な穀物不足に悩まされており，そのため，会社は貧民の救済策として，1人につき1日に2分の1ファナム相当のライスを配給することを決め，12月4日にはこの決定を実行に移している。この時点のライスの価格は，1ガース（9,200ポンド）当たり90パゴダであるので，1パゴダ＝36ファナムとすると，2分の1ファナム相当のライスの重さは644グラム程度となる[59]。

　以上のように，1日当たりの消費量は資料によって数値が異なり，はっきりとしたことはわからない。ここでは，だいたい700グラム程度と見積もっておこう。

6. マドラスの人口

　マドラスの人口に関しては，先に検討したとおり，いくつかの数値がある。18世紀半ばの数値としてチチェロフが挙げている数値をとるとすれば，インド人居住区のブラック・タウンが15万人ということになり，これにヨーロッパ人が加わることになるので，15万という数値が最低で，現実にはずっと多かったはずである。

マドラスでの農産物取引の試算結果

　以上，マドラスに関するいくつかの基本的な数値を，極めて不十分な形であるがいくつかの資料を元にして検討してきた。仮に，男子1人当たりのライスの消費量が700グラム，1ガースのライスの重さが9,200ポンド，1ガースのライスの平均価格が80パゴダであったとし，人口が15万人でその全てが成人男子であったとすると，次ぎの計算式から，消費量は9,176ガース（1日当たり25ガース）[60]，消費額は257万ルピーという数値となる。

　（消費量　×　日数　×　人口　／　ガースの重量）　×　価格
　（700グラム×365日×150,000人／(9,200ポンド×454グラム)）×80パゴダ

＝734,000パゴダ＝2,570,000ルピー（1パゴダ＝3.5ルピー）

また，同じく人口が15万人で全て成人男子から成り，成人男子労働者の日給が1 1/4ファナムであり，1パゴダが36ファナム，そして休まず労働したと仮定すると，彼らの総収入は，次ぎの計算式から665万ルピーとなる。仮にその半分が農産物の購入に回されたとすると，約330万ルピーとなる。

（日給 × 労働日 / パゴダ換算） × 人口
（1 1/4ファナム×365日/36ファナム）×150,000人
　　＝1,901,000パゴダ＝6,650,000ルピー

これらの数値は，都市人口や労働人口を全て成人男子と仮定していることに始まり，その他多くの仮定を組み込んだ算式であり，あくまで一つの目安に過ぎない。農産物取引額が極めて大きな金額であったであろうことを確認することが試算の主眼であることを再度断っておく。

ポンディチェリにおける農産物取引の試算

ポンディチェリの農産物取引に関する資料は，現在のところアーナンダ・ランガ・ピッライの『日記』のみであり，以下に用いる情報ももっぱらこの日記からのものである。しかし，『日記』は植民地の公的な資料にはない情報を含んでいる場合もあり，マドラスに関してはおこないえなかった別の方式での算定も可能である。順に基礎的数値を確定し，試算したい。

1．ポンディチェリの人口

ポンディチェリの人口について，ポンディチェリの歴史について書いたマレソンは，1706年の数値として，町には4万人の住民がいたと推定している［Malleson 1909: 35］[61]。ただし，出典は明記されていない。18世紀半ばにはポンディチェリの町はより多くの人々を集めていたので，18世紀半ばの数値はこの4万という数値より大きいであろう。リチャードは，1706年の人口として6万人という数値を挙げている［Richards 1975: 512］。マニングは，ミッショナリーの書簡を資料として，1703年の数値として3万人，1753年の数値として10万2,000人という数値をそれぞれ挙げている[62]。

他方，『日記』にも，ポンディチェリの人口についてのいくつかの記述があ

164　第 2 章　商業交易活動の展開とミーラース体制の崩壊

る。第一の記事は，ポンディチェリがイギリス軍によって長期にわたり包囲攻撃されている 1760 年 8 月のものである。

> 「私 [アーナンダ・ランガ・ピッライ] は要塞に行き……，ライリ（Leyrit）に私が用意した [家の] リストを手渡し……次のように答えた。『町はからっぽだ。以前は 1000 ものバザールがあったのに，今は……10 か 15 しかない。ルノアー（Lenoir）の時代 [在位期間：1721-23，1726-35] には，住民のリストの数は 5 万人に上り，デュプレクスの時代には [減って] 2 万 2,000 人となった。しかし，2 ヶ月前に人口調査をおこなったときには 3,000 人余りに過ぎなくなっていた。このように，多くの者が町を去ってしまった。』」[63]

この引用では，1720～30 年代のルノアー総督の時代に町の人口は 5 万を数えたが，デュプレクスの時代には 2 万 2,000 人に減ったと述べられている。ここでのデュプレクスの時代というのは，前後関係からして，デュプレクス総督時代の末期の最も混乱した時期のことを含意している。デュプレクスが南インド全体の覇権を握ろうとしていた最盛期には，ルノアー総督時代の人口を超えていたはずである。また，この『日記』が書かれた時点の 3,000 という数字は，この町が長期にわたってイギリス軍の包囲攻撃に曝されていた時期の数値で，いかに町が疲弊しているかを強調する目的でなされているものである[64]。ここでは，5 万人という数値をとることとする[65]。

2.　ポンディチェリの農産物価格

ポンディチェリでは，農産物価格は，通常 1 ファナム当たり何メジャーかという形で表現された。図表 II-25 は，『日記』に記されている全ての農産物価格に関する記事を拾い出したものである。その内のパッディとライスに関する価格のみを年次順に表にしたものが図表 II-26A であり，年次順，月別，価格順にそれぞれグラフにしたものが，図表 II-26B（CD），図表 II-26C（CD），図表 II-26D（CD）である。まず年別の変動から見ていくと，パッディ価格は 1740 年代には 1 ファナムにつき 5 から 7 メジャー（1 ガース当たり 36 から 50 パゴダ）であり，それが 1750 年代以降は 1 ファナムにつき 5 メジャー以下（1 ガース当たり 50 パゴダ以上）に価格が上がったことが読み取れる。月別に見た場

第2節　農村−都市間交易の展開　165

図表II-25　ポンディチェリの農産物価格一覧

日付 (日・月・年)	農産物	品種	価格	註
5. 5.1746	arecanut		400/ pagoda	
25.12.1746	paddy		3 1/2 measure/fanam	Ordered to be sold irrespective of any loss.
30. 1.1746	betel		9 leaves/cash	Previous price.
	betel		5 leaves/cash	New price.
	tobacco		12 pollams/fanam	Previous price.
	tobacco		10 pollams/fanam	New price.
16. 7.1747	paddy & c.		45 3/4 pagoda/garce	Compensation to the villagers for their damage.
20. 9.1747	rice		1/2 measure/fanam	Price at famine.
2.12.1747	paddy	(manakattai)	6 measure/fanam	Higher than the market rate.
		(kar)	5 measure/fanam	Ditto.
		(samba)	4 1/2 measure/fanam	Ditto.
1. 1.1748	raw rice	(samba)	85 3/4 - 91 pagoda/garce	
	boiled rice	(samba)	83 1/8 pagoda/garce	
	boiled rice	(kar)	71 1/2 pagoda/garce	
	paddy	(samba)	41 pagoda 16 fanam	
	maize		41 2/3 pagoda/garce	
	ragi		45 11/24 pagoda/garce	
	millet		26 3/8 pagoda/garce	
27. 1.1748	wheat		4 3/8 pagoda/palla.	
	paddy		3 1/2 great measure(=7 small measure)/fanam	Price till today.
28. 1.1748	paddy		4 great measure(=8 small measure)/fanam	Price from tomorrow.
29. 1.1748	paddy	(kar)	4 great measure/fanam	
	paddy	(samba)	3 1/2 great measure/fanam	
	paddy		5 great measure	Expected price of this year.
13. 8.1748	paddy		4 1/2 kalam /pagoda	
16. 8.1748	paddy		6 measure/fanam	Sold at Valudavur.
	paddy		3 small measure/fanam	Government price at Pondichery.
22. 8.1748	cotton			
30. 9.1748	paddy		3 measure/fanam	Under besiegement. Sold to the Sepoys' women and to the poor.
2.10.1748	paddy		1 1/2 great measure/fanam	Under besiegement. Sold to the Sepoys' women and to the poor.
4.10.1748	paddy		3 small measure/fanam	
2.11.1748	paddy		5 small measure/fanam	Proposed price of the seller.
	paddy		3 great measure/fanam	Expected price of the buyer.
5.11.1748	paddy		4 1/2 small measure/fanam	
18.11.1748	paddy		5 measure/fanam	
19.11.1748	paddy	(samba)	4 3/4 measure/fanam	
	paddy	(kar)	5 measure/fanam	
24.11.1748	paddy	(manakattai)	6 measure/fanam	
	paddy	(annamuli)	6 measure/fanam	
25.11.1748	paddy	(manakattai)	6 1/2-3/4 measure/fanam	
24. 3.1750	rice		12 seer/rupee	Price in the camp of Nasir Jang.
	black gram		18 seer/rupee	Ditto.
	ghee		1 3/4 seer/rupee	Ditto.
	wheat		10 seer/rupee	Ditto.
	kadalai	(groundnut)	10 seer/rupee	Ditto.
17. 4.1750	paddy		4 3/4 measure/fanam	Sale price by A. R. Pillai.
	paddy		5 measure/fanam	Sale price by Dupleix.
25. 7.1750	rice		1 1/2-3/4 measure/fanam	Price in the market.
	paddy		5 measure/fanam	Price in the market.

日付 (日・月・年)	農産物	品種	価格	註
	rice		2 measure/fanam	Dupleix.
	batavia sugar		59 rupee/candy	
8. 10. 1750	paddy		8 vallum/pagoda (=50 pagoda/garce)	Price at Fort St. David ordered to sell by this rate.
10. 10. 1750	rice		5 seer/rupee	Price at Arcot.
12. 10. 1750	rice		4 seer/rupee	Ditto.
	horse gram		5 seer/rupee	Ditto.
	ragi		5 seer/rupee	Ditto.
30. 9. 1759	rice		1 1/2 measure/fanam	
8. 7. 1760	rice		1 1/4-3/8 measure/fanam	Under besiegement. Very high price.
	dholl		1 1/8 measure/fanam	Ditto.
	pulse		1 3/4 measure/fanam	Ditto.
	green gram		1 1/8 measure/fanam	Ditto.
	ragi		1 3/4 measure/fanam	Ditto.
	black gram		1 1/4 measure/fanam	Ditto.
	gingelly oil		3 fanam/seer	Ditto.
	castor oil		2 3/4 fanam/seer	Ditto.
	ghi		2 rupee 5 fanam/tukku	Ditto.
	tamarind		2 fanam/tukku	Ditto.
	pepper		1 rupee 2 1/2 fanam/tukku	Ditto.
	turmeric		1 1/4 fanam/tukku	Ditto.
	mustard		2 1/2 fanam/tukku	Ditto.
	cumin		1 rupee 6 fanam/tukku	Ditto.
	fenugreek		2 1/2 fanam/tukku	Ditto.
15. 7. 1760	rice		1 1/8 measure/fanam	Ordered to sell by this price.
23. 7. 1760	rice		8 small measure/rupee	Unable to get even by this price.
1. 8. 1760	rice		1/8 marakkal/fanam	
5. 8. 1760	rice		3/4 measure/fanam	
6. 9. 1760	ghee		1/5 seer/fanam	
	arecanut		8-10 /fanam	
	dyed nut		1 palam/fanam	
	green gram		3/4 small measure/fanam	
	black gram		3/4 small measure/fanam	
	dholl		3/4 small measure/fanam	
	red chillie		3 Palam/fanam	
	paddy		2 1/2-3 measure/fanam	
	paddy		2 small measure/fanam	Today's market price.
8. 9. 1760	paddy		2 3/4-3 small measure/fanam	Former price.
	paddy		2 measure/fanam	Today's price.

Source : *Diary of A.R.Pillai* より作成

合には，収穫期の始まる前の7月から10月までに価格が上がり，それ以降は低下していくという傾向が見られる。2月の数値がないので何とも言えないが，4月の価格水準から見て，2〜3月は収穫期であることから，低い価格水準であったと推定される。全期間を通じての価格については，平均して1ガース当たり50パゴダ（ライスにして100パゴダ）前後ではなかったかと思われる。マドラスと比較して，パッディで1ガース当たり10パゴダ，ライスで同20パゴダ高いが，これは価格に関する記事があった年代が若干ずれることと，価格が記

第2節 農村―都市間交易の展開　167

図表 II-26A　年次順のパッディ・ライス価格 (ポンディチェリ：1746〜1760)

日付 (日・月・年)	米の種類	品種	価格	パッディ価格 (1ファナム当たりのメジャー数)	パッディ価格 (1ガース当たりのパゴダ)	註
25.12.1746	paddy		3 1/2 measure/fanam	3.5	71	Ordered to sell by the rate regardless of loss.
16. 7.1747	paddy&c.		45 3/4 pagoda/garce	(4.5)	56	Compensation to the villagers for their damage.
20. 9.1747	rice		1/2 measure/fanam	(1)	250	Price at the time of famine.
2.12.1747	paddy	(manakattai)	6 measure/fanam	6	42	Higher than the market rate.
	paddy	(kar)	5 measure/fanam	5	50	Ditto.
	paddy	(samba)	4 1/2 measure/fanam	4.5	56	Ditto.
1. 1.1748	raw rice	(samba)	85 3/4 – 91 pagoda/garce	5.5-5.8*	43-45	
	boiled rice	(samba)	83 1/8 pagoda/garce	6*	42	
	boiled rice	(kar)	71 1/2 pagoda/garce	7*	36	
	paddy	(samba)	41 2/3 pagoda/garce	6*	42	
27. 1.1748	paddy		3 1/2 great measure (=7 small measure)/fanam	7	36	Price till today.
28. 1.1748	paddy		4 great measure (=8 small measure)/fanam	8	31	Price from tomorrow.
	paddy	(samba)	3 1/2 great measure/fanam	7	36	
	paddy		5 great measure	10	25	Expected price of this year.
29. 1.1748	paddy	(kar)	4 great measure/fanam	8	31	
13. 8.1748	paddy		4 1/2 kalam/pagoda			
16. 8.1748	paddy		3 small measure/fanam	3**	83	Government price at Pondicherry.
	paddy		6 measure/fanam	(6)	42	Sold at Valudavur.
30. 9.1748	paddy		3 measure/fanam	3**	83	Sold to the Sepoys' women and to the poor people.
2.10.1748	paddy		1 1/2 great measure/fanam	3**	83	Sold to the Sepoys' women and to the poor people.
4.10.1748	paddy		3 small measure/fanam	3**	83	
2.11.1748	paddy		3 great measure/fanam	6	42	Expected price of the buyer.
	paddy		5 small measure/fanam	5	50	Proposed price of the seller.
5.11.1748	paddy		4 1/2 small measure/fanam	4.5	56	
18.11.1748	paddy		5 measure/fanam	5	50	
19.11.1748	paddy	(samba)	4 3/4 measure/fanam	4.75	53	
	paddy	(kar)	5 measure/fanam	5	50	
24.11.1748	paddy	(annamuli)	6 measure/fanam	6	42	
	paddy	(manakattai)	6 measure/fanam	6	42	
25.11.1748	paddy	(manakattai)	6 1/2-3/4 measure/fanam	6.5-6.75	37-38	
24. 3.1750	rice		2 seer/rupee			Price in the camp of Nasir Jang.
17. 4.1750	paddy		5 measure/fanam (=50 pagoda/garce)	5	50	Ordered to sell by this rate by Dupleix.
	paddy		4 3/4 measure/fanam	4.75	53	Sale price by A. R. Pillai.
25. 7.1750	rice		2 measure/fanam	4	63	Dupleix ordered to sell by this rate.
	paddy		5 measure/fanam	5	50	Price in the market.
	rice		1 1/2-3/4 measure/fanam	3-3.5	71-83	Price in the market.
8.10.1750	paddy		8 vallams/pagoda (=50 pagoda/garce)		50	Price at Fort St. David.
10.10.1750	rice		5 seer/rupee			Price at Arcot.
12.10.1750	rice		4 seer/rupee			Ditto.
30. 9.1759	rice		1 1/2 measure/fanam	3	83	

168　第2章　商業交易活動の展開とミーラース体制の崩壊

日付 (日・月・年)	米の種類	品種	価格	パッディ価格 (1ファナム当た りのメジャー数)	パッディ価格 (1ガース当た りのパゴダ)	註
8. 7. 1760	rice		1 1/4-3/8 measure/fanam	2.5-2.75	91-100	High price because of besiege.
15. 7. 1760	rice		1 1/8 measure/fanam	2.25	111	Ordered to sell by this price.
23. 7. 1760	rice		8 small measure/rupee			Unable to get even by this price.
1. 8. 1760	rice		1/8 marakkal/fanam			
5. 8. 1760	rice		3/4 measure/fanam	1.5	167	
6. 9. 1760	paddy		2 1/2-3 measure/fanam	2.5-3	83-100	
	paddy		2 small measure/fanam	2	125	Today's market price.
8. 9. 1760	paddy		2 3/4-3 measure/fanam	2.75-3	83-91	Former price.
	paddy		2 measure/fanam	2	125	Today's price.

Source : *Diary of A.R.Pillai* より作成
Notes :
1. ＊ 1ファナム当たり5メジャーは1ガース当たり50パゴダに等しいという記述 (17. 4. 1750) から換算。
　＊＊ポンディチェリが包囲攻撃を受けていた期間 (19. 8. 1748-17. 10. 1748) の価格であるため, 異常に高い。
　( )ポンディチェリの町の外での価格。
2. 通常, パッディ価格はライス価格の2倍。
3. "measure"と"small measure"は同じ意味と考えてよい (*Diary of A.R.Pillai*, 30. 9. 1748, 2. 10. 1748, 4. 10. 1748, 5. 11. 1748, 18. 11. 1748)。
4. 1 great measure=2 small measures (*Diary of A.R.Pillai*, 27. 1. 1748)。

録されたのが, だいたいにおいて食料の備蓄が必要な緊急時であったためと思われる。仮に, 共通する時期の平均価格を算出すると, マドラスとほぼ同水準のパッディ1ガース当たり40パゴダ, ライスで80パゴダとなる。

3. ポンディチェリの度量衡

1750年4月17日の『日記』には, パッディ1ファナム当たり5メジャーという価格は, 1ガース当たり50パゴダと同じであるという記事がある。この時期のファナムとパゴダとの交換率は, 次に見るように1パゴダ当たり24ファナムであることから, パッディ1ガースは6,000メジャーに等しくなる。

4. ポンディチェリの貨幣交換率

ポンディチェリの公定の金銀比価は, 1パゴダ当たり3.2ルピーであったが, 実際の市場取引では3.45から3.6ルピーの間であった[66]。他方, パゴダ, ファナム, カーシュの間の交換比率は, 1パゴダが24ファナム, 1ファナムが60カーシュに固定されていた。

5. ポンディチェリへの荷牛入荷数

農産物の安定した入荷は, 植民地当局者にとって二つの意味で重要であった。

第一には，綿布生産や商取引に従事する町の労働者の賃金を安定させるためである。それによって商取引の安定が図れると共に，より多くの人々を町に招き入れることが期待できたからである。第二は，当時しばしば発生した長期の包囲攻撃に耐えるために，食料を備蓄する必要があったからである。そのため，当局は戦局が緊張してくるとインド各地から穀物を輸入する処置をとり，また町へ入ってくる穀物量に対しても関心を払った。

町への入荷量を当時の植民地当局が知ることは，さして困難なことではなかったようである。なぜなら，マドラスやポンディチェリのような都市は，周囲を高い壁で囲み，その数ヶ所に税関を設けて関税を課していたからである[67]（図表II-27（CD）参照）[68]。税関には書記が配置され，記録がつけられていた[69]。この関税記録が今日まで残されていたならば，この時期の農村と都市との間の農産物取引の実態を解明することが期待できる。しかし，残念ながら，現在までそのような記録は見つかっていない。

アーナンダ・ランガ・ピッライの『日記』には，しかし，幸運にも，ポンディチェリに穀物を運び込んだ荷牛の数が，わずかの日数ではあるが記録されている[70]。というのは，1747年11月から翌年の11月にかけて，デュプレクスがしばしばアーナンダ・ランガ・ピッライに対して，町に入ってきた農産物の量を報告するように命じたからである。かなり断片的ではあるが，ポンディチェリに入ってきた荷牛の量については，ある程度の推定が可能である。図表II-28は，『日記』中のあらゆる農産物取引の記録を表の形にまとめたものであり，図表II-29は，ポンディチェリの市場へ実際に入荷した商品について示している。ここでは，やはり主食である米についてその入荷量をみてみたい。

図表II-30（CD）は，パッディあるいはライスを積んでポンディチェリのマーケットに入ってきた荷牛の数を示している。その数は，1747年の11月の段階では，日に300から400頭である。翌1748年の2月半ばには300頭であったが，その後500頭からさらに850頭へと増加する。2月の最終週には550から610頭に落ちるが，3月に入ると再び785頭へ増加する。3月10日の『日記』には，連日700から900頭のパッディの入荷があると記されている。そして，3月23日には，最高の1,257頭の入荷となる。次ぎに入荷に関する記事が現れるのは4月13日であるが，それによれば，全く穀物の入荷がないとある。

170　第2章　商業交易活動の展開とミーラース体制の崩壊

図表 II-28　ポンディチェリでの農産物取引一覧

日付	農産物	漁・価格	産地・出荷地	入荷先・入荷者	買い手	註
10. 11. 1747	grain	500-600 bullock-load	South of Ariyankuppam			Waiting over the river.
10. 11. 1747	paddy	400 garce	Gingee & Valudavur forts		Company	Going to buy if the price comes down.
28. 11. 1747	paddy	300-400 bullock-load		market		Daily brought to the market.
2. 12. 1747	paddy	400 garce		market	Company	Ordered to buy.
27. 1. 1748	wheat	50-60 palla	Arcot and Lalapettai	A. Ayyan	Company	Ordered to buy.
2. 2. 1748	maize			market		
14. 2. 1748	wheat	2000 bags	Merchant of Madras		Company	
14. 2. 1748	wheat	2857 Rupees	Cuddapah	M. Lucas	Company	Written not to buy any more.
16. 2. 1748	paddy	40 bullock-load			Priest	The buyer paid no dues.
16. 2. 1748	paddy	300 bullock-load		market		
16. 2. 1748	paddy	40-50 garce	out-villages		Company	Brought to the Company till today.
20. 2. 1748	paddy	500 bullock-load		market		
21. 2. 1748	paddy	725 bullock-load		market		
21. 2. 1748	rice	57 bullock-load		market		
23. 2. 1748	paddy	454 bullock-load		market		
23. 2. 1748	rice	53 bullock-load		market		
23. 2. 1748	cumbu	73 bullock-load		market		
24. 2. 1748	paddy	610 bullock-load		market		
26. 2. 1748	paddy	36 garce	out-villages		Company	Brought to the Company till today.
5. 3. 1748	paddy	785 bullock-load		market		
5. 3. 1748	sugar	12 bullock-load		market		
5. 3. 1748	sugar	12 packages		market		
6. 3. 1748	paddy	6-7 garce		market		Sold yesterday and today.
6. 3. 1748	paddy	100 garce	out-villages			Stocked by the Company till today.
		20-25 garce	Alisapakkam	Ditto.		
		30-34 garce	northward	Ditto.		
		27-30 garce				Already stocked by the Company.
		190-200 garce				
10. 3. 1748	paddy	700-900 bullock-load		market		
16. 3. 1748	paddy	940 bullock-load		market		
22. 3. 1748	paddy			M. Mudali	Company	To be given to the Company as pledge.
22. 3. 1748	paddy	100 garce	out-villages (?)		Company	Brought to the Company till today.
22. 3. 1748	paddy	500-600 garce	Utramallur, Salavakkam			Ordered to buy for the Company.
23. 3. 1748	paddy	1257 bullock-load		market		
13. 8. 1748	paddy	0				No arrival.
16. 8. 1748	paddy	20 bullock-load		market		New arrival.
18. 8. 1748	paddy	10 bullock-load		market		
18. 8. 1748	rice	11 bullock-load		market		
18. 8. 1748	rice	4 bullock-load	Arcot	Coja Sultan		Permissions sought to being in rice.
7. 9. 1748	raddy	6 garce	country	A. R. Pillai	Company	
6. 10. 1748	raddy	8 garce 415 vallam	out-villages		Company	
22. 10. 1748	paddy		Villupuram			Ordered to buy as there was no stock.
22. 10. 1748	paddy	300-400 garce				Ordered to procure from somewhere.
18. 11. 1748	paddy	400 bullock-load		market		Brought in till noon.
19. 11. 1748	paddy	468 bullock-load		market		Brought in yesterday.
19. 11. 1748	rice	24 bullock-load		market		Ditto.
19. 11. 1748	horse-gram	23 bullock-load		market		Ditto.
19. 11. 1748	cumbu	8 bullock-load		market		Ditto.
19. 11. 1748	castor	17 bullock-load		market		Ditto.
19. 11. 1748	ragi	5 bullock-load		market		Ditto.
19. 11. 1748	ghee	23 duppers		market		Ditto.
19. 11. 1748	nut	2 bales		market		Ditto.
19. 11. 1748	paddy	200 bullock-load		market		Brought in from dawn to 11 a.m.

第2節　農村－都市間交易の展開　171

図表II-29　ポンディチェリへの農産物入荷

日付	農産物	量・価格	入荷先	註
28. 11. 1747	paddy	300-400 bullock-load	market	Daily brought to the market.
2. 2. 1748	maize	large amount	market	
16. 2. 1748	paddy	300 bullock-load	market	
20. 2. 1748	paddy	500 bullock-load	market	
21. 2. 1748	paddy	725 bullock-load	market	
21. 2. 1748	rice	57 bullock-load	market	
23. 2. 1748	paddy	454 bullock-load	market	
23. 2. 1748	rice	53 bullock-load	market	
23. 2. 1748	cumbu	73 bullock-load	market	
24. 2. 1748	paddy	610 bullock-load	market	
5. 3. 1748	paddy	785 bullock-load	market	
5. 3. 1748	sugar	12 bullock-load	market	
5. 3. 1748	sugar	12 packages	market	
6. 3. 1748	paddy	6-7 garces	market	Sold yesterday and today.
10. 3. 1748	paddy	700-900 bullock-load	market	
16. 3. 1748	paddy	940 bullock-load	market	
23. 3. 1748	paddy	1257 bullock-load	market	
13. 8. 1748	paddy	0		No arrival.
16. 8. 1748	paddy	20 bullock-load	market	New arrival.
18. 8. 1748	paddy	10 bullock-load	market	
18. 8. 1748	rice	11 bullock-load	market	
18. 11. 1748	paddy	400 bullock-load	market	Brought in till noon.
19. 11. 1748	paddy	468 bullock-load	market	Brought in yesterday.
19. 11. 1748	rice	24 bullock-load	market	Ditto.
19. 11. 1748	horse-gram	23 bullock-load	market	Ditto.
19. 11. 1748	cumbu	8 bullock-load	market	Ditto.
19. 11. 1748	castor	17 bullock-load	market	Ditto.
19. 11. 1748	ragi	5 bullock-load	market	Ditto.
19. 11. 1748	ghee	23 duppers	market	Ditto.
19. 11. 1748	nut	2 bales	market	Ditto.
19. 11. 1748	paddy	200 bullock-load	market	Brought in from dawn to 11 a. m.

Source : *Diary of A.R.Pillai* より作成
Note : market - market in Pondichery

　これは，ボスカウェン（Boscawen）が率いるイギリス艦隊がFSDに到着し，ポンディチェリへ圧力を加えて穀物輸送をストップさせたためである。同月の16日と18日の『日記』でも，その入荷数は，それぞれ20頭と21頭に留まっている。その後，10月まで入荷数についての記事は現れない。ポンディチェリは，同8月21日から10月13日までイギリス軍により包囲攻撃されるために，その間については入荷がなかったと考えてよい[71]。11月になって，ようやく入荷数の記事が現れはじめ，前年と同水準の400頭前後の入荷が始まる。入荷数に関する最後の記事は11月19日のものであり，それによれば，パッディが468頭，ライスが24頭入ってきている[72]。

　1747年から1748年にかけての作柄であるが，1747年については記述がなく，1748年については，充分な降雨があったために作柄は良好であったと記され

ている[73]。この地域では，カール作（Kar：9月から10月）とピシャナム作（Pishanam：1月から3月）の二つの収穫期がある。『日記』中の記述によれば，アディ月（Adi：7月半ばから8月半ば）には通常農産物入荷は減少するとあり[74]，それがその後徐々に増加して2月から3月のピークシーズンを迎え，4月以降は再び減少に転ずると考えてよいだろう。したがって，先の月別入荷数で整理すると，11月の300から400頭前後の数値が，2月以降は500から850頭前後へと増加し，ピーク時の3月には700から900頭，さらには1200頭を超えるレベルに向かったことになる。1年を平均すると，ポンディチェリへの入荷頭数は，だいたい400から500頭前後となる[75]。

6. 荷牛の運搬量

荷牛について次ぎに検討しなければならないのは，それがどの程度の重量を運搬することができたのかという問題である[76]。荷牛の形質や輸送物資，輸送距離によって運搬量が異なることを前提として南インドの荷牛に関わる数値情報のあるいくつかの資料を見てみたい。第一の資料は，1768年から1771年のFSGの穀物委員会（Grain Committee）の議事録である[77]。そこには，ワラジャナガル（Waulajaw Nagur）というアルコットに近い町の商人からの陳情書が収められており，それによれば，荷牛1頭のライスは100セールのライスに等しいと記録されている。同じく，同議事録には，3,149頭のライスと150頭のグラム（豆）の計3,299頭には，42ガース7,128カッラムが含まれ，その価格は1ガース当たり35パゴダであるので，計1,496.40.60（P.F.C）になるという記述がある。この中で，7,128カッラムとあるのはおそらく間違いであり，正しくは71カッラム28マラッカルと思われる。したがって，次ぎの計算式から，荷牛1頭のライスの重量は120ポンド（55キログラム）前後となる。

 3,299 荷牛＝42 ガース 71.28 カッラム（rice & gram）
  ＝1496.40.60 P.F.C.（35 パゴダ／ガース）
 77 1/4 荷牛＝1 ガース
  1 荷牛＝4/309 ガース
  1 荷牛＝120 ポンド（1 ガース＝9,200 ポンド）

同議事録の第三の記事では，荷牛1頭は，米と豆60メジャーであるとの記

第2節 農村－都市間交易の展開 173

述がある。それがどの程度の重さであるかは不明である。仮にライス1メジャーの重さが1,500グラム前後とすると[78]，約90キログラム（200ポンド）程度となる。

同議事録からの最後の記事は，ビーテルナッツ150マーン（maund）が18頭の荷牛となるという記述である。このマーンは24ポンドに相当するから，1荷牛の重量は200ポンド（90キログラム）に相当することになる[79]。

次ぎの資料は，19世紀初頭のブキャナンの旅行記［Buchanan 1807］である。バンガロールでの輸送についての記事によれば，1頭の荷牛は8マーン，すなわち206ポンドであると記されている［ibid., vol. I: 194］。同報告の別の箇所では，より詳しい記述がある。それによれば，バンガロールで輸送に使われている役牛には4つのタイプがあり，最上の役牛は綿花輸送に使われた。輸送量は，綿花の場合12から15マーン，すなわち327 1/2から409 3/4ポンドであったという。また，同じく最上の部類に属する北インド系の役牛が，綿布商人によって使われており，その役牛の大きさは非常に大きいもので，綿布のような嵩張る商品の輸送には最適であったという。その運搬重量は，15マーンすなわち410ポンド程度であった。第三は，ビーテルナッツや胡椒その他多くの商品の輸送に用いられる荷牛であり，その輸送重量は8マーンすなわち206 1/4ポンドであると記されている。最後のタイプは，ブキャナンによれば，極めて貧弱なタイプの荷牛であり，塩や穀物の輸送に使われるものである。輸送量は，穀物は60から80セール（seer），すなわち2.80ブッシェル（bushel）から2.874ブッシェルであった［ibid.: 205-206］。残念ながら，このセール，ブッシェルの重量が明らかでないために，輸送重量は不明である。

インド全域に関する従来の研究で，荷牛の運搬量に関して記録しているものがいくつかある。モアランドは，荷牛1頭の輸送量は220ポンドであると記しているが，この数値は，タヴェルニエの旅行記からのものである［Moreland 1920 (1974): 243; Tavernier 1676 (1977): 32］。ハビーブは，綿布1荷牛（ox-load）は長尺布（long-cloth）の場合20反に相当し，その長尺布の重量は1反当たり10から14ポンドであるとしているので［Habib 1963: 62］，それから計算すると，200から280ポンドの範囲となる。17世紀末のオランダ語資料に依拠して，ブレニグは，デカン地域で綿花輸送に用いられていた荷牛1頭の輸送

量は 240 から 260 ポンドの間であったと記している [Brennig 1986: 337][80]。

このように，荷牛の重量については 120 から 410 ポンドまでの数値があり，また不確定の部分もあるが，だいたいにおいて 200 ポンド前後を運んだと考えてよさそうである。

7. ポンディチェリの賃金

『日記』には，当時の賃金についての記事が 30 余り見出される。それを表の形で示すと，図表 II-31 のようになる。職種により，あるいは職種のランクによりかなりの格差があるが，単純労働者にしぼって表を検討すると，1 日に 1 ファナム，月に 4 ルピーという数字が浮かび上がる。ちなみに，この時期には 1 パゴダが 24 ファナム，1 パゴダは 3.5 ルピーに固定されていたから，単純に計算すれば，月に約 27.5 日間働いた計算になる。

8. 1 人当たり消費量

アーナンダ・ランガ・ピッライの『日記』には，米の消費量についてのいくつかの記事が現れる。1750 年 5 月 14 日の『日記』には，マヘ出身のセポイ[81]のヴァキール（Vakil：マネージャー）が，騎兵 1 人につき現金 3 ファナムとライス 1 メジャーを，歩兵 1 人につき現金 1 ファナムとライス 1 メジャーを，それぞれセポイの通常のバッタ（batta：行軍手当）として要求しているという記述がある。これが行軍中の手当であったとしたならば，1 日当たりの消費量は，ライス 1 メジャーということになる。これと同じ数値を示す記事は，ポンディチェリがイギリスにより包囲攻撃され，食料が枯渇していた 1760 年 8 月 23 日の『日記』に見られる。そこには，「私の家には 20 人の人間がおり，毎日 20 メジャーのライスが必要である」と記されている。

これらの二つの記事では，1 日にライス 1 メジャーの消費が普通であったように判断できる。後者の記事が書かれた翌日の 8 月 24 日には，しかし次ぎのような記述が現れる。

「少佐が……私［アーナンダ・ランガ・ピッライ］の家には 100 人の人間がいて，日に 200 メジャー，月に 6,000 メジャーのライスを消費している。この 6,000 メジャーのライスがあれば 6,000 人の兵隊には充分だと［誹謗し

第2節　農村－都市間交易の展開　175

図表II-31　ポンディチェリでの賃金

日付	記述内容	月給(ルピー換算)	註
2.12.1743	2 1/2 pagoda/month	8	Monthly salary to the superintendent of the village leased by A. R. Pillai.
2. 6.1746	18 fanam/month	2.4	Monthly wage to the person deputed to watch the defendent's house.
2. 3.1747	6 pagoda/month	19.2	Previous salary of a vakil in the Company's service.
2. 3.1747	10 pagoda/month	32	Proposed salary of the same vakil.
15. 3.1747	50-60 rupee/month	50-60	Proposed salary of the dubash who would work as spy in the British colony.
27. 3.1747	1 fanam/month or 4 rupee/month	4	Salary to be paid to the sepoys of some native Poligars and Reddies.
4. 8.1747	2 rupee/month	2	Proposed salary of Abdulrahman.
1. 1.1748	1 1/2 fanam/day or 4 rupee 5 fanam/month	4.7	Pay to the ten men who would bring news from FSD.
1. 1.1748	10 rupee	10	Pay to the head-peon at Ariyankuppam.
1. 3.1748	15 rupee+rice, ghee	15	Pay to the Maratha horsemen.
1. 3.1748	6 rupee+rice, ghee	6	Pay to the Maratha troopers.
20. 8.1748	1 fanam/day	4	Batta to the peons under Venkata Nayakkan.
20. 8.1748		8	Batta to Venkata Nayakkan.
31. 8.1748	1 fanam+batta/day	4	Pay to the coolies to be recruited in Ariyankuppam etc. by the English.
20. 9.1748	1 fanam/day	4	Regular pay to the Koravars making baskets.
20. 9.1748	1 1/2 fanam/day	6	Pay requested by the Koravars.
17.10.1748	3 Cuddalore fanam/day or 3 3/4 fanam	15	Pay to the coolies employed by the English to dig a trench.
31.10.1748	50 rupee/month	50	Pay to the head Sepoy from Mahe.
3.10.1749	1 rupee/day	30	Batta to the European soldiers and peons to be paid by Chanda Sahib.
11. 4.1749	6 rupee/month	6	Pay to the Vakil N. Pandit sent to supervise villages.
11. 4.1749	4 1/2 rupee/month	4.5	Pay to the peons sent with N. Pandit.
14. 5.1750	3 fanam+rice 1 measure	12	Batta to the troopers from Mahe.
14. 5.1750	1 fanam+rice 1 measure	4	Batta to the foot soldiers from Mahe.
15. 6.1750	1 fanam/day	4	Batta to the Sepoys from Mahe.
9. 8.1750	1 rupee/day	30	Pay to the Sepoys in Muhammad Ali Khan's camp.
28. 8.1751	20 rupee/day	20	Proposed pay to the troopers of Morari Rao.
26. 3.1753	6 rupee/day	6	Pay to be given to the Sepoys in Salabat Jang's camp.
22.10.1753	30 rupee/day	30	Proposed pay to the troopers to be dismissed by Murtaza Ali Khan.
22.10.1753	11 rupee/day	11	Proposed pay to the foot soldiers.
1. 5.1758	2 fanam+1/2 fanam/day	10	Pay (2F.) and batta (1/2F.) to the coolies for collecting cattle in the town. As the pay was quite high, many coolies applied for the work.
3. 8.1759	3/4 rupee/day	22.5	Proposed pay to the Maratha horsemen.
11. 3.1760	6 rupee/month	6	Proposed pay to the Sepoys to guard rampart.
18. 3.1760	7 rupee/month	7	Pay to be collected from the Mahanattars for the Sepoys.

Source : *Diary of A.R.Pillai* より作成
Note : batta—遠征に出る場合に与えられる付加手当。

て〕言っていると私は聞いている。」[82]

　この記述をどのように解釈するかであるが，これは，少佐が，アーナンダ・ランガ・ピッライの家ではライスを浪費していることを強調するために 2 メジャーという数値を挙げていると解釈すべきであり，引用の後半の 1 人の兵について 1 メジャーという数値の方が正しいと考えてよいだろう。かなり体力を消費する成人男子で，ライス 1 メジャーというところであろうか。

ポンディチェリの農産物取引試算結果

　以上が現在の資料状況から導くことのできる基本的な数値である。それらをもとに，以下に取引額を試算してみたい。

　消費額から試算する。ライスの価格が 1 ファナム当たり 2.5 メジャーであることから，1 人がライス 1 メジャーを消費し，町の人口が 5 万人であり，全てが成人男子であったと仮定すると，次ぎの計算式から 106 万ルピーという数値を求めることができる。

　365 日×1 メジャー×50,000 人／(2.5 メジャー×24 ファナム)
　　　＝304,000 パゴダ
　　　＝1,060,000 ルピー

　次ぎに，購買力について試算する。人口を同じく 5 万人とし，月収を 4 ルピーとすると，年間の総収入は次ぎの計算式から 240 万ルピーとなる。

　4 ルピー×50,000 人×12 ヶ月
　　　＝2,400,000 ルピー

　この収入の内のどの程度の割合が実際に農産物購入に回されたのか不明であるが，仮に半分が消費に回されたとすると，120 万ルピー前後という数値となる。

　最後に入荷量から試算する。仮に，ポンディチェリのマーケットへ入荷する荷牛の数がライス換算で 1 日平均 200 頭（パッディに換算すると 400 頭）であったとし，1 頭が 200 ポンド（約 90 キログラム）を運んだとすると，ライス 1 ガースが 9,200 ポンド，価格は 1 ガース当たり 100 パゴダだとして，入荷額は次ぎの計算式から 55.5 万ルピーとなる。

　200 荷牛×365 日×200 ポンド×100 パゴダ／9,200 ポンド

≒159,000 パゴダ×3.5（ルピー）
≒555,000 ルピー

マドラスとポンディチェリにおける農産物取引のまとめ

マドラスとポンディチェリに関しておこなった農産物取引のいくつかの試算結果をまとめて示すと，次ぎのようになる．

	マドラス	ポンディチェリ
消費額	257万ルピー	106万ルピー
入荷額	不明	55.5万ルピー
総収入額	665万ルピー	240万ルピー

これらの数値の根拠が脆弱であることはすでに繰り返し述べたとおりであり，より正確な数値は，ここでの作業に用いた情報と類似の情報をさらに充実させることによって求めていくしかない．本書での目的は，農産物取引の規模がかなりなものであったことを確認することにある．続いて，ここでの農産物取引の規模と，この時期の税額とを比較する試みを次におこなう．

農産物取引額と税額

マドラスやポンディチェリでの農産物取引の額は，金額的にどの程度のものであったのか．たとえば，アルコットのナワーブであったムハメッド・アリー・カーンが，1760年にジャーギール地域を東インド会社に譲渡した際に，同地域全体からの税の総額は442,880パゴダ（1パゴダ＝3.2ルピーとして，140万ルピー強）であった．また，実際に1762年から1766年までの4年間に徴収しえた年平均額は，275,372パゴダ（約88万ルピー）であった［Crole 1879: 230-231］．19世紀の初頭に，徴税官のグリーンウェイは，一部の地域（Poonamallee, St. Thome）を除くジャーギール地域の1750年の徴税額は366,064パゴダであり，また1790年から実施された徴税請負制での請負額の総額は，353,500から381,700パゴダの間であったと報告している[83]．つまり，年間100万ルピー強であった．

チングルプット以外では，たとえば南アルコット地域の徴税額は，ファスリ暦1211-1216（1801-06）年の場合，520,540から988,931パゴダの間で，平均で

図表 II-32　アーナンダ・ランガ・ピッライの『日記』にある徴税請負額

日付	対象地域	請負額	備考
25. 6.1743	Murungapakkam	751 pagoda	
10.12.1747	Madras	1,200 pagoda	
5. 1.1750	Tirunallar & 80 villages	40,000 pagoda	
1. 4.1750	Villiyanallur & Bahur purgannah	150,000-200,000 rupee	
3. 6.1750	Ten villages in Karikal	4,000 pagoda	
13. 9.1754	Chidambaram, Tiruviti, Panchmahals, Vriddhachalam & Gopurapuram	500,000 rupee	1st year
13. 9.1754	Chidambaram, Tiruviti, Panchmahals, Vriddhachalam & Gopurapuram	750,000 rupee	2nd & 3rd year
15.10.1754	Tirtanagari, Tindivanam, Venkatampettai, & Acharapakkam.	100,000 rupee	in 1750
25.10.1754	Tindivanam	50,000 rupee	in 1754-55
25.10.1754	Tindivanam	60,000 rupee	in 1756-57
21. 3.1755	Elavanasur fort	40,000 rupee	
9. 4.1755	Villiyanallur & Bahur taluks	24,000 pagoda	
7. 6.1755	Old Cauvery country between two rivers [Srirangam?]	480,000 rupee	
13.11.1755	Cheyyur	15,000 rupee	
21. 3.1756	Tirtanagari	14,000 rupee	
9. 7.1756	Turaiyur	11,000 rupee	as rent
9. 7.1756	Turaiyur	4,000 rupee	as peshkash (tribute)
9. 7.1756	Turaiyur	14,000 rupee	as nazar (present)
26.12.1756	Villupuram	75,000 rupee	
15. 7.1757	Srirangam and the country between the two rivers	400,000 rupee	in 1756-57
25. 5.1758	Srirangam country	170,000 rupee	
26. 7.1758	Devanampattanam	13,000 pagoda	
24. 4.1760	Villiyur country	50,000 pagoda	

Source : *Diary of A.R.Pillai* より作成

706,739 パゴダであった [Garstin 1878: 252]。これは，ルピーに換算すると 230 万ルピー前後である。また，ティルチラパッリ地域については，たとえば 1803 年に徴税官のウォラスは，同県の 4 つの灌漑地域（Iloor, Laulgoody, Vittoocutty, Conaud）の灌漑地 115,984 カーニからの生産量は，パッディにして 1,871,236 カッラムであると述べ，このうち政府の取り分つまり税となるのは 887,350 カッラム，現金に換算すると 237,854. 41. 59（P. F. C.）であると報告している[84]。ルピーに換算すると，76 万ルピー前後である。

アーナンダ・ランガ・ピッライの『日記』には，全部で 91 の徴税請負額の記述があるが，そのうち該当地域と税額との対応が明確なもののみを拾い出して示すと，図表 II-32 のようになる[85]。表に出てくるこれらの税額を，先の農産物取引の額と比較した場合に，当時の都市と農村間の農産物取引の重要性が極めて大きいものであったことが理解されよう。

第3節　ミーラース体制の変質と商業交易活動の展開

商品・運輸ネットワーク

　アーナンダ・ランガ・ピッライの『日記』では，ポンディチェリの町に，農産物取引を担う多くの商人がいたことが描かれている。アーナンダ・ランガ・ピッライが，ポンディチェリをはじめ，各地にエージェントをもって各種商品を扱っていたことはすでに記したとおりである。マドラスにおいても，先に紹介した1798～99年の穀物不足に際して集められた情報の中で，当局が町での食料備蓄状況を調べ，その結果，十数人の穀物小売商が全体で20ガース分の備蓄をしているという情報が記されている[86]。また，同じく，マドラスの近隣地域で発生している飢饉の中で，マイソールのコラール（Colar）地域に属する商人のブローカーである3人のチェッティ商人[87]が，マドラスまで荷牛12,000頭分のライスを15日間で運んでくることになり，その量がマドラスの町の全消費量の13～14日分に相当する約200ガースにも上ることが記されている[88]。さらに，第四次マイソール戦争に際して，イギリスは5万6,000人以上のバンジャーリーと契約することに成功し，彼らを確保するために5万ルピーを前貸し金として送っていること，これに対して，バンジャーリーの長が3万から4万頭の荷牛をイギリス軍に供給するという記録もみられる[89]。これらバンジャーリー達は，平和時には会社の支配地となった北サルカール地域（アーンドラの沿岸部）から銅や塩を内陸のニザーム領へ運び，帰りは綿花を持ち帰るという交易活動を常におこなっているという。加えて，バンジャーリーとは別に，米を専門に運ぶ集団もいるとの記事もある[90]。この時期のインド社会は，商業取引や運輸ネットワークに関わる多くの人々を抱えていたのである。

商人とその役割

　このような商品・運輸ネットワークの広がりに支えられた農村ー都市間の農産物取引の展開は，17世紀から少なくとも1740年頃までは継続した綿布を中

心とした海外交易の拡大と相まって，植民地都市に有力な商人を輩出させた。たとえば，1720年代のアジア交易における7つの船の例について，フランス東インド会社，インド人，アルメニア人，ヨーロッパ人，会社使用人別のシェアについてマニングが明らかにしている。それによれば，インド人のシェアは，船ごとにそれぞれ27％，21％，22％，0％，1％，6％，6％（いずれも四捨五入）であり，アルメニア人のシェアは，同じく9％，2％，0％，18％，18％，11％，7％となっている［Manning 1996: 84］。インドに拠点を置く商人達が，会社のアジア交易に積極的に参加していた様子がみてとれよう。また，これらの植民地港市では，ドバシー（原語の意味は「二つの言語」）と呼ばれる通訳が多数居住し，いくつかの特定の家系が大きな影響力をもつようになっていたことも知られている［Neild-Basu 1984］。

　こうした商人や通訳の中から，1740年以降に深まる政治危機の中で，植民地権力により深く関わり，植民地支配の一環である徴税行政を担う者も登場してくる。図表II-33（CD）は，『日記』に記述されているフランス東インド会社の支配地域における徴税請負の状況を示したものである。そこには，フランス人の会社関係者に混じって，アーナンダ・ランガ・ピッライをはじめとするインド人商人が含まれている。アーナンダ・ランガ・ピッライに代表されるように，その多くは無任所資本家の特徴を備えた商人達であり，この時代の一つの重要な動きとして，商人達の徴税請負人化は注目してよい事象であろう。

　しかしながら，こうした動きを示す商人に，この時代の社会を動かした原動力を求めることができるかという点については，筆者はやはり疑問をもつ。ミーラース体制の存在の中で，徴税請負はあくまで国家の取り分に関わる事象である。変化をもたらす要因があったとすれば，国家の取り分が国家と徴税請負人の間でどう分配されたかという程度であり，基本的にはその変化は国家の統治の問題に限定される。それを重視する見方は，すでに指摘したように，国家のプレゼンスを過重に重視する見方に過ぎない。徴税請負の広がりがこの時期の社会構造を根本的に変えていったと理解することはできず，仮に根本的に変える契機があったとすれば，それは，徴税請負を担当することになった請負人が，どの程度在地社会の構造に介入しえたかによるはずである。そして，そのような介入がありえたとすれば，それは，徴税請負人としてではなく，在地社

会において村落領主層として固有の権利を強力に維持してきたミーラーシダールの権益を獲得していくという形でしかない。この問題については次章で検討する。

まとめ

ミーラース体制においては，在地社会の総生産物が，様々な職分を果たす者の間で手当として分配されていた。手当は，単に総生産物の一定割合という形式だけではなく，税の減免地・減免村での税相当分の授与という形や，税の形でも分配された。こうした分配は，いわば第一次分配と呼ぶべきものであり，この第一次分配によって，在地社会は維持再生産されてきたのである。しかし，そこで分配されたものが投下されることになる農産物取引市場は，ミーラース体制の外側に展開した。このいわば第二次分配を，ミーラース体制は取り込むことができなかった。その結果，17～18世紀の綿業生産の展開に取り残されていたミーラース体制は，農産物取引においても取り残され，その再生産体制としての役割を喪失し，解体の道を辿っていた。

註
1) 史料の欠損のため，タライヤーリ（Talaiyari：見張り人），イダイヤール（Idaiyar：牛飼い），カイッコラール（Kaikkolar：手織工）と合わせて12世帯ということしか明らかでない［Srinivas *et al.* 2001: 24］。
2) この箇所は意味不明の部分があるために判読ができない。27の店以外に2店あり，そこからの徴収が支払われたのか，それとも27店からの徴収分から支払われたのかはっきりしない。
3) これらの手当のティルヴェンディプラム地域での総額は，1763年から1771年までの9年間で3,165.13.23（P.F.C.）である。
4) このことは，旧来の在地社会が，宗教の代表としての寺院，行政の代表としての書記（長），軍事・警察の代表としてのポリガール，そして支配層の代表としてのナーッタールの4者によって基本的に統合されてきたものであることを象徴的に示唆するものでもある。これら4者は，いわゆる旧体制を代表するものである。
5) 先に紹介したように，ベジェカルは，東ラージャースタンの市場取引において，国家は，現物で徴収した地税部分を農産物取引に投入して市場を支配したという事態を指摘している［Bajekal 1988］。国家によるそのような農産物取引への介入と市場支配が南インドにおいても見られたのかどうかという点について，しかし，今後の研究課題として残さざるをえない。第1章で検討したように，粗生産の約3分の1が国家の取り分としてあり，それが実際にどのような経路

を辿って消費されたかを知ることは、この時期の農産物取引の歴史的意義を明らかにするための重要な問題である。たとえば、ティルチラパッリにおいてイギリスが支配を開始した直後の 1802 年に、徴税官がナワーブ支配の終わりの 5 年間の税制について報告しているが、そこでは、徴税人として任命されていた Arnachellumpilay という書記出身の人物が同地域の穀物取引の制限と独占をおこない、暴利をむさぼっていたことが記されている [Letter from the Collector at Trichinopoly, BOR Proceedings, 13. 9. 1802]。また、ルッデンは、Tirunelveli 地域において国家がその取り分 melvaram を市場で売却することによってかなりの収益を挙げた可能性を指摘している [Ludden 1985: 76]。しかし、そのような事態がどれほど一般性を持っていたかという点については疑問があり、ルッデンの指摘も、資料的な裏付けを欠いている。また、イギリスやフランスの植民地当局が農産物取引に対して積極的に統制をおこなったことを示唆する資料は未見である。この問題については、今後の研究課題としておきたい。

6) 元の数値は、次の研究からのものである。Philippe Haudrèrè, *La Compagnie française des Indes au XVIIIe siècle 1719-1795*, Paris, 1989, vol. iv, Tables 2G and H : 1,199-1,201.
7) 1760 年時点までの統計は、基本的に、次のチョードリーの研究に負っている。Chaudhuri 1978 : Tables C. 2, C. 8, C. 9, C. 10, C. 14, C. 15, C. 19, C. 24 (Appendix 5)。
8) たとえば、オランダ東インド会社による銅を中心とした南インドを含む 18 世紀のアジア間貿易については、[Shimada 2006: Chapters 6 and 7]。同じく南インドと東南アジア、中国とに関しては、[Arasaratnam 1996: Chapter 7]。
9) 18 世紀に先立つ 17 世紀後期については、アーンドラ沿岸地域を対象にして、ブレニグによる、生産される綿布の特徴や種類、綿花の輸送手段と輸送量、綿布生産村の空間分布、地域市場向けと海外向け生産の特化、1 人当たり綿布消費額、1 村当たり綿布生産量、手織工の組織や移動性、収入、手織工内の貧富差、問屋制などについての研究がある [Brennig 1986]。
10) マラッカイヤールは、タミル語を話すムスリムであり、アラブ人とタミル人との混血とされている。その活動領域は、マラッカを中心に、アチェ、ペグー、さらにはマカオにまで及んでいた。特に有力なマラカヤールの場合は、インドネシア諸港への海上交易に巨額の出資をしていたという [Stephen 1997: 138]。
11) たとえば 16 世紀前半に、マスリパタムやペタポリで生産されたチンツが、プリカットやサントメに運ばれ、そこから東南アジアへ運ばれたことが知られており、特にプリカットのチンツはマラッカやアチェ、バンタムで需要が大きかったという [Stephen 1997: chapter 3]。なお、16 世紀の手工業生産センターの空間分布については [*ibid.*: 72]。また、おそらくはポルトガル商人の参入によって新たに誕生したものと考えられる綿業センターについては、[*ibid.*: 73]。
12) *Diary of A.R.Pillai*, 10. 10. 1750.
13) 北インドの都市人口については、[Habib 1969] 参照。
14) たとえば、要塞の中には大量の食料備蓄があった [Proceedings of Grain Committee 1768-71, Letter No. 1, 25. 4. 1769, Paras. 2-3, *Public Sundries*, vol. 17]。
15) チングルプット県 (マドラスの町は含まれない) については、全体の人口については、18 世紀末からかなり正確な数値を知ることができる。それを示すと、以下のようになる [Crole 1879: 31-32]。
    プレースによる 1795-96 年センサス : 271,372 人 (57,911 戸)
    1802 年 (Permanent Settlement の導入前 : プレースによるセンサスを踏襲か) : 271,372 人 (男 139,560、女 131,812 : 全 2,241 町村)
    1850-51 年 : 583,462 人
    1859 年 : 605,221 人 (農民 335,530 人、非農民 269,691 人)
    1866 年 : 804,283 人
    1871 年 : 938,184 人
16) たとえば、マイソール戦争末期のマドラスでの穀物不足の時期にとられた食糧確保に関するイギリス東インド会社の施策に関しては、Measures adopted in consequence of an apparent scarcity of grain at Madras (Board's Collections, 1349, F/4/59) に収録されている各種報告

が興味深い。
17) 20 ガースでは約 83 トンとなる。
18) 1540 年代に入ると，ポルトガルはサントメから直接マラッカ交易を始めるようになるため，プリカットの重要性は低下し，代わってマスリパトナムが，ゴルコンダ王国の台頭とともに活発化してくる [Stephen 1997: 144, 147]。なお，東南アジアにおけるマラッカの重要性は急速に低下していき，たとえばコロマンデル地域からマラッカへ 16 世紀初頭に向かったインド人船舶の数は年 7 隻を数えたが，同じ航路で 16 世紀末のポルトガル船舶の数は 4 隻に減少していた [Stephen 1997: 147]。
19) *Diary of A.R.Pillai*, 9.9.1748, 3.4.1746, 3.7.1748, 24.10.1746, 10.7.1748, 22.9.1748, 5.4.1746, 18.7.1748, 15.10.1748.
20) *Diary of A.R.Pillai*, 15.5.1740, 29.12.1740, 11.10.1746, 3.5.1747, 16.6.1746, 3.7.1748.
21) *Diary of A.R.Pillai*, 8.8.1746, 6.11.1746, 11.11.1747, 7.9.1746, 9.1.1748, 8.8.1748, 8.8.1748, 13.8.1748.
22) *Diary of A.R.Pillai*, 23.3.1747, 30.1.1748, 27.2.1748, 6.3.1748, 9.3.1748, 8.8.1748, 13.8.1748, 14.8.1748, 22.8.1748, 11.9.1748, 22.10.1753, 9.3.1755, 16.7.1756.
23) Letters to FSG, 24.10.1740, No. 100.
24) FSD Consultations, 12.11.1733, 20.2.1742 ; FSG Diary and Consultations, 4.9.1733, 7.1.1734, 12.9.1737 ; *Diary of A.R.Pillai*, 4.9.1748.
なお，マドラスの町の成立については，たとえば次ぎの論文を参照。[Lewandowski 1977: 183-212 ; Neild 1979: 217-246]。
25) FSG Diary and Consultations, 12.5.1740, 15.5.1740, 22.5.1740, 3.11.1740, 4.12.1740, 18.12.1740 ; *Diary of A.R.Pillai*, 26.5.1740, 25.5.1740, 6.7.1740, 8.7.1748.
26) FSG Diary and Consultations, 4.3.1745, 15.7.1745, 16.8.1745 ; *Diary of A.R.Pillai*, 13.8.1746.
27) *Diary of A.R.Pillai*, 19.9.1746.
28) *Diary of A.R.Pillai*, 3.11.1746, 25.11.1746.
29) FSD Consultations, 12.2.1745, 10.3.1750 ; FSG Diary and Consultations, 4.2.1744.
30) FSD Consultations, 29.12.1743, 23.9.1749 ; FSG Diary and Consultations, 14.11.1733, 25.3.1734 ; *Diary of A.R.Pillai*, 25.12.1746, 28.11.1747, 29.1.1748, 30.1.1748.
31) *Diary of A.R.Pillai*, 19.5.1750, 27.12.1755.
32) FSG Diary and Consultations, 19.11.1733.
33) FSG Diary and Consultations, 4.1.1739.
34) FSG Diary and Consultations, 4.1.1739.
35) FSG Diary and Consultations, 4.1.1739.
36) *Diary of A.R.Pillai*, 31.3.1747. 反乱自身は，ムハメッド・アリー・カーンにより鎮圧されている。
37) FSG Diary and Consultations, 12.9.1737.
38) FSG Diary and Consultations, 3.7.1739.
39) FSG Diary and Consultations, 19.1.1734, 19.4.1739.
40) 1758 年 9 月 13 日の価格は，すでに変質してしまった米が競売で売却されたために，例外的に低い価格となっている。
41) ティルヴェンディプラム地域については，1753 年の価格として以下のいくつかの数字が上がっている。ここでも，パッディ 1 ガース当たり 40 パゴダとなっている。

paddy	40 pagoda per garce
worrago	30 pagoda per garce
cholum	40 pagoda per garce
horse gram	50 pagoda per garce

[Letters to FSG, 1752-53, No. 65]
42) Dalaymple's Minute, 22.7.1776, *Madras Public Proceeding*.
43) FSD Consultations, 30.11.1747.
44) カーシュは銅貨であり、オランダ東インド会社によって大量の銅が南インドにもたらされたことが、最近の研究によって明らかになっている。詳しくは、[Shimada 2006] 参照。
45) FSD Consultations, 17.4.1740 ; *FSG Diary and Consultations*, 31.3.1758.
　チンタードリペッタの1752年の会計報告資料では、1パゴダが44.15ファナムとして計算されている [FSG Diary and Consultations, 29.4.1754.]。これが、単に地域的な違いなのか、それともこの間になんらかの交換率の変動があったのか不明である。当時は何種類もの金貨が流通していたこともあり、チンタードリペッタとマドラスで異なる貨幣が用いられていた可能性が大きい。なお、複数の通貨が同時に流通することの意味については、[黒田2003] 参照。
46) FSDでの交換比率については、次のような記述がある。1740年4月17日に、会社は、FSDでファナム貨幣が不足したために、FSDファナムに代わって、1パゴダあたり36ファナムに定められていたマドラス・ファナム貨幣を流通させることを決めた。しかし、この処置はごく短期間だけの処置であったようであり、FSDに1744年8月30日に提出されたビーテル・タバコ請負人からの陳情書によれば、FSDでは1パゴダ＝18ファナム、1ファナム＝80カーシュが通常であった。ただし、実勢交換率は変動しており、この陳情書では、1パゴダが19.5ファナムに、1ファナムが110カーシュに変動していると述べられている。なお、FSDでのパゴダとルピーとの交換比率は、1747～50年の会社の会計報告を見る限り、1パゴダが3.4から3.5ルピーと交換されている [FSD Consultations, 17.4.1740, 16.7.1744; FSD Diary and Consultations, 3.12.1750; FSD Cash Book, 1747-50, vol. 4, May 1747 and April 1748]。なお、時代は下がるが、19世紀後期に出版されたチングルプットの行政マニュアルには、パゴダ (Star Pagoda) とファナムとの交換比率として、42, 44, 45の三つの数値があがっており、また1ファナムは80カーシュに相当すると記されている [Crole 1879: 59]。
47) FSD Consultations, 21.2.1733, 14.4.1735, 2.4.1739, 9.8.1743, 27.2.1744.
48) FSG Diary and Consultations, 9.4.1733.
49) *Diary of A.R.Pillai*, 17.3.1748, 16.11.1748, 22.7.1750, 18.7.1757, 15.9.1759.
50) FSG Diary and Consultations, 31.3.1758.
51) FSG Diary and Consultations, 28.9.1741.
52) FSG Diary and Consultations, 28.8.1759, 5.9.1759.
53) FSG Diary and Consultations, 5.9.1759.
54) FSDのクーリーの賃金についての1755年の報告がFSGの資料として残されている [FSG Diary and Consultations, 3.2.1755]。それによれば、女のクーリーの賃金は通常は2分の1ファナムであるが、数人は1ファナムを支払われていた。その理由は、泥を運ぶ容器が通常より大きなものであったからであった。男のクーリーがいくらの日当を受け取っていたかは明記されていないが、前後の記述からして、通常は1ファナムであるが、大きな容器を使っていたために11/4ファナムを受け取っていたらしい。他方、メイストリーと呼ばれるレンガ工の長には、月に1.5ファナムに加えて1日に2ファナムが支払われていたが、それが改定されて月に2パゴダで日当は廃止という方式になったと記述されている。これらから、だいたいにおいてFSDの労働者の平均日当は1ファナムであったと考えてよいであろう。
　クッダロールの町の手織工の月収について、アラサラトナムは、1779年の時点で4分の3パゴダ (3ルピー)、1790年の時点で4ルピーであったと指摘している [Arasaratnam 1980: 269]。また、ブレニグは、1678年の資料から、アーンドラ地域のドラクシャラマ (Draksharama) のオランダ商館で働いていたポーターが月に2分の1パゴダ、水運び人が4分の3パゴダを得ていたと記している [Brennig 1986: 348]。
55) FSG Diary and Consultations, 28.8.1759.
56) パッディを精米してライスにした場合、体積は2分の1に、重量は3分の2になる。現在の

1マドラス・メジャーは，パッディにして2.5ポンド（1.13キログラム）であり，それを精米すると760グラムの白米が得られる。なお，日本の1合は約160グラム前後である。

57) ハリスの報告によれば，氏が調査した北アルコットでは，1マドラス・メジャーのパッディの重さは約1.15キログラム，同じくライスの重さは1.66キログラムであった［Harriss 1982: 302］。したがって，ライス2分の1メジャーは，830グラムとなる。また，20世紀初頭の度量衡調査委員会報告では，ライス1マドラス・メジャーは1,500グラム前後である［*The Report of the Weights and Measures Committee, 1913-14*, the Govt. Central Press, Simla, 1914: Appendices］。

58) FSG Diary and Consultations, 4. 12. 1752.

なお，この資料によれば，1人当たりの経費は1ヶ月につき1 3/4パゴダとなっているが，これはクーリー労働者への月給よりも多い額である。

59) FSDでのライス消費に関して，FSD Consultationsに，記事が一つ見られる。1748年10月24日の記事によれば，下士官，伍長，兵に対して，1日当たり1 1/2ポンド（680グラム）のライスが支給されたという。また，同じ日の記事には，このライスと，薪4本，アラック3分の1パイントが毎日支給されることに加えて，次の食費が支給されることが記録されている（いずれも，月当たりのパゴダ金貨換算）。

1. To the officer of the independant companys.
    Major   10
    Captain   9
    Paymaster   8
    Lieutenant   8
    Surgeon   8
    Surgeon mate   6
    Serjeant   1
    Corporal   1/2
2. To the officers & ct. belonging to the company of artillery.
    Major   10
    Capt. Lieutenant   9
    Lieutenant   8
    Serjeant   1
    Corporal   1
    Bombardier   1
3. To civil officers
    Commissary of stores   8
    Carpenter mate   1
    Paymaster   8
    Master whaler   4
    Assistant   6
    Whaler mate   1
    Clerk of stores   6
    Master smith   4
    Conductor of stores   4
    Smith mate   1
    Surgeon   8
    Master cooper   4
    Mate   6
    Cooper mate   1

    Master carpenter 4
    Carpenter   1
  [FSD Consultations, 24. 20. 1748]
60)　註16で紹介したように，マドラスが穀物不足で悩んだ1798年から1799年にかけて，植民地当局は食料確保のための手段を講じ，マドラスでの消費量に関する記録を残している [Measures adopted in consequence of an apparent scarcity of grain at Madras (Board's Collections, 1349, F/4/59)]．そのひとつの報告によれば，会社は250ガースのライスを備蓄しており，通常，町に必要なライスの供給量は，1日当たり15ガースであるとなっている [Court's Revenue Letter to FSG, 11. 12. 1798]．とすると，ここでの試算は，かなり大きな数値を算出していることになる．いずれにしても，人口数について，今少し正確な数値が必要である．
61)　同じくフランスの支配下にあったカーライカル (Karikal) の町の人口として，5,000人という数値を挙げている [Malleson 1906 : 80]．
62)　*Letteres Edifiantes et Curieuses Ecrites des Missions Etrangeres par Quelques Missionaires de la Compagnie de Jesus* (25 vols., Paris, 1717-43), vi : 203 ; viii : 163 (cited in Manning 1996 : 51)
63)　*Diary of A.R.Pillai*, 1. 8. 1760.
64)　たとえばその翌月の日記には，町に踏みとどまっている住民が4,000人から5,000人，町の外側から流入してきた者が4,000人から5,000人おり，総計で1万人を数え，それに加えて，パライヤ (不可触民) の男女が4,000人から5,000人いるとある [*Diary of A.R.Pillai*, 13. 9. 1760]．なお，ポンディチェリの南の小貿易都市であるクッダロールの19世紀初頭の人口は9,693人であり，その周辺の村々 (現在のクッダロールの町の領域内にある) と合わせると19,554人であった [Letter from the Collector of Cuddalore, BOR Proceedings, 10. 2. 1806]．
65)　インドでのフランス人の人口構成については，[Manning 1996 : 69]．
66)　*Diary of A.R.Pillai*, 21. 8. 1748, 25. 8. 1748, 22. 10. 1748, 22. 5. 1750, 7. 7. 1750, 25. 7. 1750, 9. 9. 1750, 8. 4. 1755, 25. 9. 1756, 7. 3. 1760, 29. 5. 1760, 6. 9. 1760.
67)　*Diary of A.R.Pillai*, 15. 8. 1748, 21. 8. 1748.
68)　地図は，India Office Library & Records所蔵の手書きのポンディチェリの地図を筆者がトレースしたものである．作成年代は不明であるが，18世紀のもののようであり，今日の地図と比較すると幾つか異なっている箇所が見られる．地図にはフランス語の注記があるが，筆記体で書かれ，インクが薄いために読み取れない部分が少なくない．しかも，フランス語を母語としないものが注記したらしく，表記に奇妙な点が多々ある．ここではそれを参照して主な地点名，道路名のみを書き加えたが，綴りの間違いの可能性がある．
69)　*Diary of A.R.Pillai*, 24. 8. 1746.
70)　この時期，穀物はクーリーが運んだり，荷牛，ボート等によって運ばれたりしたが，最も重要だったのは荷牛による輸送であった [Stein 1984: 120]．
71)　*Diary of A.R.Pillai*, 22. 10. 1748.
72)　以下の算定では，ライス1頭分がパッディ2頭分に相当すると仮定する．
73)　*Diary of A.R.Pillai*, 17. 11. 1748, 19. 11. 1748.
74)　*Diary of A.R.Pillai*, 17. 7. 1748.
75)　収穫期に関する記述は，『日記』中の次の日付に見られる．*Diary of A. R. Pillai*, 17. 7. 1748, 3. 9. 1756, 25. 9. 1756, 25. 11. 1749, 3. 6. 1760, 20. 12. 1749, 16. 2. 1748, 10. 4. 1753.
76)　荷牛以外の運搬方法としては，人が頭にのせて運ぶhead-loadや河川でのボートによる方法がある．ボートによる運搬については，ティルチラパッリの徴税官からの1802年の報告に，藤と皮でできたボートで，1隻につき4分の3ガースのパッディを運ぶことができ，あるインド人の商人がそれによって500ガース (1ガースは約4.2トン) ものパッディをチダンバラムに運んだ例が記述されている [Report from the Collector at Trichinopoly, BOR Proceedings, 13. 9. 1802 : paragraph 228]．

77) Proceedings of Grain Committee, 1768-71 (*Public Sundries*, vol. 17).
78) *The Report of the Weights and Measures Committee*, 1913-14, the Govt. Central Press, Simla, 1914: Appendices.
79) 同議事録には，ワンディワーシュ（Wandiwash）の商人からの陳情書が収録されている。それによれば，100頭の荷牛でライスを7,200パッカー・セール（pucca seer）納入したという。1頭当たり72パッカー・セールであるが，このパッカー・セールの重さが不明なので，重量を算定することはできない。
80) 原資料はKoloniaal Archief 1262, 26 April 1682, fol. 1950b.
81) マヘ（Mahe）はケーララに位置するフランスの植民地都市であり，フランスはそこから多くの傭兵を導入していた。
82) *Diary of A.R.Pillai*, 24.8.1760.
83) Mr. Greenway's Report to the Board of Revenue, 29.3.1801: Paragraphs 8-31 (Chingleput District Records, vol. 495).
84) Wallace's Jammabundi Report of Trichi, BOR Proceedings, 21.3.1803 : 2, 830.
85) ナイームは，タンジャヴールやティルチラパッリ，ジンジーなどのナーヤカからニザームに対して支払われたペシュカーシュ（貢納）の額をいくつか挙げている［Nayeem 1975: 425-432］。
86) Measures adopted in consequence of an apparent scarcity of grain at Madras, FSG Public Consultations, 12.12.1798 (Board's Collections, 1349, F/4/59).
87) チェッティは，タミル地域の商人を指す典型的な呼称であり，タミル語を話すグループとテルグー語を話すグループの二つから構成され，それぞれのグループの中にいくつかのカーストが含まれる。彼らの一部は，マラッカをはじめとする東南アジア諸港と取引し，また，何隻もの商船を持っていた［Stephen 1997: 137］。
88) FSG Public Consultations, 12.12.1798, [Measures adopted in consequence of an apparent scarcity of grain at Madras, (Board's Collections, 1,349, F/4/59)].
89) FSG Public Consultations, 12.12.1798, [Measures adopted in consequence of an apparent scarcity of grain at Madras, (Board's Collections, 1,349, F/4/59)]．1万から1万2,000頭の荷牛がキャラヴァンを組んで農産物を運ぶ状況は，タヴェルニエの旅行記にも描かれている［Tavernier 1676 (1977): 32-33］。
90) FSG Public Consultations, 12.12.1798, [Measures adopted in consequence of an apparent scarcity of grain at Madras, (Board's Collections, 1,349, F/4/59)].

第3章　村落リーダーの台頭と18世紀の政治経済変動

はじめに

村落リーダー

　第2章で検討した商品・運輸ネットワークの広がりと農村―都市間の農産物取引の展開は，ミーラース体制の役割を相対的に低下させ，ミーラース体制に生きるミーラーシダールをはじめとする在地社会の人々に動揺をもたらした。そして，その中から，ミーラース体制に依存せず，自らの経済的，軍事的，政治的基盤に頼る新しい階層を成長させることになる。その中で本書が注目するのは，ミーラーシダールの間から台頭してくる村落リーダーである。本章の目的は，この村落リーダーの台頭を論証し，その歴史的意義を論ずることである。

　18世紀後半の南インドの村々には，すでに指摘したように，ミーラーシダールと呼ばれる階層が広く存在していた。『バーナード報告』に収録されている村落記録には，ほとんどの村で，英語で土地所有者（landholder），オリジナルのパームリーフではカーニヤッチカーランと記されている階層が記録されている。

　イギリスの植民地資料で，一般にミーラーシダールと呼ばれていたこの階層は，アフラパーッカム村での例のように，一つの村を1人で，あるいは数十人が株に分けて「所有」していた。彼らは，単に土地だけではなく，森や水をはじめとする村のあらゆる資源に及ぶ権利を持っていた。その意味で，土地所有者と言うよりは村落領主と呼ぶべき存在であった。

　注目すべきなのは，この時期に，ミーラーシダールとは別の存在として，「村の長（chief of the village）」あるいは「住民の長（head inhabitant）」と資料

中に記される階層が登場していたことである。これは，本書が主に対象とするチングルプット地域だけのことではなかった。第5節で検討するように，チングルプットの南に接する南アルコット地域においては，グラマッタンと呼ばれる村の長が登場し，村落全体を支配下におく様子がみられた。

　本章では，これらを「村落リーダー」として，村落領主層であるミーラーシダールとは別の階層であると主張する。その理由は，以下の3点にある。第一に，『バーナード報告』に収録されている村落で，同じ村の同じ項目のリストの中に，村落リーダー (chief of the village, head inhabitant) とミーラーシダール (landholder) とが同時に並んで記載されている例が少なくないからである。このことは，当時，両者が別の存在であると認識されていたことを示す。第二に，以下に論証するように，ミーラーシダールと村落リーダーはいずれも個々の村落を支配基盤にしていたという点では共通であったが，前者が在地社会でのカースト的広がりを基盤としていたのに対して，後者はそうではなかったと考えられるからである。このことは，南インド社会の編成のされ方，つまり社会的文法が変化しつつあったことを意味している。それと連関して，第三に，ミーラーシダールがあくまでミーラース体制の内部にあり，ミーラース体制に依存する存在であったのに対して，村落リーダーはミーラース体制を崩壊に導く歴史的役割を担っていたと考えられるからである。つまり，ミーラーシダールと村落リーダーとの違いは，単に社会的階層が同じかどうか，あるいは一つの村に複数いるかどうかというようなことではなく，歴史的な役割に根本的な違いがあったという解釈である。

　この時期の南インドを対象として，ミーラーシダールとは異なる領主層の出現を指摘しているのは重松伸司である。氏は「イギリス支配前の南インドにおける村落様態と農民権益」[辛島 1976: 57-86]において，複数の村落に経営権をもつ村落領主層の摘出を試みている。氏は，この時期を分権的封建制と定義できるのではないかとし，村落のタイプ，各村落における取分権や農民権益，および，共同体結合のありかた等を検討し，特に最後の点に関連して，地主としてのミーラーシダールの上に，ナーッタムカールと呼ばれる小郷主層が存在したという重要な指摘をしている[1]。この場合，ナーッタムカールは，ミーラーシダールとしての土地権益のみならず，村落での徴税権，司法権，差配権を

もち，さらに，ミーラーシダールから生産物の贈与を受けていた。彼等は村の長としての役割を果たし，水利，耕作，徴税，差配等共同体運営の主要な権限を握っており，その権限は，地域によっては数ヶ村からなる村落集団に及んでいた。その意味で，彼らは村落領主と呼びうる存在であったと指摘している。

このように，氏の議論は，ミーラーシダールとは別個の階層としてのナーッタムカールの存在を指摘した点において本書にとって極めて重要なものである。ただし，そのとらえ方は，本書とはいく分異なる。氏の議論で問題にすべき他の点については別稿で論じたことがあるので[2]，ここでは，ナーッタムカールについての氏の議論との相違点についてのみ論じておきたい。氏は，徴税官マンローが地主＝在村農民＝村落の長というとらえ方をしていると指摘しているが，氏のナーッタムカールの性格規定自体も，マンローと同様にナーッタムカール＝在村農民＝村落の長というイメージで発想されている。そのため，ナーッタムカールが複数の村落を経営する問題を，主村からの分村の発生とそこでの同族関係という視点から説明している。しかし，後に検証するように，自身のカーストに属する者がいない村にミーラース権を保持するという例が珍しくなく，また，ミーラース権の売買や抵当などの取引事例も少なくないという事実からすれば，主村と分村という関係からナーッタムカールの複数村支配の説明をするのは無理があろう。また，ナーッタムカールが村長であるとし，各村にナーッタムカールがいるかのような指摘がある——たとえば主村と分村の例でも，それぞれにナーッタムカールがいるとされている——が，村長に相当するものがいない村は多い。たとえばシャーラーヴァッカムで村の長への職分権が存在したのは全72村中25村のみであった。

氏が複数村を経営するナーッタムカールをこのように性格づけるのは，ナーッタムカールが個々の村落（主村）から次第に複数の村落に支配を広げていったとの発想に基づくからではないかと想像される。確かに，複数村落を支配する階層には，そうした出自の者が含まれ，本書で定義する村落リーダーもそうした階層である。留意すべきは，形態的には同じように数ヶ村から数十村に権益または影響力を持っていたとしても，その中には，ナーッタールのような，旧来からの地域的な共同体関係を代表するいわば旧体制に属する者と，この時期の社会経済的変化と連動して新たに村落を基盤にして自らの支配力を基盤に

して複数村を支配するようになってきた者との新旧二つの性格の異なる階層が含まれていたという点である。氏のナーッタムカールは前者に，つまり旧体制に属する者であり，それは，たとえばナーッタムカールの主な役割がカースト問題の調停や税務の末端を担うことであるというように，その支配がもっぱらカースト的上下秩序や徴税機構に依存していたという指摘によっても示されている。

　本書が村落リーダーと呼ぶ後者のカテゴリーに属する者が，ナーッタムカールを名乗ることが実際にはあったかもしれない。しかし，本書で主張するのは，両カテゴリーに属する者の歴史的役割が全く異なり，場合によっては互いに敵対的な存在でさえあったということである。以下に論ずるように，18世紀には，個人的な武力，経済力を基盤にしたリーダーが，場合によっては複数村からなる一定地域を自身の力で支配下に治めた。彼らは，氏が対象とする地域のナーッタムカールのような，主村・分村との関係や同族関係から村落を超えた領主的支配をおよぼすようになった旧階層とは基本的に性格の異なる新たな階層であった。本章の目的は，そうした新たな階層としての村落リーダーの出現を確認することにある。

　以下，第1節では，ミーラーシダールと呼ばれる「村落領主層」が，18世紀後半の南インド社会に広く分布していたこと，および，彼らが基本的には村落単位の存在であったことを明らかにする。第2節は，ミーラース体制が在地社会を単位としていたことと，個々のミーラーシダールが個別村落を単位とした支配をおこなっていたこととのずれをどう解釈することができるかについて論じた節である。解答として，ミーラーシダールの支配が，たとえそれが個別的なものであっても，在地社会にひろがるカースト支配構造によって基本的に支えられていたと指摘することになるであろう。第3節では，ミーラーシダールの間から「村落リーダー」と呼ぶところの新たな階層が登場してきた状況を明らかにする。第4節では，村落リーダーの出現の一つの契機として，この時期の商業交易活動の展開の中で，ミーラーシダール権益が頻繁に取引される状況になっていたことを示し，こうした取引が，他方で在地社会全体のカースト構造の崩壊を導くものであったと論ずる。第5節は，村落リーダーが，具体的にどのような活動をおこなっていたかについて検討し，村落リーダーが，ミー

ラース体制から自らを切り離し，在地社会と外部世界をつなぐ政治的，経済的，宗教的ネットワークの中間者としての役割を果たすようになっていたという本書全体の結論を導く。

第1節　ミーラーシダール

　本節では，ミーラーシダールが，基本的には村落レベルの存在であったこと，しかし，その支配の背後には，地域的に広がるカースト的紐帯があったという点を論証する。順に見ていきたい。

ミーラーシダールの数と分布

　『バーナード報告』が収集されたほぼ20年後の1790年代終わりに，ジャーギール地域の徴税官プレースは，ミーラーシダールの権益に関する調査をおこない，『ミーラーシダール権益調査報告』を作成した。この報告には，全2,201村について，全8,268人[3]のミーラーシダールと全1,231人のパヤカーリー（後述）の個人名，およびそれぞれの村別の株（シェア）の内訳が記録されている。また，それぞれの村が，どの県，郡（パラガナ），あるいは郷（マガン）に属しているかをはじめ，村のタイプが，アマニ（amani）と呼ばれる通常の村，オランダの支配村（Dutch village），免税村（inam），ポリガール村（mokassa），代理人の管轄村（muctah），慈善目的の税の減免村（muzerah），税の減免村（shrotoriam）のいずれであるか，それぞれの土地名称は何かなどが記され，一部の村々に関しては，アグラハーラム村（一般にはブラーミン村を指す）かナッタム村（非ブラーミン村）かの区別も記されている。

　ミーラーシダールは，村落領主として，1人もしくは複数で個々の村を領有していた。複数のミーラーシダールが領有する場合は，個々の村がいくつかの株に分けられた。たとえば，村が3分の1，3分の1，6分の1，6分の1という四つの株に分けられ，4人のミーラーシダールによって領有されたという具合である。場合によっては，たとえば最後の6分の1が5人のミーラーシダールによって共有されるという場合もある。要するに，全体を1と考え，それをシェアするというミーラース体制に共通の特徴が発揮されているわけである。

　ミーラーシダールと並んで，パヤカーリーが保有している株数も一部の村々

第1節 ミーラーシダール 195

図表 III-1　ミーラーシダール数別村落数 (名寄せ前)

1村内のミーラーシダール数	村数	割合	累積割合
1	475	22%	22%
2	374	17%	39%
3	204	9%	48%
4	254	12%	59%
5	133	6%	65%
6-9	276	13%	78%
10-19	180	8%	86%
20-49	48	2%	88%
50-73	4	0%	89%
N.A.	253	11%	100%
計	2,201	100%	

Source : Abstract State of the Number of Meerassee Shares and of Meerassee Holders in the Several Districts of the Jagheer in Fusly 1207 shewing also the Quantity of Meerassee unclaimed & occupied by Pyacarries (Board's Collections, F/4/112, Nos. 2,115-2,116)(『ミーラーシダール権益調査報告』)より作成

Note : ミーラーシダールは全部で 9,499 人

で記載されている。この場合，ミーラーシダールとパヤカーリーの両方の株数を合計した数値が村全体の株数となっている[4]。プレースは，ミーラーシダールとパヤカーリーの違いに対して，いくつかの書簡の中でいくつかの説明を与えている。簡単に言えば，ミーラーシダールが地主であり，パヤカーリーは，土地に対して一時的な関心と権益しか持たない小作であるということである[5]。しかし，この『ミーラーシダール権益調査報告』に関する限り，ここでのミーラーシダールは村の開拓者に何らかの形でつながる「本家筋のミーラーシダール」であるのに対して，パヤカーリーは，そうではなく，本家筋のミーラーシダールに従属する副ミーラーシダール (sub-mirasidar) という意味で使われている。いずれもミーラーシダールであるという認識である[6]。したがって，以下の分析では，特に断らない限り，両者を一つのものとして分析する。

『ミーラーシダール権益調査報告』の記載事項から導きうるのは，村や郡，郷などの当時の地域単位別の所有者の数やシェアの大きさ，個人別の権益の大きさと広がり，人名に含まれているカースト名や称号を分析することによるカースト別の権益と広がりに関する情報などである。以下に，その内容を分析する。

図表 III-2　ミーラーシダールのシェア別人数 (名寄せ前)

株の大きさ (1村=1)	ミーラーシダール数	割合	累積割合
0.0 - 0.1	4,153	44%	44%
0.1 - 0.2	2,161	23%	66%
0.2 - 0.3	1,200	13%	79%
0.3 - 0.4	522	5%	85%
0.4 - 0.5	764	8%	93%
0.5 - 0.6	30	0%	93%
0.6 - 0.7	32	0%	93%
0.7 - 0.8	40	0%	94%
0.8 - 0.9	11	0%	94%
0.9 - 1.0	7	0%	94%
1	475	5%	99%
N.A.	104	1%	100%
計	9,499	100%	

Source:『ミーラーシダール権益調査報告』より作成
Note:全2,201村

ミーラーシダールの村落領有

『ミーラーシダール権益調査報告』の全2,201村のミーラーシダール数を単純に集計すると、情報が欠落している場合や情報が読み取れない場合が一部あるが、延べ9,499人のミーラーシダールを確認することができる[7]。一つの村に何人のミーラーシダールがいるかを図表III-1に示す。そこから、一つの村を1人のミーラーシダールがシェアを所有している村が475村（全体の22%）あることがみてとれる。5人以下のミーラーシダールがシェアを所有している村は65%を占め、9人以下のミーラーシダールがシェアを所有している村は全体の78%となる。他方、10人以上のミーラーシダールがいる村々も全体の1割（232村）存在する。

　複数のミーラーシダールが一つの村にシェアをもっていた場合、シェアの大きさはまちまちであるので、ミーラーシダールの人数だけの分析では、必ずしもミーラーシダールの支配の状況が明らかにはならない。そこで、ミーラーシダールが各村で所有するシェアを1村を1として集計すると、その構成は図表III-2のようになる。延べ9,499人のミーラーシダールのうち、1割以下のシェアをもつ者が全体の44%を占め、5割までで全体の93%を占める。全体としては、小さな規模のミーラーシダールが村を領有していたと言えるであろう。他方、1村全体を持つ者も475人（5%）存在する。

図表 III-3　1人のミーラーシダールが何村にシェアを持っているか（名寄せ後）

保有村数	ミーラーシダール数	累積数 (大→小)	累積割合 (大→小)	累積数 (小→大)	累積割合 (小→大)
1	4,278	5,333	100%	4,278	80%
2	495	1,055	20%	4,773	89%
3	168	560	11%	4,941	93%
4	96	392	7%	5,037	94%
5	57	296	6%	5,094	96%
6-9	126	239	4%	5,220	98%
10-19	80	113	2%	5,300	99%
20-29	20	33	1%	5,320	100%
30-39	4	13	0%	5,324	100%
40-49	5	9	0%	5,329	100%
50-59	2	4	0%	5,331	100%
60-69	1	2	0%	5,332	100%
70-75	1	1	0%	5,333	100%
計	5,333	5,333	100%	5,333	100%

Source：『ミーラーシダール権益調査報告』より作成

　以上は，村を単位として分析したものであるが，1人のミーラーシダールが複数の村にシェアを有していたということも当然予想しうる。そこで，全ミーラーシダールを名寄せし，分析することにしたい。この手法は，個人名に種類が少なく，姓にあたるものもなく，同名の人物がかなり頻繁に存在しうるという南インドの状況では，同じ名をもつ複数の人々の数値が1人分として合算されるケースが生ずる。その場合には，1人のミーラーシダールのシェアが，実際よりも多い数の村々に存在するように見えることになってしまう。逆に，記録中で人名の表記方法が統一されていないことや，明らかに表記ミスと思われるケースが少なくないために，同じ人物が複数の人物名で表記されることもありうる。記録が作成された際に，各村のミーラーシダールの実態を記録することが目的であったのだから，同一人物であっても，村によって異なる表記がなされていても致し方ない。このような資料上の問題に加えて，原資料が何人かの書記によって記録されているために，筆跡の異同を判定することができないケースも少なからずあり，データ処理時にミスが生じている可能性も否定できない。このような事情から，以下の集計では，さまざまな表記をかなり大胆に単純化して進めることになる。したがって，集計数値はかなりの幅で誤差を含

図表 III-4　1人のミーラーシダールがどのような大きさの
　　　　　　シェアを持っているか（名寄せ後）

株の大きさ (1村=1)	ミーラーシダール数	累積数 (大→小)	累積割合 (大→小)	累積数 (小→大)	累積割合 (小→大)
0.0 - 0.1	2,062	5,333	100%	2,062	39
0.1 - 0.2	1,026	3,271	61%	3,088	58
0.2 - 0.3	640	2,245	42%	3,728	70
0.3 - 0.4	296	1,605	30%	4,024	75
0.4 - 0.5	395	1,309	25%	4,419	83
0.5 - 0.6	86	914	17%	4,505	84
0.6 - 0.7	82	828	16%	4,587	86
0.7 - 0.8	62	746	14%	4,649	87
0.8 - 0.9	42	684	13%	4,691	88
0.9 - 1	267	642	12%	4,958	93
1 - 2	190	375	7%	5,148	97
2 - 3	55	185	3%	5,203	98
3 - 4	22	130	2%	5,225	98
4 - 5	18	108	2%	5,243	98
5 - 6	7	90	2%	5,250	98
6 - 7	1	83	2%	5,251	98
7 - 8	4	82	2%	5,255	99
8 - 9	2	78	1%	5,257	99
9 - 10	2	76	1%	5,259	99
10	2	74	1%	5,261	99
11	1	72	1%	5,262	99
12	2	71	1%	5,264	99
N.A.	69	69	1%	5,333	100
計	5,333	5,333	100%	5,333	100%

Source：『ミーラーシダール権益調査報告』より作成

　むことになるかもしれない。以上をことわった上で，以下の分析を進める。

　村別に集計したミーラーシダールの数は，延べ9,499人であるが，それらを上記の方法で名寄せすると，5,333人となる。これらのミーラーシダールがそれぞれ1人で何村にシェアを有していたかを見てみると，図表III-3のようになる。圧倒的に多いのは，1村のみにシェアを有している場合であって，全体の80％を占める。2村の場合の9％を加えると，全体のほぼ9割が，1～2村にシェアをもつミーラーシダールであったことになる。つまり，ミーラーシダールは，基本的には村落レベルの存在であったということである[8]。

　次に，名寄せしたミーラーシダールが，どの程度の大きさのシェアを所有していたかを見てみたい。図表III-4は，名寄せした5,333人のミーラーシダー

ルが，1村を1とした場合に，どの程度のシェアを有していたかを示したものである[9]。全体の39%が0.1（つまり，一つの村の1割のシェア）以下，58%が0.2以下，93%が1以下のシェアであり，やはり大半のミーラーシダールが，基本的に村落領主と呼ぶべき存在であったことを示している。

複数の村落にシェアをもつミーラーシダール

このように，村数においてもシェアにおいても，集計上の誤差を勘案しても，ミーラーシダールの大半が村落レベルの存在であったことはまず間違いない。他方，その一方で，複数の村々に大きなシェアを有したミーラーシダールも存在している。たとえば，先の図表III-3に示されているように，5村以上に名前が出てくるミーラーシダールは，全部で296人，10村以上では113人である。同じく，図表III-4に示されているように，1より大きいシェアを有しているミーラーシダールも，全部で306人を数えることができる。圧倒的多数のミーラーシダールが1～2村程度にシェアをもつ存在であったのに対して，場合によっては数村から数十の村々にシェアを有するミーラーシダールも存在していたということである。

本書で注目する村落領主層は，必ずしも複数村にシェアを有することを必要条件とする存在ではない。しかし，村落領主層の一部が複数の村々に支配権を及ぼしていたことは十分想定しうる。ただし，上述したように，複数村への支配権の拡大の問題は，名寄せによる分析だけでは問題があるので，多くの村々にシェアを持っているミーラーシダールを後に第3節でまとめてとりあげ，それらの空間分布を分析することによってあらためて論ずることにしたい。

第2節　ミーラーシダールとカースト構造

　ミーラース体制の基幹的社会階層であるミーラーシダールが村落レベルの存在であり，他方，ミーラース体制が個々の村落ではなく在地社会を基本的な再生産単位であるとすると，いったい両者の関係はどのように理解することができるのだろうか。本節では，カーストを分析視角に入れることによって，この問題を検討することにしたい。

　ミーラーシダールとカースト
　先にミーラース体制とカースト体制が表裏の関係にあったことを指摘したが，ミーラーシダールに関して実際にはどのような関係が見られたのだろうか。『ミーラーシダール権益調査報告』の村ごとに記載されているミーラーシダールの個人名の中には，しばしばカースト称号やカースト特有の名前が含まれている。それを判断材料にしてミーラーシダールのカーストを判断することがある程度可能である[10]。そうした作業を経たミーラーシダールのカースト構成を表に示すと，図表III-5のようになる[11]。カーストを判断する材料がない事例が全体の3分の1を占めるため，以下の分析は必ずしも十分なものではない。しかし，たとえば未確定部分のカースト構成は，カーストがはっきりしている他の部分の構成とあまりずれないのではないかと考えることもできるので，おそらく実際と分析結果が大きくずれることはないであろう[12]。この構成をグラフ化した図表III-6で示すように，延べ9,499人[13]のミーラーシダールの中で最も大きな割合を占めるのはムダリ（27%）であり，ブラーミン（17%）がそれに続く。ブラーミンの場合，称号を必ずしも用いない場合が少なくないので，カーストが確定できない事例中にブラーミンが多く含まれる可能性は高い。つまり，ムダリとブラーミンが二大ミーラーシダール・カーストであったということである。それらに続くのは，レッディ（8%），ナーヤカ（6%），ピッライ（3%）などである。

図表 III-5　ミーラーシダールの構成 （名寄せ前）

ミーラーシダールのカースト	Mirasidar Caste	数
ブラーミン	Brahmin	1,643
不明	Butoo	62
大工	Carpenter	1
商人	Chetti	92
牛飼い	Cowkeeper	2
踊り子	Dancing girl	1
ヨーロッパ人	European	1
女性	Female	3
金細工師	Goldsmith	1
農牧	Gounder	59
不明	Gramani	14
書記	Karnam	2
軍事	Kaval	1
農牧	Konar	2
商人	Mootan	3
農業	Mudali	2,568
ムスリム	Muslim	63
農業・軍事	Naick	586
農業	Nainar	11
ナーッタール	Nattar	16
寺院	Pagoda	87
農業	Palli	1
占星術師	Panchangam	1
寺院僧	Pandaram	33
不明	Pantalu	27
書記	Pillai	263
農業・軍事	Raja	123
農業	Reddi	735
農業	Row	107
農牧	Udaiyar	1
不明	Vaddiyar	1
治安	Vettiyan	1
村落	Village	2
農業	Reddi & Naick	2
不明	Unidentified	2,942
データ欠落	N. A.	42
	計	9,499

Source：『ミーラーシダール権益調査報告』より作成

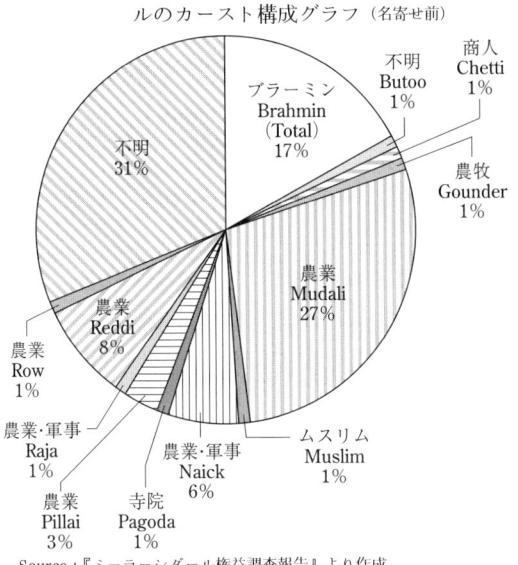

202　第3章　村落リーダーの台頭と18世紀の政治経済変動

図表 III-6　チングルプット地域のミーラーシダールのカースト構成グラフ（名寄せ前）

- ブラーミン Brahmin (Total) 17%
- 不明 Butoo 1%
- 商人 Chetti 1%
- 農牧 Gounder 1%
- 農業 Mudali 27%
- ムスリム Muslim 1%
- 寺院 Pagoda 1%
- 農業・軍事 Naick 6%
- 農業 Pillai 3%
- 農業・軍事 Raja 1%
- 農業 Row 1%
- 農業 Reddi 8%
- 不明 31%

Source：『ミーラーシダール権益調査報告』より作成

　続いて，全村のミーラーシダールが所有しているシェアを，一つの村落を1としてカースト別に全シェアを集計すると，図表 III-7 のようになる。一部でわずかなパーセントの違いはあるが，基本的にはミーラーシダール数の構成とほぼ同じ構成となっていたとみなしてよいであろう。

　それでは，村ごとのカースト構成はどうだったのであろうか。2,201村ものカースト構成を表現するのは困難なので，ミーラーシダールのカーストが確定できない村を除き，シェアの大きいカースト上位三つを選び出し，順位ごとに分類してグラフ化すると，図表 III-8 のようになる。シェア第1位のカーストが村全体のシェアを独占する村が全体の73％あり，第2位のカーストまで含めると94％となる。つまり，1ないし2のカーストに属するミーラーシダールが，村全体のミーラーシダールを独占していたということである。結論的には，村々ではごく少数のカーストによる寡占状況が一般的であったということになる。

　ミーラーシダールの数とシェアのカースト別構成を，たとえばポンネリ郡（パラガナ）の155村についてグラフ化して示すと，図表 III-9（口絵）および図

図表 III-7　一つの村落を 1 とした場合のカースト別シェア

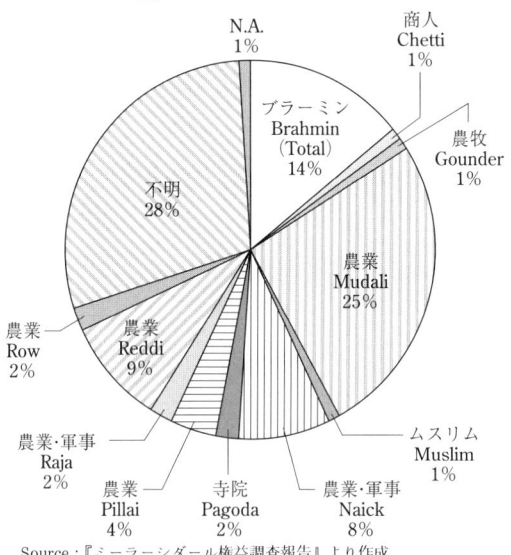

- N.A. 1%
- 商人 Chetti 1%
- ブラーミン Brahmin（Total）14%
- 農牧 Gounder 1%
- 農業 Mudali 25%
- ムスリム Muslim 1%
- 農業・軍事 Naick 8%
- 寺院 Pagoda 2%
- 農業 Pillai 4%
- 農業・軍事 Raja 2%
- 農業 Row 2%
- 農業 Reddi 9%
- 不明 28%

Source：『ミーラーシダール権益調査報告』より作成

表 III-10（口絵）のようになる。カーストを判定できない場合がかなり含まれるので必ずしも明確ではないが，カーストがはっきりしている 101 村の内，46 村が一つのカーストによって独占されている。大半の村落が，少数のカーストによって寡占的にミーラース権を独占されていた状態をここでも確認することができよう。

ミーラーシダールの支配とカースト構造

このように，ミーラーシダールの地位もシェアも，大半の村で 1～2 のカーストによって独占されていた。このことは，ミーラーシダールの村落支配が，各村落でのカースト構造によって支えられていたであろうことを予想させる。つまり，ミーラーシダールあるいはミーラーシダールと同じカーストに属する者が，ミーラーシダールがシェアを有している村に住んでおり，その村でのミーラーシダール・カーストと他カーストとのカースト間の支配従属構造によってミーラーシダールの支配が支えられていたという予想である。しかしながら，実際に個々の村落のカースト構成を見ていくと，必ずしもそうではなく，ミー

204　第3章　村落リーダーの台頭と18世紀の政治経済変動

図表 III-8　チングルプット全村におけるミーラーシダールのシェア 上位3カーストのシェア割合（カースト名評を除く）

Source：『ミーラーシ権益調査報告』より作成
Note：このグラフは、全2,201村のミーラーシダール計9,499人の内、カースト判別が可能な2,942人と情報のない42人を省いた6,515人について集計したものである。

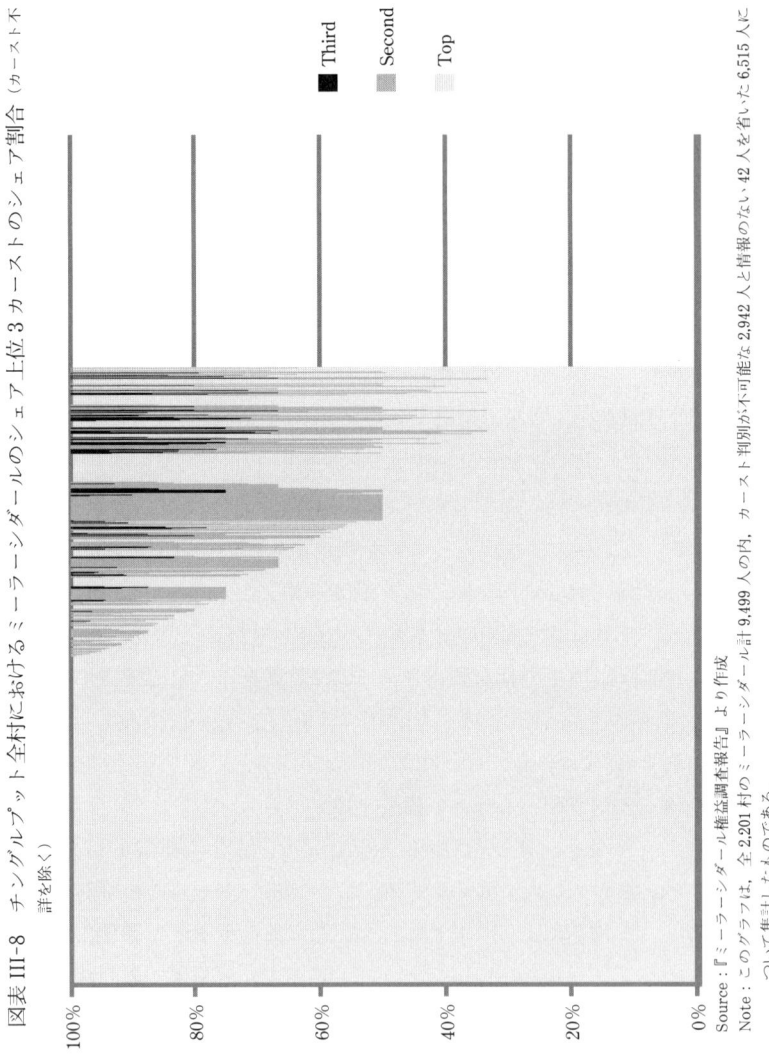

図表 III-12　ミーラーシダールのシェアと居住地の位置関係

ミーラーシダールのシェアと居住地の位置関係	件数
同一村	80
近隣村	27
遠方村	8
マドラス	3
アルコット？（ナワーブ）	1
不明	25
計	144

Source:『バーナード報告』(vol. 68, Ponnary) より作成

ラーシダールと同カーストの者が1人もいない場合が少なくないという事実が浮かび上がる。そのことを示すのが，図表 III-11（CD）である。カースト別の世帯構成の詳細を村落単位で広い領域にわたって示す資料は1790年代のものはないので，1770年代の『バーナード報告』を使うことになるが，この図表 III-11（CD）は，『バーナード報告』のポンネリ地域の村々に関して，ミーラーシダールが属するカーストと同じカーストに属する戸数が，村全体の何パーセントを占めるかを示したものである。この表から明らかにみてとれるのは，ミーラーシダールがシェアを所有する当該村落に同じカーストに属する世帯は少なく，場合によっては全くいないという事例が少なくなかったという事実である。

　この点を，今少しきめ細かく検討するために，『バーナード報告』にあるポンネリ地域の村々のうち，位置が確認できた144村に関して，ミーラーシダールのシェアが所在する村と住んでいる場所との位置関係を調べてみると，図表 III-12のような結果になる。すなわち，ミーラーシダールが居村にシェアを有している例は144村で80例のみであり，近隣に存在する村に住んでいる例が27件，かなり遠方の村に住んでいる例が8件，マドラスに居住している例が3件，アルコットのナワーブ（マフフズ・カーン）がミーラース権を購入した例が1件，ミーラーシダールがどこにいるか不明な例が25件となっている。明らかに，ミーラーシダールとミーラース権との空間関係は，一つの村落内では終始していないのである。

村落と在地社会

　ミーラーシダールの領有が村落単位であるにもかかわらず，そこには自身のカースト成員が１人もおらず，場合によっては自身もそこには住んでいないという事例が必ずしも珍しくないというような事態は，いったいどのように解釈することができるのだろうか。この問題への解答は，ミーラーシダールによる個々の村落への支配と，個々の村落の背後で在地社会のレベルで広がるカースト構造とを連関させることで導くことができる。そこで，『ミーラーシダール権益調査報告』を資料に，チングルプット地域のマガン（郷）を単位とした分析をおこなうことにしたい。

　図表III-13はマガン別ミーラーシダール数のカースト構成を，図表III-14はマガン別ミーラーシダールシェアのカースト構成をそれぞれ示したものである。カーストが確定しえない例が多いので必ずしも正確な分析はできないが，だいたいにおいて特定の少数のカーストが，各マガンにおいてかなりの割合を占めていた様子が見てとれよう。

　少数のカーストによるミーラーシダールの地位やシェアの寡占状況をさらにはっきり確認するために，ミーラーシダールの中で，各マガンで，数およびシェアの大きい三つのカーストを選び，データの欠損村，および，イナーム村やシュロットリアム村などのマガンには属さないとされていた村々をまず除き，続いてカーストを判定できないケースを除く。そうして，全体に占める上位３カーストの数およびシェアの割合を求めると，図表III-15および図表III-16のようになる。上位３カーストの割合がさして大きくないマガンがいくつか存在するものの，それらは例外的であり，全体としては，少数のカーストによる寡占状態を確認しうるであろう。

　以上の分析から，次の２点を確認することができる。第一は，個々のミーラーシダールは，大半が１ないし２村にしか権益を保有しておらず，基本的には村落レベルの存在，つまり村落領主と定義できる存在であったことである。第二は，しかしながら，その支配基盤は，個々の村落ではなく，より大きな領域に広がるカースト支配，カースト構造に依存していたことである。言い換えるならば，カーストの広域支配を背景としたミーラーシダールの単独村落支配が成立していたというわけである。その意味で，ミーラーシダールは，まさにミ

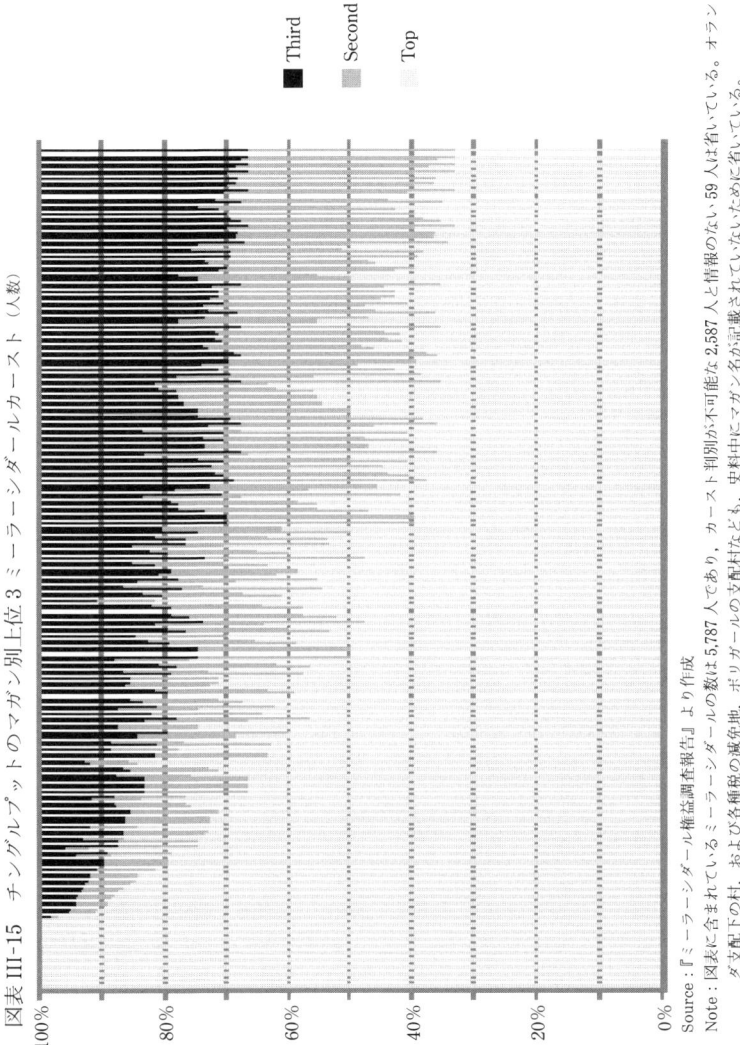

第2節　ミーラーシダールとカースト構造　207

図表 III-15　チンガルプットのマガン別上位3 ミーラーシダールカースト（人数）

Source:『ミーラーシダール権益調査報告』より作成
Note: 図表に含まれているミーラーシダールの数は5,787人であり、カースト判別が不可能な2,587人と情報のない59人は省いている。オランダ支配下の村、および各種税の減免地、ポリガールの支配村名が記載されていないため名に省いている。

図表 III-16　チングルプットのマガン別上位3ミーラーシダールカースト（シェア）

Source：『ミーラーシダール権益調査報告』より作成
Note：図表に含まれているミーラーシダールの数は5,787人であり、カースト判別が不可能な2,587人と情報のない59人は省いている。オランダ支配下の村、および各植民の減免地、ポリガールの支配村などは、史料中にマガン名が記載されていないために省いている。

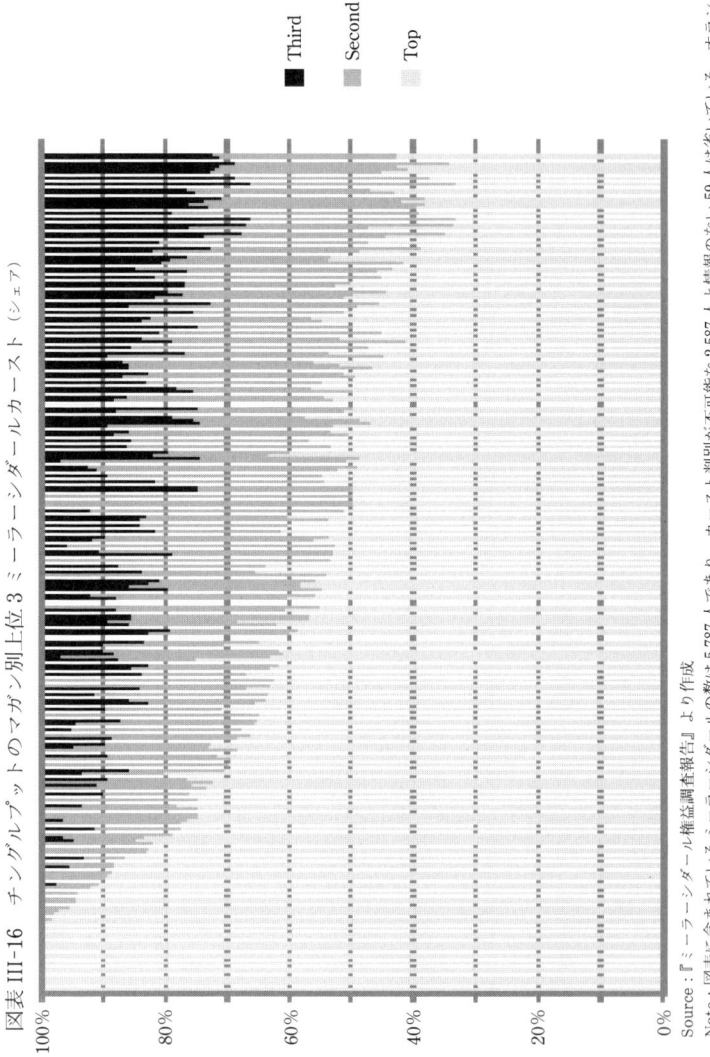

ーラース体制の基幹として体制を支えたと同時に,ミーラース体制によって支えられた存在であったわけである。この時期の歴史的な過程と関連させて言うならば,ミーラース体制と運命を共にする存在であった。

　さて,これまでの分析の中で,このようなミーラーシダールの間に,複数の村々に権益をもつ者が少なからず存在していたことを指摘してきた。次節では,ミーラーシダールの間から,「村落リーダー」と呼ぶところの新たな階層が登場してきた状況を検討する。

第3節　村落リーダーの出現

　本節の目的は，本書で村落リーダーと呼ぶ階層が対象地域で広く登場してきている状況を確認することにある。方法としては，『バーナード報告』の分析によりミーラーシダール（村落領主層）と村落リーダーとは異なる存在であったことをまず明らかにし，続いて，『ミーラーシダール権益調査報告』によって，数村から場合によっては数十村にまたがって権益を保持している村落リーダー層の空間分布を示し，彼らが当時の社会に広く分布していた状況を明らかにする。

『バーナード報告』での村の長，住民の長

　シャーラーヴァッカムおよびポンネリ両地域の『バーナード報告』に記述されているさまざまな取り分の受け手の間で，シャーラーヴァッカム地域であれば「村の長（chief of the village）」，ポンネリ地域であれば「住民の長（head inhabitant）」という項目がしばしば登場していた。まず，シャーラーヴァッカム地域からみていく。最初に確認しておくのは，先に記したように，ミーラーシダールすなわち「土地保有者（landholder）」と「村の長（chief of the village）」は，別のものとして報告中に分類されていたという点である。たとえば，5つの村々（Ahlapaucum, Cullacaudy, Cuddungherry, Paulaishverum, Sautanunjerry）で，両者がいずれも同じカテゴリーの免税地（村落機構に付随する免税地）に併存して表記されていることで確認できる。次に注目すべきなのは，シャーラーヴァッカム地域72村で「村の長（chief of the village）」という項目があるのは全25村であるが，全て「村落機構に付随する免税地」の受け手としてのみ登場し[14]，手当類の受け手の項目には一切登場していないという点である。免税地を多数の村で受け，手当を全く受けていないというような例はミーラース体制においては極めて異例である。少なくとも，ミーラーシダールが「村落機構に付随する免税地」を34村[15]で受けていると同時に，「脱穀前

に支払われる手当」を5村で,「計量前に支払われる手当」を70村で,「国家のみによって支払われる手当」を1村でそれぞれ受けていたという事実と極めて対照的であるのは確かである。

ポンネリ地域150村ではどうであったか。結論的には,シャーラーヴァッカム地域とほぼ同じ結果が出てくる。まず,ミーラーシダールすなわち「土地保有者 (landholder)」と「住民の長 (head inhabitant)」とが5つの村で同じ項目に併記されている。両者が別のカテゴリーとして分類されている事実が,ここでも確認しうる。次に,住民の長が登場するのは,やはり「村落機構に付随する免税地」の受け手としてのみであって,全34村で免税地を得ている[16]。他方,ミーラーシダールの場合には,「村落機構に付随する免税地」を77村で得ているのに加えて[17],「脱穀前に支払われる手当」を41村で,「計量前に支払われる手当」を15村でそれぞれ得ている。このように,いずれの地域においても,免税地と手当に関する両者の状況は極めて対照的であった。

村落領主層と村落リーダーの異同

『バーナード報告』における以上の2地域での,土地保有者,すなわち本書でいうところの村落領主層と,「村の長 (chief of the village)」あるいは「住民の長 (head inhabitant)」,すなわち本書でいうところの村落リーダーとの共通点と相違点は,別の観点からすると次のようにまとめることができる。共通点は,いずれも免税地を中途半端な数の村でしか得ていないという点,相違点は,村落領主層が各種手当を受けているのに対して,村落リーダーは手当類をいっさい受けていなかったという点である。

まず,共通点から検討しよう。村落数から見ると,シャーラーヴァッカム地域の72村では,村の長は25村で,土地所有者は34村でしか免税地を得ていない。ポンネリ地域の150村では,村の長は34村で,土地所有者は77村でしか免税地を得ていない。この中途半端な割合は,いずれの地域でもほとんど全ての村で村書記や計量人,ポリガールなどが「村落機構に付随する免税地」の受け手となっていたことと対照的である。そもそも,第1章で検討したように,「村落機構に付随する免税地」は,国家が地域共同体の権益をそのまま追認する形で免税特権を認めたという性格が強い。ミーラース体制の中で,在地社会

の自律性が強く表現されている権益部分である。村落リーダー層はともかくとして，少なくとも村落領主層がミーラース体制の中の基幹的存在であり，村落をシェアに分けて領有していたとすれば，その全てに彼らへの免税地が設定されていてもよかったはずである。しかし，実際には，全村ではなく半数の村でしか免税地が与えられていなかった。このような事実は，どう解釈しうるのであろうか。筆者の解釈は，次のようである。第一に，彼らが元々は村に対して不可欠な特定の職分を果たしているわけではなかったことである。彼らの村落領主としての地位は，何らかの職分を果たすことによって確保されていたのではなく，開発，移動，戦乱など，さまざまな歴史的過程の結果として在地社会で維持されてきたものである。したがって，村落の特定の地片への免税特権として国家に追認される性格のものではなかったのではないか。第二に，したがって，半数の村々で彼らが村落機構に付随する免税地を得ていたという18世紀後半の状況は，在地社会から個々の村落へと支配の拠点を移行しつつあった村落領主層や村落リーダーが，新たに免税特権を主張しはじめていたことの結果ではなかろうか。

　彼らへの免税地の授与が新たな事態であったということの一つの証左は，新規に授与された村落関係の免税地の中に，彼らがしばしば含まれていたことである。たとえば，先に検討したように，シャーラーヴァッカム地域では，村落関係の新規免税地は全体で16カーニあったが，全体で5つの村に新規に免税地が与えられており，その受け手は寺院，寺院に付属するココヤシ園，バラモン，村の長，土地所有者（ミーラーシダール）であった。このうち，土地所有者が3村で5カーニを，村の長が1村で7カーニを得ていた[18]。土地所有者に新規に免税地が施与された3村は，いずれもそれまで土地所有者が免税地を得ていなかった村であった。次に，ポンネリ地域では村落関係の新規免税地は全体で113件（334 1/8カーニ）あったが，図表III-17に示すように，そのうち11件（12 1/2カーニ）が土地保有者に対して新規に与えられている。1村を除き，残りは全て，それまで土地所有者が免税地を得ていなかった村であった。明らかに，ミーラーシダール層への免税特権の付与が，新たな現象として進行していたのである。

　このような事態は，18世紀の南インド社会において，ミーラーシダールが

第3節　村落リーダーの出現　213

図表 III-17　ミーラーシダールに対する村落関係の新規免税地取引（ポンネリ地域）

バーナード報告の頁数	村名	位置	ミーラーシダールへの新規免税地の与え手と年次	面積(cawnie)
BRPO038	Viarungavade	PO164A	Vulluy Mahomed Cawn が裏庭を 1762 年に与える	1
BRPO001	Cusba of Ponary	PO115D	Mohadeen Sahib が 1755 年に与える	1 3/4
BRPO022	Chinnacavenum	PO157A	Mohadeen Sahib が 1740 年に与える	2 1/8
BRPO026	Agharum	PO156A	Mohadeen Sahib が 1740 年に与える	7/8
BRPO032	Daveranjary	PO155A	Mohadeen Sahib が 1740 年に与える	7/8
BRPO034	Mutteravade	PO159A	Mohadeen Sahib が 1740 年に与える	3/8
BRPO042	Purkaputt	PO153A	Mohadeen Sahib が 1740 年に与える	7/8
BRPO036	Yaresiven	PO160A	Mohadeen Sahib が 1741 年に与える	1 1/8
BRPO056	Coodvanjary	PO151A	Mohadeen Sahib が 1755 年に与える	1 1/4
BRPO038	Viarungavade	PO164A	Ramaiya（？読み取り不能）が 1733 年に与える	1 3/8
BRPO058	Cuncavullyporam	PO148A	Vulley Mahomed Cawn が 1760 年に与える	7/8

Source：『バーナード報告』(vol. 68, Ponnary) より作成
Note：与え手として記されている名前は，免税地が与えられた時期のアーミル（税務官）の名前である（M. D. Srinivas et al., 2001. *Thirupporur and Vadakkuppattu: Eighteenth Century Locality Accounts*, Centre for Policy Studies, Chennai: 16）

個々の村落への支配へと移行し，上級支配者の側も，彼らの支配力を認める（免税特権を認める）ことによって，彼らの支持を得ようとしていたことを物語るものである。そして，このような事態が新たな現象であったからこそ，全村ではなく，中途半端な数の村々で彼らの免税地がみられたのであろう。そして，その延長上に，ミーラーシダールの間から村落リーダーが台頭する過程が進んでいたのである。

次に，相異点，すなわち，ミーラーシダールが各種手当を受けているのと対照的に，村落リーダーが手当類をいっさい受けていなかったという点について検討する。この問題への答えは，村落リーダーの台頭が新しい現象であったという事実，さらには，村落リーダーがミーラース体制を抜け出しつつあったという事実に求めることができるであろう。多くのいわば旧スタイルのミーラーシダールが，依然としてミーラース体制の維持とその中での自己の権益の拡大を目指そうとしていたのに対し，ミーラーシダールの一部が抜け出してきた新ミーラーシダールすなわち村落リーダーは，ミーラース体制の生産物分配体制の中に自己の将来を見出そうとする存在ではなかった。かれらは自己の村落をまるごと自己の支配下に組み込もうとしたのであり，ミーラース体制の維持は

彼らの主な関心ではなかった。「脱穀前に支払われる手当」,「計量前に支払われる手当」という，基本的に在地社会の権益が表現されているカテゴリーの手当で，両者の間に対照的な相違があったのは，以上のように解釈しうるであろう。

『バーナード報告』の内容を，空間的に分析すると，さらに興味深い事態が明らかとなる。それは，このような新たな現象が，例えばポンネリ地域の場合，新規免税地がミーラーシダールに対して与えられている村々の位置を示した図表 III-18 に示すように，いずれも，地域の中心であるポンネリの町の周囲で生じているという事態である。先に図表 I-7 で示したように，ナーヤカやラージャと呼ばれる軍事関係者を想定させるポリガール達に混じって，ヴェッラーラやムダリなどのミーラーシダール層を構成する者達がポリガール職についている村々が存在した。それらの村々の空間分布と，ミーラーシダールに対して免税地が新たに付与されている村々とを重ねると（図表 III-19（口絵）参照），それらがほとんど重なっていたという事実が明らかになる。

このような，地域の中核となる町を中心にして，新たな変化が生じているということは，二つの解釈の可能性を提示する。第一は，このような変化が，地域の中心地にある政治権力と結合した者達に，周辺の村々への新たなチャンスを与えたという解釈，第二は，第2章でおこなったような 18 世紀の経済活動の展開によって経済的自律性を強化した者達が，村落への支配を拡大していったという解釈である。先の図表 III-17 に示されているように，新規免税地の与え手として，3名の名（Vulluy Mahomed Cawn, Mohadeen Sahib, Ramaiya）があがっている。最後の1人を除き，前2者はムスリムであるが，おそらくは，ナワーブ権力からこのポンネリ地域に派遣された人物であろう。それが正しいとすれば，第一の解釈が成り立つ。第二の解釈は，国家権力と直接関連する免税地のやりとりよりは，むしろ，ミーラーシダールの地位の取引の分析によって論証される性質のものであり，次の第4節でおこなうことにする。

以上が『バーナード報告』の分析から得られた結果であるが，次に，同じ問題を，それから数十年を経て作成された『ミーラーシダール権益調査報告』によって分析してみたい。

『ミーラーシダール権益調査報告』での村落領主層と村落リーダー

第1節での分析で,ミーラーシダールの9割前後が1～2村に権益を有していたことを指摘した。逆にいえば,1割前後が3村かそれ以上の村々に権益を持っていたということでもある。中には,数十村に名前が見られる場合もある。

すでに指摘したように,南インドでは同名の人物が極めて多いために,数十村に同じ名前のミーラーシダールが権益を有していたとしても,必ずしも広域の支配権が見られたことを証明するわけではない。人物に関する他の情報が存在しない状況で,ある程度個々のミーラーシダールの権益の広がりを確認することができるのは,同一人名の権益が,実際に空間上でどのように分布しているかを見ていくことである。たとえば,同一人名の権益が,ある程度空間的に近接した村々で見出すことができたとしたならば,同一人物の可能性が高く,逆に遠く離れた村々に権益が分散していた場合には,別の人物であるというように判断してもよいであろう。もちろん,マドラスにいる人物がポンネリ地域に権益を有している場合や,第4節で見るように,ミーラーシダールの権利が頻繁に売買されていたという状況からすれば,ある人物が,距離的に離れた村々にミーラーシダール権益を保有していたという可能性も十分にありうる。しかしながら,本節の目的は,単にミーラーシダールの一部が複数の村々に権益を有していたということを論ずることではなく,村落リーダーの出現を論ずることにある。複数の村々に権益を有していることを村落リーダーの必要条件とはしないという点についてもすでに述べたとおりである。ここでは,村落リーダーが登場し,さらに彼らの成長過程でさらに複数の村々に権益を有するようになっていた場合もあったであろうことを示すことが目的である。

分析の対象とするのは,『ミーラーシダール権益調査報告』で6村以上に同一の名前が登場するミーラーシダール達である。先に,2,201村に記録されている9,499人のミーラーシダールを名寄せすると5,333人となり,ミーラーシダールの9割近くがせいぜい1～2村にしかシェアを有していないこと,ミーラーシダールの有する村落シェアの合計が1(つまり1村)以下の者が93%を占めていたということなどを指摘したが,村落リーダーの台頭の問題に関連して注目すべきなのは,数村にシェアを有する者達である。

先の図表III-3から,6村以上にシェアを有する者に対象を絞るとすると,

全部で 239 人を数えることができる。最多の場合は，75 村に同じ名前が登場する。名寄せによって偶然の一致で集計されてしまった場合が少なくないため，この数字をそのまま複数村でのシェア所有を示す論拠に用いることはできないので，これら 239 人のミーラーシダールが，どこにシェアを有していたかを GIS を用いて分析する。ここでの作業の目的は，名寄せした個々のミーラーシダールがシェアを有する村々の位置を地図に落とし，比較的近接した村々にシェアを有しているケースを見出すことにある。村落リーダーが，自己の支配村を中核として，空間的に密な数村から数十村に支配を及ぼしていたであろうという仮説にもとづく作業である。1 人で広域に散在する数十村にシェアを有する事例が仮にあったとしても，それらは村落リーダーの定義にはあてはまらず，同一人物であるということを論証することには意味がないからである。

　図表 III-20A-J（CD）は，6 村以上にシェアを有する 239 人のミーラーシダールが，実際にはどのような空間にシェアを有していたかを，名前をアルファベット順に配列して適宜に分けて図示したものである。当時の村落が現在のどの村に相当するかを確定していく作業は，単に手間がかかるだけではなく，さまざまな理由で極めて困難であり[19]，また，シェアを有している場合でも，地図上で示しえない場合が全体の 3 分の 1 にのぼるので，実際のシェア分布は，地図で示されているものの 5 割増し前後であることをあらかじめ断っておく。偶然に名前が一致する場合が少なくないため，正確なことは言えないが，これらの地図により，ある地域に集中してシェアを有しているケースの少なくとも一部は，数村から場合によっては数十村にシェアをもつミーラーシダールであったと考えてよいであろう。

　対象としてきたのは 6 村以上にシェアをもつ事例であるが，それ以下の村数の事例でも，空間的に隣接した数村にシェアを持つ事例が少なからず見つかる。たとえば，アーナンダ・ピッライ（Anunda Pillai）という人物は，アイヤクーナム（Ayacoonam・MT120A），コラットール（Colatoor・MT119A），トドゥーヴェランバットゥー（Todoovelumbuttoo・MT121A），プッタマンガラム（Poottamungalum・MT120B）という 4 つの近接した村に，それぞれ 1，1/2，1/2，1 のシェアを有している。ちなみに，1/2 のシェアのある二つの村での他の 1/2 のシェアは，それぞれチャンガマ・ナーイク（Chengamah Naick），アブドゥッラ

ー・サーヒブ（Abdulla Saheb）という異カーストのミーラーシダールが有している。また、ナラシンガ・ラオ（Narsinga Row）という人物（ブラーミンであろうか）は、キーラワーディ（Keerawaudy・MT173A），マーレペットゥール（Maurepettoor・MT233A），キーラコンダイ（Keelaconday・MT235B），パラヤヌール（Palayanoor・MT205B），コマラヴァーディ（Comarvaudy・MT010A）に，それぞれ，1/2，1/4，1/3，1/64，2/9のシェアを有している。各村の他のミーラーシダールとそのシェアについてであるが、キーラワーディ村ではTrekamiah（1/2）が，マーレペットゥール村ではシュリニヴァーサ・ラオ（Srinivasa Row 1/6），ムットゥ・ラオ（Muttu Row 1/3），シュリニヴァサ・アーチャーリ（Srinivas Achari 1/4）が，キーラコンダイ村ではラーマッタ・ムダリ（Ramatta Mudali 1/3），コランダ・ムダリ（Kolunda Mudali 1/3）が，パラヤヌール村ではアチャル・アイヤンガール（Achal Aiyangar）などのブラーミン計13人（計35/48）をはじめ，ヴァルダッパ・ムダリ（Vardapah Mudali）などのムダリ計7人（計7/96），シュリニヴァーサ・ラオ（1/64），ラーマセーシャイア（Ramasamiah）などのカースト不明者7人（計1/6）が，コマラヴァーディ村ではシュリニヴァーサ・ラオ（Srinivassa Row 2/9），ヴェンカタ・ラオ（Venkata Row 2/9），シュリニヴァーサ・アイヤンガール（Srinivas Aiyangar 1/9），トレヴェンガダチャールル（Trevengadacharlu 1/9），ラーマンジ・アイヤンガール（Ramanj Aiyangar 1/9）がそれぞれミーラーシダールとなっている。全てではないものの，異カーストのミーラーシダールが村に併存している。

　繰り返しになるが，本書での村落リーダーは，必ずしも複数の村々を支配下においていることを要件としない。しかし，村落リーダー達が，自己の支配村を核として周囲に支配を及ぼしていったということは十分に予想しうる。ここでは，ミーラーシダールのシェアの空間分布を調べるという形でしか確認する方法をもたなかったが，村落レベルの存在である他のミーラーシダールとは明らかに性格を異にする階層が，ミーラーシダールの間から成長していたことの一つの傍証として，以上の分析を位置づけることができるだろう。

第4節　ミーラーシダール権益の取引

ミーラーシダール権益の取引

ミーラーシダールのシェアの空間的な広がりの一つの原因は，この時期に，それらのシェアがしばしば取引の対象となっていたことの結果でもあった。この時期のチングルプット地域におけるミーラース権の売買に関しては，辛島昇が分析を試みている［辛島 1975: 167-188］。同論文は，19 世紀初めにチングルプットの徴税官を務めたエリスが，ミーラース権について報告書をまとめた部分の付録部分にあるミーラース権の売買に関する文書を資料としたものである[20]。氏の議論のなかで本書と関連のある指摘としては，ミーラース権には，土地だけでなく油や布の生産への課税権，強制労働徴用権その他の多様な権利が含まれていたこと，ミーラーシダールは税納入の責任を負い，村と国家を結びつける役割を果たす存在であったこと，彼らは単に土地所有者であるだけでなく，村落社会の中核であったこと，ミーラース権の売買が頻繁におこなわれているためによそ者が村の中へ入り込んできている事態が出現しており，それは村の共同体的結合の弱体化を示すものであったこと，等である。特に，最後の，ミーラース権の頻繁な売買によってよそ者が入り込み，それが村の共同体的結合を弱体化させるものであったとの指摘は本書での議論にとって重要である。本節では，『バーナード報告』のポンネリ地域でのミーラース権の売買に関する記述を事例に，その点を検討することにしたい。

ミーラーシダール権益の取引例

『バーナード報告』のポンネリ地域の村落記録のうち，ミーラーシダール権益の売買，抵当などの取引が記録されているのは 14 村である（図表 III-21 参照）。それぞれの村の状況について，順に見ていきたい。

1. クーマンガラム村（Coommungalum　BRPO014・PO115B）

　この村は，ポンネリ地域の中心のポンネリの町に隣接した村である。『バーナード報告』には，「古くからのミーラーシダールはパッリであるが，チェッティがその権益を購入した。さらに，このチェッティからトゥールヴァ・ヴェッラーラが権益を購入した」とある。この村は，91戸からなるが，そこには「古くからのミーラーシダール」であったらしいパッリは全く見あたらない。チェッティは6戸あるが，それらが権益を購入したチェッティかどうかは確認できない。他方，トゥールヴァ・ヴェッラーラは全30戸を占め，この30戸の内，17戸がよそ者（stranger）となっている。残りの13戸がおそらくミーラーシダールを構成したのであろう。というのは，『ミーラーシダール権益調査報告』で，カンダッパ・ムダリ（Cumdapah Mudali）以下，13人のムダリの名前がミーラーシダールとして記録されている事態と合致するからである。二つの報告書の間で，一方がトゥールヴァ・ヴェッラーラとして，他方がムダリとして記録されているのは，この間に，この村に限らず，少なくともチングルプット一帯では，ムダリという称号がヴェッラーラに代わって広く使われるようになっていたことを示唆している。

　このクーマンガラム村の者は，他の村々においてもミーラーシダールになっている[21]。まず，アウラード村（Aulaud　BRPO006・PO111A）は，全て村外の4〜5人のブラーミンがミーラーシダールとなっている。その内の1人は，クーマンガラム村に住むヴェパリ・ブラーミン（Vepary Bramin　クーマンガラム村に全部で13戸居住）である。直ぐ南に接するトレヴェンガダプラム村（Trevengadaporam　BRPO020・PO113C）も，全て村外に住む4人がミーラーシダールとなっているが，そのうちの1人はクーマンガラム村のシーヴァコレンダ（Seavacolenda）という人物である。北に近いウッパラム村（Woppalum　BRPO040・PO152C）では，三つのシェアの内の一つが，クーマンガラム村の「スーリヤ・ソーラ（Sooriya Sola）およびその他の者」によって所有されている。このスーリヤ・ソーラという人物がどのような人物かは不明だが，『ミーラーシダール権益調査報告』では，スーリア・ムダリ（Suria Mudali）というミーラーシダールが記載されており，同一人物の可能性がある。同じく，北東近くのアレヴァッカム村（Arevakum　BRPO046・PO161A）の場合は，古来からのミ

図表 III-21　ミーラーシダールの権益売買が記録されている村落と記録内容

『バーナード報告』史料番号	村名	位置 (Map Code)	関係するミーラーシダールと取引の内容
BRPO014	Coommungalum	PO115B	Ancient Landholders Palli, from whom Chettis purchased the Landholdership. And from the Chettis Tuliva Vellaler purchased. Thus Changeable Shares 5 Fixed
BRPO018	Kistnaporum	PO115A	Ancient Landholders are Palli, from whom the Chettis purchased the Landholdership. And from whom bought Tuliva Vellaler who are Landholders now.
BRPO040	Woppalum	PO152C	1. Kanamaula Vencaten's share purchased by Andeappean residing at Coodvary[XX], 1. Rahaviah have one XX residing at Chennacavanum[PO157A], 2. Sooriya Sola & c. residing at Coommungalum[PO115B]
BRPO122	Tottacaud	PO052A	Kondaikatti Vellala of Nuthvoil[PO051A] who mortgaged their village to Nunda Gopauler.
BRPO128	Poolidarvacum	PO045B	Kondaikatti Vellalars 3, Cowkeepers bought Share 1
BRPO154	Naithvoil	Unidentified	Kondaikatti Vellaler, Nunda Gopauler who bought landholdership
BRPO160	Ennoor	PO044A	Landholder resides at Poolidavacum[PO045B]& Auttypade [PO043A]. Kondaikatti Vellaler landholder & cowkeeper who purchased landholdership: Kondaikatti Vellaler-6, Kondaikatti Vellaler purchased from above landholders-5, Cowkeeper purchased from above landholders-1
BRPO252	Cunacumbacum	PO145A	Gentoo Bramin, Vishnu Bramins, share 30. Rakeapa Mudali purchased the Landholdership, share 2.
BRPO254	Tirooparoo	PO143K	Gentoo Bramins of Cunasumpacum[PO145A]. Arsoor[PO183 A] Vencatachel Modaly purchased part of land & has taken for mortgage the other part of land from Gentoo Brahmin landholders of Tirooparoo[PO143K].
BRPO264	Codypullum	PO016A	Kavarais who purchased landholdership
BRPO266	Mahafoose Cawn Petta	PO035A	Nabob Mahafoose Cawn purchased landholdership from Condighetty Vellaler landholder
BRPO268	Chinnamullavoil	PO037A	Kavarai landholders of Codepullom [PO 016 A], Kavarai Cooppe Chetti who purchased landholdership
BRPO270	Parymullavoil	PO037C	Gentoo Bramin landholders of unknown place, another Gentoo Bramin residing at Garacanbacum [xxx] & Ragooputy Pandit Stul Mojumdar residing at Ponary [PO115C], Vengamrajah Niyogee residing at Aroomunda [PO017A] (who purchased landholdership)
BRPO302	Soorapade	PO029A	Kondaikatti Vellaler landholders, from whom purchased the landholdership by Luchumajee Pundit of Ponary[PO115C]

Notes : 1. [XX]-Location not identified location
　　　　2. The description of the landholders is not revised.
　　　　3. BR-Barnard Report, PO-Ponneri

第4節 ミーラーシダール権益の取引　221

(『バーナード報告』)

取引の概要	ミーラーシダールのカースト	ミーラーシダールの居村
元々パッリだったが，それをチェッティが購入し，さらにヴェッラーラが購入	Palli-Chetti-Tuliva Vellala	
元々パッリだったが，それをチェッティが購入し，さらにヴェッラーラが購入	Palli-Chetti-Tuliva Vellala	
複数の村の者がミーラーシダール	Unidentified	PO157A & PO115B
ヴェッラーラだったが，ヴェッラーラがナンダ・ゴーパーラに抵当化する	Kondaikatti Vellala	PO051A
ヴェッラーラのものだが，牛飼いが，1/4のシェアを購入	Kondaikatti Vellala＋Cowkeeper	
ナンダ・ゴーパーラが購入	Kondaikatti Vellala	
	？＋Kondaikatti Vellala＋Cowkeeper	PO045B & PO043A
ムダリが一部購入	Gentoo Brahmin＋Vishnu Brahmin＋Mudali	
ムダリが一部購入し，他をブラーミンから抵当化	Gentoo Brahmin＋Mudali	PO145A & PO183A & PO143K
商人のKavaraiが購入	Kavarai	
ナワーブがヴェッラーラからミーラーシダール権を購入	Nabob	
商人のKavaraiチェッティが購入	Kavarai	PO016A
ポンネリその他の村々に住む3人が元々のミーラーシダールだったが，別の村のニヨギ（おそらくブラーミン）が新たに購入	Gentoo Brahmin＋Gentoo Brahmin＋Pandit＋Niyogee	PO115C & PO017A & others
元々ヴェッラーラだったが，ポンネリのラッチュマジー・パンディットが購入	Kondaikatti Vellala－Pundit	PO115C

ーラーシダールはトゥールヴァ・ヴェッラーラであったが，ミーラーシダールの権利をクーマンガラム村のハリー・パンディット（Hury Pundit　ブラーミンか）という人物に贈与したとある。北東のラクシュミプラム村（Luchimiporam村　BRPO048・PO157B）は，全部で10のシェアの内，クーマンガラム村に住むヴェパリ・ブラーミンが4 1/2を所有している。コラットゥール村（Colatoor BRPO094・PO108A）は，クーマンガラム村のヴェパリ・ブラーミン達が全て所有している。

　また，興味深いのは，このクーマンガラム村のポリガールが，同村に住むヴェンカタ・ムダリ（Vencatasa Mudali）とカンダッパ・ムダリ（Candappa Mudali）であったことである。後者は，『ミーラーシダール権益調査報告』にある13人のミーラーシダール中に名前が見出せる。

　以上のように，ポンネリの中心部に接するクーマンガラム村に住む者は，村外の6つの村でミーラーシダール権益を獲得していただけではなく，軍事的な役割を果たすポリガール職まで獲得していたということになる。このことは，地方都市と農村部との交易関係の展開の中で，都市近在のミーラーシダールの一部が富を蓄積し，ミーラーシダール権益を拡張し，さらには軍事的な力量を蓄えつつあったことを示唆している。

2．キストナプラム村（Kistnaporum　BRPO018・PO115A）

　この村でも，「古くからのミーラーシダールはパッリであるが，チェッティがその権益を購入した。さらに，このチェッティからトゥールヴァ・ヴェッラーラが権益を購入し，現在ミーラーシダールとなっている」とある。村は，全部で14戸からなり，内2戸がパッリ（「古くからのミーラーシダール」であるかどうかは不明），2戸がエナーディ（Enaudy：椰子酒造りもしくは床屋），残り10戸はよそ者の牛飼いで構成される。トゥールヴァ・ヴェッラーラはいない。記述はないものの，この村は上のクーマンガラム村に隣接した村であり，ミーラーシダールに関する記述が同一であることからして，ミーラーシダールはクーマンガラム村のトゥールヴァ・ヴェッラーラではないかと推定される。なお，『ミーラーシダール権益調査報告』では，この村名は見当たらない。

3. ウッパラム村（Woppalum　BRPO040・PO152C）

　この村は全8世帯の小村である。ミーラーシダール権益は三つのシェアとして分有されており、その一つはグードヴァリ村（Coodvary　位置不明）に住むアンディアッパン（Andeappean）という人物がカンナマラ・ヴェンカッタン（Kanamaula Vencaten）という人物から購入している。残りのシェアのうち、一つは南西に近いチェンナカヴァナム村（Chennacavanum　BRPO022・PO157A）に住むラハヴァイア（Rahaviah）、もう一つのシェアは、上述したように、クーマンガラム村に住むヴェパリ・ブラーミン（複数）が有している。

4. トッタカードゥ村（Tottacaud　BRPO122・PO052A）

　「ナイトゥヴォイル村（Naithvoil　BRPO154・位置不明）のコンダイカッティ・ヴェッラーラ［ナイトゥヴォイル村に14戸、トッタカードゥ村には不在］が、このトッタカードゥ村の住人であるナンダ・ゴーパーラ（Nunda Gopauler　カースト名称のようであるが不詳）に対してこのトッタカードゥ村を抵当に入れた」とある。つまり、この村は、元々ナイトゥヴォイル村のコンダイカッティ・ヴェッラーラがミーラーシダールであったのだが、その後この村のナンダ・ゴーパーラ（トッタカードゥ村に4戸居住）が何らかの理由でお金を貸し、抵当権を設定したということである。ナンダ・ゴーパーラは、ナイトゥヴォイル村（ナトゥヴォイルNuthvoil村と同じ村）のミーラーシダールとしても出てきており、そこでは、ミーラーシダールとして、同村のコンダイカッティ・ヴェッラーラ（全14戸）と、「ミーラーシダール権を購入した」としてナンダ・ゴーパーラ（全1戸）があがっている。つまり、これら二つの村では、ナンダ・ゴーパーラがミーラーシダールの権益を購入し、あるいは抵当権設定をしたということである。

5. プーリダヴァッカム村（Poolidarvacum　BRPO128・PO045B）

　全57戸からなるこの村のミーラーシダール権益は4つのシェアからなり、そのうち三つはコンダイカッティ・ヴェッラーラ（村に7戸あり、Kanakapillai Vellaler Landholderとあることから、書記の可能性が高い）が、残り一つは、ミーラーシダール権益を購入したヴェッラーラの牛飼い（Cowkeeper Vellaler Landholder となっているが詳細は不明）のものである。

6. ナイトゥヴォイル村（Naithvoil　上記の4のトッタカードゥ村の記述参照）

7. エンヌール村（Ennoor　BRPO160・PO044A）
　全57戸からなり，海に接するこの村のミーラーシダールは，近隣のプーリダヴァッカム村（Poolidavacum　PO045B）およびアーッティペードゥ村（Auttypade　PO043A）の者である。ミーラーシダールのシェアは全部で6つある。文意がとれずはっきりしないが，コンダイカッティ・ヴェッラーラが元々6シェアを持ち，そのうちの一つのシェアを牛飼いが購入したということらしい。この村は，上の5の事例にあるプーリダヴァッカム村（BRPO128・PO045B）に近接しており，同じ牛飼いによる購入の可能性もある。

8. カナッカンバッカム村（Cunacumbacum　BRPO252・PO145A）
　7戸の小村であるこの村では，ジェントゥー・ブラーミン（村に1戸）およびヴィシュヌ・ブラーミン（村に3戸）が30シェアを持ち，ラキアッパ・ムダリ（Rakeapa Mudali）が2シェアを購入したとある。ラキアッパ・ムダリがどのような人物であるかは不明であるが，この村に1戸ある書記（kanakapillai）である可能性が高い。

9. ティルーパルー村（Tirooparoo　BRPO254・PO143K）
　全10戸の村であるこの村は，隣のクナサンパッカム村（Cunasumpacum PO145A）のジェントゥー・ブラーミンがミーラーシダールであり，またこのティルーパルー村のジェントゥー・ブラーミンもミーラーシダールであったようであるが，後者から，アルスール村（Arsoor　PO183A）のナッタマン（ナッタール）であるヴェンカタチャラ・ムダリ（Vencatachel Modaly）が土地の一部を購入し，残りを抵当に入れたようである。なお，このティルーパルー村にはジェントゥー・ブラーミンは居住していない。ヴェンカタチャラ・ムダリという人物は，このティルーパルー村に，同村の面積のほぼ一割にあたる124/5カーニの土地を「村外者の財産である新規免税地」として1741年にムスリム

のこの地域の支配者であったと思われるヴァリ・モハッディーン・サーヒブ（Vulley Mohadeen Sahib）という人物から得ている。

10. コディパッラム村（Codypullum　BRPO264・PO016A）

　36戸からなるこの村では，ミーラーシダール権をカヴァライ（Kavarai：商人カースト）の4戸が購入したとある。誰から購入したという記述はない。村には，これらのミーラーシダール権をもつカヴァライに加えて，「よそ者のカヴァライ」が2戸ある。何らかの理由でこの村に移動してきた商人カーストの一部が権益を購入し，ミーラーシダールになったということであろう。

11. マフフズ・カーン・ペッタ村（Mahafoose Cawn Petta　BRPO266・PO035A）

　19戸からなるこの村は，コンダイカッティ・ヴェッラーラがミーラーシダールであったが，ナワーブのマフフズ・カーンがミーラーシダール権を購入したとある。村名の由来も，ここにあるのだろう。もちろん村にマフフズ・カーンが住んでいるわけではなく，実際には，「よそ者のムスリム（Moor strangers）」と呼ばれるムスリムが2戸，チェッティが3戸，牛飼いが9戸，不可触民が5戸という構成である。

12. チンナムッラヴォイル村（Chinnamullavoil　BRPO268・PO037A）

　この村は無人の村であり，ミーラーシダールは，直ぐ南に位置するコデパッロム村（Codepullom　PO016A）に住み，この村のミーラーシダール権益を購入した商人のカヴァライカーストのクーッペ・チェッティ（Cooppe Chetti）である。

13. ペリアムッラヴォイル（Parymullavoil　BRPO270・PO037C）

　この村も，7戸のみの小村である。ミーラーシダールのシェアを持っていたのは，居所不明のジェントゥー・ブラーミン，グラコンバッカム村（Guracombacum　SP068AまたはTV187A）に住むジェントゥー・ブラーミンのマカダール・バッタル（Makadaur Butter），ポンネリの町に住むスタラ・マジュムダー

ル［通常は寺の管理人を意味する］のラグーパティ・パンディット（Ragooputy Pandit），および，権益を「古くからのミーラーシダールであるジェントゥー・ブラーミンから購入した」ヴェパリ・ブラーミンのヴェンガムラージャ・ニヨギ（Vengamrajah Niyogee）の4人であった。このうち，ヴェンガムラージャ・ニヨギは，アルームンダ村（Aroomunda PO017A：かなり北に位置する村で，『バーナード報告』にはこの村の記録がない）の住民であり，他の3人も，居所不明を含めて必ずしも近隣の者達ではない。

14．スーラパットゥ村（Soorapade BRPO302・PO029A）

この村の戸数は，資料の欠損のため正確には読み取れないが，パッリ，牛飼い，チェッティ，パライヤの4カーストのみからなり，おそらく10戸前後の村である。この村のミーラーシダールはコンダイカッティ・ヴェッラーラ達であったが，その権利を，ポンネリの町に居るラチュマジー・パンディット（Luchumajee Pundit：おそらくブラーミン）が購入している。

以上が，『バーナード報告』において，ポンネリ地域でミーラーシダール権益の売買があったように記述されている14村の事例である。ミーラーシダール権益の売買によって，村外の者が権益を入手していた状況を確認することができたであろう。

遠方のミーラーシダールによるミーラース権所有例

同報告には，これらのミーラーシダール権益の取引事例に加えて，売買そのものについての記述はないものの，遠方の者がミーラーシダールになっている事例を見出すことができる。たとえば，ミーラーシダールがマドラスの住人であった村として，次のような事例を挙げることができる。まず，7戸からなるマトゥラヴェードゥ村（Mutteravade BRPO034・PO159A）では，ミーラーシダールは，マドラスの3人（Tumban, Kurian, Nynan）である。カナカヴァッリプーラム村（Cuncavallyporam BRPO058・PO148A）は無人の村であるが，マドラスのサディアッパ・ムダリ（Sadiappa Mudali）がミーラーシダールである。同じく無人の村であるペリンジャリ村（Perinjary村 BRPO068・PO075A）では，マドラスに住むトゥールヴァ・ヴェッラーラがミーラーシダールとなっている。

5つのカースト（戸数は資料欠損のため不明）がいるアサナプドゥール村（Asanpoodoor BRPO098・PO165A）では、タッタマンジ村（Tuttamunja BRPO074・PO100A）に住むニヨギ・ブラーミン（Niyogee Bramins）や居所不明のジェントゥー・ブラーミンに加えて、マドラスに住むパルコッタ・ヴェッラーラがミーラーシダールである。48戸からなるヴォイルール村（Voiloor BRPO124・PO091C）では、同村のジェントゥー・ブラーミン、書記、ヴァッルール村（Valloor PO042I）のタタヴァジー・ブラーミン（Tutavajee Bramin）、ミンジュール村（Menjoor PO050C）のヴィシュヌ・ブラーミンがそれぞれ一つずつのシェアを有していたのに加えて、マドラスのニヨギ・ブラーミン、および、同じくマドラスのナンビ・ブラーミン（Numby Bramin）とシヴァ・ブラーミンがそれぞれ1株ずつ所有している。無人の村であるトレヴェンガダプラム村（Trevengadaporam BRPO020・PO113C）では、ポンネリの町に接する先のクーマンガラム村（Coommungalum BRPO014・PO115B）のシーヴァコレンダ（Seavacolenda）、ペリヤカヴァナム村（Periacavenum BRPO030・PO149A）のアンベラナム（Ambelanum）、ウーダヴール村（Oudavoor 位置不明）のラキアッパン（Rakeappen）、および、マドラス近郊の手綿工村であるチンタードリペッタに住むパヴルムッラ・ムダリ（Puvlumula Mudali）がミーラーシダールとなっている。

これらの事例で、マドラスに住むようなミーラーシダールが、どのような事情で遠隔地の村のミーラーシダール権益を有するようになったかは不明であるが、可能性としては、次の二つを考えることができる。第一は、元々村に住んでいたミーラーシダールが、マドラスへ移動していったという可能性である。そうした事例がある可能性は否定できないが、いくつかの例で無人の村のミーラーシダールとなっていた点に見られたように、そのような事例は必ずしも多くないであろう。第二は、都市部に住む者が、村々のミーラーシダール権益を積極的に購入していたというものである。先のミーラーシダール権益の売買事例でも、ポンネリの町やその近隣に住む者、あるいは商人カーストによる購入例が見られた。マドラスに住み富を蓄積した者達が、何らかの契機でミーラーシダール権益を獲得した可能性が高い。

無人の村のミーラーシダール権益取引

　もう一つ注目しておきたいのは，無人の村のミーラーシダール権益の取引が，しばしば登場している点である。なぜミーラーシダール権益が人のいない村に存在するのかという事情についてはすでに議論済みである。簡単に言えば，ミーラーシダール権益が，個々の村単位での生産関係ではなく，村を超えた在地社会レベルでの再生産体制であるミーラース体制に維持されていたために，たとえ住居が存在しなくとも権益の網の目が張りめぐらされており，そこでミーラーシダール権益を獲得すれば一定の取り分が期待できたからである。それはともかくとして，そうした無人の村に，都市に住む者や商業関係者が積極的に権益を確保していたという事態は，この時期の農村と都市をつなぐ商業交易関係の展開という背景を考慮に入れない限り理解しえない。さらに，新たな農業開発の動きも想定することができよう。

商業交易活動の展開とミーラーシダール権益取引

　商業交易活動を通じて富を蓄積した者達が，どのような契機で，いかなる目的でミーラーシダールの権益を入手あるいは拡大していったかの事情については，さらなる資料の発掘が必要である。しかし，これまで検討してきたように，この時期に，かれらを中心として活発なミーラーシダール権益の取引が生じたこと，それが在地社会の従来のカースト構造に大きな変化を与えたであろう事はまず間違いない。商業関係者が，こうした権益を積極的に入手しつつあったという事態も，この時期のミーラース体制の変質を考える上で重要であろう。広範なミーラーシダール権益の取引と，その中で地方都市の近隣に住む者や商業関係者がミーラーシダール権益を獲得しつつあったという事態は，18世紀のこの時期の社会構造の変動を導く重要な要因であったと言える。ベイリーが中間層論で議論したものと同様な動きが，本書の対象とする地域においてもみられたわけである。ベイリーの中間層論を受け入れるとすれば，まさに，このような在地社会の再生産体制に組み入れられてきたミーラーシダールの権益の獲得と連関した部分であり，徴税請負というような在地社会にとって外部的な部分に関した中間層の進出ではない。

第5節　村落リーダーの活動

　17～18世紀の経済変動の中で，在地社会構造が大きく動揺する中から台頭してくる村落リーダーが，具体的にどのような活動をおこなっていたかについて最後に検討したい。

　村の長による徴収と支出
　ここで用いる資料は，チングルプット地域に隣接する南アルコット地域に広く存在した「グラマッタン（Gramuttan）」（村の長）の収支に関する資料（以下『グラマッタン収支簿』）である。グラマッタンは，本書での村落リーダーに相当する階層であったと考えてよい。図表III-22A～22H（CD）の表[22]は，本来はグラマッタン達がおこなっている「不法な徴収（unauthorized collection）」，つまり，政府の許可を得ない私的な徴収の使途についての報告である。もちろん，不法な徴収をしていると呼ばれているのであるから，行政システムの中で村の長として存在していたわけではない。グラマッタンを，行政的な意味の村長ではなく，村落リーダーとしての村の長とここで呼ぶ一つの理由である。

　村の長の支出項目の内容は驚くほど多様であり，彼らの村落における活動の実態をはからずも示している。以下，順に分析する[23]。

　カラングーリ村（Carangooly　CU056：図表III-22A（CD））においては，計110.35.12.（P.F.C.）が徴収され，それらが，税務，治安，灌漑，宗教活動，職人の維持，グラマッタンの私用その他の部門に支出された（表の項目分類は筆者による。以下同様）。税務に関しては，まず書記（conicopillah）へのバッタ（不定期の給付，いわばチップ）や帳簿用の椰子の葉（Olah）の代金，村へ地税を徴収しにくるピオン（Mahatidee peon）への手当，さらにシャヴィー（shavie：作物の病害）を口実にした税の減免を得るためのタフシルダール（tasildar：郡長）やザリブダール（zareebdar：測量人）に対する賄賂，グラマッタンが横領していたノタガール（notagar：両替人，貨幣鑑定人）への給付分の返済，グラマ

ッタン自身への手当，および，金貨の両替の際の手数料などが支出されている。治安項目では，本来は政府からタライヤーリやトッティに対して支払われるべき手当の横領分の穴埋め，宗教関係では，寺院（church という語が使われているが，この場合は明らかにヒンドゥー寺院を意味する）や巡礼の費用，その他の項目では政府の役人や慈善目的のチップ，おそらくはブラーミンの宗教関係者であると思われる人物への手当，結婚祝い等が支出されている。

アコラグラマム村（Acolagramum　位置不明：図表III-22B（CD））では計45.2.65（P.F.C.）が徴収され，税務関係では，集金にくるピオンへの手当が最も大きく，それ以外では，自身が役所（Cutchery）へ出かけるための費用，書記用の椰子の葉，村役場のランプ代，役所の役人への賄賂が支出されている。それ以外では，盗賊を連行しに来たピオンや，ポリガールと思われるペルマル・ナーイク（Permal Naig）という人物への手当，貯水池の番人への手当や，貯水池の修復費用，宗教関係では，寺院の修復やダサラ，ディーパーヴァリ，ポンガル，タイプーサムをはじめとする各種の祭礼・祭祠の費用，その他，大工への支払い，医者の葬式費用などが含まれている。

ヴィーラタナゲリ村（Veertanagerry　位置不明：図表III-22C（CD））では計56.21.64.（P.F.C.）が徴収され，それらから，税務関係として，書記への手当，集金にくるピオンへの手当，タフシルダールへの賄賂，金貨の両替の手数料などが支出され，それ以外では，トッティへの手当，寺院での儀礼の費用，パンダーラムへの手当，自身が購入した乳牛の支払い，私的な費用，自身が使い込んだ政府から鍛冶屋への手当の穴埋め，ナーッタールへの支払い，等々の支出がおこなわれている。

グーダロール村（Gudalore　同一名称村多数あるため位置不明：図表III-22D（CD））では計46.30.75（P.F.C.）が徴収され，その中から，税務関係として，書記への給付，椰子の葉の代金，徴税に来たピオンへの手当，測量人（土地の測量ではなく，作柄などにより税額を査定する査定人か？）への手当等が支払われ，それ以外では，村の長の寺院（村の長が建設した？）への支出，村の長自身の私的な費用，ブラーミン，踊り子などを含む「貧民」への手当が支出されている。

レッタネ村（Rettane　位置不明：図表III-22E（CD））では計32.2.9.（P.F.C.）が徴収され，そこから，書記関係の費用，ピオンやノタガールへの手当，金貨

第5節　村落リーダーの活動　231

交換のための手数料が差し引かれ，次いで，治安関係で，カーヴァルガール（ポリガールに相当する）やピオン，トッティ，田畑の見張り人への諸手当，貯水池や寺院の修理，祭礼等の費用，グラマッタン自身への給付，ブラーミンやムスリム僧への手当その他が支払われている。

　パールヴァティプーラム村（Paurvatepooram　CU055：図表III-22F（CD））では計 45.0.0.（P.F.C.）が徴収され，そこから，測量人にかなりの額が支払われ，それ以外では，書記や税金を徴収しにくるピオンへの手当，寺院の費用，大工と鍛冶屋への手当を使い込んだ分の穴埋め，および，グラマッタン自身の私的な費用が支出されている。

　パレパライヤンクッパム村（Parepariancooppum　CU089：図表III-22G（CD））では計 122.28.54.（P.F.C.）が徴収され，そこから，書記関係の費用，タフシルダールとその部下への贈り物の費用，測量人や集金にくるピオンへの手当，道路工事に雇われたクーリーとその監督への手当，寺院や巡礼，踊り子や役者などの宗教関係の費用，村の長自身のさまざまな私的費用，果樹園の政府への未登録による収益の流用，村の長の友人達への支給，その他，村のさまざまな人物への手当が支出されている。

　ヴァッラム村（Vullum　位置不明：図表III-22H（CD））では計 119.10.37.（P.F.C.）が徴収されたが，それらは，まず税務関係として，書記や集金ピオンへの手当，郷書記や村の統治の監督にやってきたタフシルダールの親戚に当る人物，同じく測量人達への手当，カーヴァルガールへの手当，貯水池掘削や給水所（water pundel）の維持費用，寺院や祭礼の費用，占星術師や大工への手当，演劇・役者への支払い，グラマッタン自身の私的費用，さまざまな人物への給付などのために支出されている。

　以上8村におけるグラマッタンの「不法な（unauthorized）」徴収とその支出の検討から第一に注目されるのは，政府によって認められていない（unauthorized）私的な徴収の額が，場合によっては地税額の半分を占めたことである。第二に，それにも増して重要なのは，支出項目が極めて多岐にわたっていることである。それらの活動内容から，彼らが村の宗教的[24]，政治的，社会的，生産的活動のスポンサー化していた事実が読み取れるのであるが，それを，本書のテーマの一つであるネットワークという観点から整理してみよう。まず，税

務ネットワークにおけるグラマッタンの活動としては，村内で村書記への手当や帳簿用の椰子の葉の提供などが見られ，外との関係では，金貨の両替の手数料をはじめとして，村へ地税徴収にやってくる使者への手当，税の減免をかちとるための郡長や測量人への賄賂，町の書記への手当，貯水池や道路の修復費用，あるいは自身が役所へ出向くための費用などの支出例が見られる。次に軍事あるいは治安ネットワークという点では，タライヤーリやトッティなどの村の番人への手当，盗賊を連行しにやってきたピオンやポリガール（カーヴァルガール）への手当が多くの村で支払われている。宗教ネットワークに関しては，村の寺院や，ブラーミン，ムスリム僧，踊り子，役者への手当，ダサラをはじめとする各種祭礼の費用，巡礼への手当などの支出が見られる。このように，グラマッタン，すなわち本書で村落リーダーと呼んできた階層は，村落と外部世界を介在するさまざまな活動をおこなっていたのである。

　グラマッタンによる徴収のもう一つの意味は，それが単に「政府によって認められていない」徴収であっただけでなく，従来の在地社会の再生産体制であるミーラース体制からも「自由な」徴収であったこと，さらにいうならば，ミーラース体制を蚕食していく性格のものであったということである。図表III-22A〜22H（CD）の中で，しばしばバッタという形で「通常の給与を超えて（above his pay）」現金が書記に与えられ，あるいはまた，本来は大工等の職人に支払われるべき手当をグラマッタンが着服したとの記述が見られる。それらは，これらの村落リーダー達がすでに国家からも地域からも自律した行動様式を身に付けていたことを示すものである。

　このグラマッタンの性格をより明確に示唆するのは，このリストを作成したイギリス人徴税官ラヴェンショー自身がまとめている特徴である。それによれば，グラマッタンが不当に徴収・着服していたとされるのは，以下のような項目であった[25]。

1. グラマッタンが書記に帳簿にはつけないようにさせ，自身のために徴収している地代。
2. 政府が凶作を勘案して地税を割り引いたにもかかわらず，グラマッタンが農民から徴収している地代。
3. 書記がサナド・イナーム（Sunnud Enam：賜与証書のある免税地）として登

録し，政府への課税帳簿から除外されているものの，実際には政府の土地（課税地）として，グラマッタンが徴収している地代。
4. 貯水池その他の修復のために政府によってグラマッタンに前貸しされた資金で，実際に村人に仕事をさせたにもかかわらず，村人には支払っていない部分。
5. トッティや鍛冶屋，大工等への手当で，グラマッタンが徴収したにもかかわらず彼らに支払っていない部分。
6. 前政府の時代に，グラマッタンがイナーム地等の耕作者から徴収していたクッパッタム（Cooputum）と呼ばれる現物の手当で，現在は廃止されたにも関わらず，グラマッタンが依然として徴収している部分。
7. 果樹（topes）等の名目で，政府が農民から徴収する額へ上乗せした部分。
8. 自分の村へ他の村から家畜を放牧しに来た家畜所有者から，グラマッタンが徴収する課徴金。
9. 村の商店主その他への課徴金。
10. 村での耕作を望んで他村からやってきた農民への課徴金。
11. 地税支払いの保証人になったという名目で，村の農民から徴収する課徴金。
12. 村の農民相互の争いを調停したという名目の課徴金。
13. 家屋の建築や薪などのために政府に属する木を売却した場合の徴収。

このようなグラマッタンの権益は，極めて収益の高いものであったために，商品価値をもつほどであったという。そしてその権益を保持していたグラマッタンは，ラヴェンショーの表現によれば，村全体を支配するポリガールのようなものであった[26]。

このように，グラマッタンに代表される村落リーダーは，ミーラース体制に依存することでその地位を維持していたのではなく，ミーラース体制を，自身の自律的な基盤を確立するために蚕食し，新たな社会を創り出していく存在であった。その場合の彼らの基盤は，村落の長という呼称が示すとおり村落にあったのであり，この村落を基盤としたリーダーこそが，この時期の社会の最も重要な社会階層となっていたと考えることができる。

註

1) 氏の議論について，ミーラーシダールと国家，および非ミーラーシダールの小作人などとの関係についての論点をまとめると，以下のようである。
　1. 村落には，村落を構成する核となっているものが所有権を持っているタイプ（ミーラーシダール＝地主経営村落）と持っていないタイプ（国家直轄村落＝ミーラーシダールの存在しない村）の二つのタイプがあった。前者には，ミーラーシダールが個別に土地を所有する個別所有村落と，ミーラーシダール集団が所有する共同体所有村落があった。
　2. ミーラーシダールの権益は，土地への用役権，処分権であったが，その権利の内容は，個別所有村落か共同所有村落かによって差異があり，後者では，共同体的規制が強く働いていた。
　3. ミーラーシダールの諸取分権・役得は，慣習的な権益として強固に保持されており，国家の関与によっても，容易には侵害されなかった。
　4. 取分権の主要部分は，村落の経営に携わっている地主に属しており，国家が受け取る地税は土地への重層的取分権の一つにすぎず，国家が地主であることによって享受しうる絶対的権利という性格のものではなかった。
　5. 村内の地主小作関係について，国家によって呼び寄せられた村外小作人は，耕作取分権をもちえたが，ミーラーシダールが持つような取分権も処分権ももちえなかった。しかし，国家やミーラーシダールに身分的に拘束されることはなく，移動の自由をもち，国家へ地代を支払う限り耕作権はみとめられた。
　6. 村内の占有小作人は，購入等によって地主から土地への権益を得ることがあったが，そうでない場合は村外の小作人と同じ権利しかなかった。

2) 重松論文への批判点は，以下の通りである。第一に，氏は，バラモンや寺院が享受する私有権について，それが支配者側からの安堵がえられねば容易に侵害されうるような弱いものであり，それに対して，他のミーラーシダールの権利は国家が干渉しえないほど強いものであったとしている。また，国家が徴収する地租については，それが国家の所有権にもとづいて徴収されるものではなく，単なる重層的取分権の一部にすぎないとも述べている。この場合，土地への権益とは土地からの収穫のうちの一定取分権であり，この取分権は，農民の階層および農民の職分にもとづく土地に対する重層的な権利の一つであった。ここまでは筆者も同意する。問題は，ミーラーシダールが生産物の主要部分を得ていることを，彼らが唯一の所有権者であることを示す論拠とみなしている点である。取分権の量的大きさは，はたして私有権の排他的帰属性を示す論拠となりうるのだろうか，あるいは，ミーラーシダールが地主であって，国家を含めた他の権益享受者は単に取分権をもっているのみであると主張する根拠となるのであろうか。本書が主張するように，この時期においては，国家や，地域共同体，ミーラーシダールをはじめとする各種の権益享受者の対抗関係が，取分権の分配割合として表現されるのであり，誰が私有権を持っていたのかというような問題の立て方は当時の階層関係の把握に混乱をもたらすだけであろう。また，事実上ミーラーシダールよりは国家の方が取分率が大きいが，それが国家的土地所有を主張する根拠とはならないことはこれまでの本書での主張で明らかであろう。第二に，氏は，地主経営村落の二つのタイプとして，個別所有村落と共同所有村落があり，両者間での共同体規制の強弱の問題を論じている。氏によれば，共同所有村落では，荒蕪地での個別の占有権，用益権は認められておらず，また，土地保有割替も同一村内のミーラーシダールの間のみに限られており，保有地片の売却，抵当などは，共同体全体の承認なしでは不可能であった。つまり，共同体規制が強かったと議論している。しかし，村落を個別所有村落と共同所有村落とに類別してその共同体規制の強弱を議論するという問題の捉え方は，村落を在地社会を構成する一部として捉える考え方とは大きく異なる。本書で後に論ずるように，ミーラース体制は地域空間を基盤とした複数の社会集団間の共同体的関係でもあり，その主要な支配層であるミーラーシダールがたとえ村落を基盤としていても，村落を超えた広がりでの共同体的関係を背景としたのである。したがって，共同体規制の強弱を議論するのであれば，地域構造自体の変化とその要因こそ対象とされねばならない。第三の問題は，同じくミーラーシダールであっても，バラモンや寺院等のミーラース権は国

家権力の干渉を受けやすいのに対して，その他のミーラーシダールの権利は国家権力に容易には介入されないほど強いものであったとする点である。この氏の議論は，そもそも氏の村落分類が，植民地行政官マンローの村落分類を参考にしておこなったもので，国家直轄村落と地主経営村落の分類に際して，宗教関係のミーラース村を全て国家直轄村落に含めているからである。すなわち，「寺院がミーラーシダールであり，その経営を国家に委ねている寺院村落」や，マタ（教団）やモスク等の宗教組織に属する村落は，非ミーラーシダール村落であるとしているのである。しかし，寺院がミーラーシダールであると明記されている村落や，宗教組織がミーラーシダールとしての取分権を受領しているに違いない村落を，あえて非ミーラース村落と分類するのにはいささか無理がある。この時期の植民地官僚の報告書には，ミーラーシダールの権限がナワーブ政府によって縮小されたと報告されているものがあるが，氏の分類方法に従うと，それらの村落も非ミーラーシダール村落と分類しなければならなくなってしまうだろうし，また，村外のミーラーシダールがミーラース権を持ち，農業経営には自分で直接関与しないような村も，同じく非ミーラーシダール村落に分類されてしまう。氏がこのような考え方をとるのは，必ずしも明記されてはいないが，ミーラーシダール権の発生のあり方に，権限の強弱の差異の淵源があるとされているからのように思われる。一般のミーラーシダール村落は開墾や入植にその起源を有するのに対して，寺院や宗教組織に属する村落は国家からの土地の施与がその始まりであるからということである。しかし，辛島の一連の研究によれば，そもそもミーラース村落は，チョーラ期に国家がバラモンや寺院に対して与えたのが始まりであり，その後一般村落にまで広がったものである。もし，はるかに時代が下った18世紀の時点において，これらの村が逆に一般のミーラーシダール村落よりもミーラース権が弱いとしたなら，それはいったいどのような事情によるのであろうか。この点について，氏は，次のように説明している。すなわち，バラモンや寺院の私有権は，ヒンドゥー支配者の理念体系を支える見返りとしての封与であり，それゆえ国家の変動や衰微にともなってその権益が大きな影響を受けるほど弱いと。つまり，国家との関係が近いがゆえに，国家権力の変動の影響を受けやすいということである。このような氏の論点が示唆するのは，実は，ミーラース権というものが，国家のみが関わったのではなく，ましてそれ自体が他と切り離されて独立していたものでもなく，国家，軍事領主，寺院と在地社会との対抗関係の中で維持形成されてきたものであること，したがって，その中には場合によっては国家により依存したものがあり，その場合には国家権力の盛衰と運命を共にしがちであったということであって，バラモンや寺院がそれに相当する存在であったか否かは，それ自体より踏み込んだ研究が必要である。なお，これらの議論については，［水島1990C］，特に第4章第2節を参照されたい。
3) 『ミーラーシダール権益調査報告』では，複数のミーラーシダールが一つのシェアを共有している場合，1人の個人名とその他という表現が使われているため，そうした例では全ミーラーシダール名は不明である。通常，そうした共有の場合には，何人が共有しているかの数値が記されていることが多いが，逆に，ミーラーシダール名が1人しか記されていない場合にも，ミーラーシダールの数値が複数で記されていることがあるため，判然としない場合がいくつかある。以下の計算では，ミーラーシダール全員の数ではなく，共有の場合も1人としてカウントした。したがって，正確には，ミーラーシダールの組数ということになる。ただし，共有のケースは，全体の2％に満たず，98％以上が一つのシェアを1人のミーラーシダールが持つという形になっている。
4) カーンチープラム（Conjeveram）パラガナのゴーヴィンダヴァディ（Govindavady）マガンにあるアリアペルンバーク村（Ariaperumbauk）の例で説明しておくと，4人のミーラーシダール（Sermoota Naick, Mottay, Conary, Ellapah）と2人のパヤカーリー（Caldavayan, Vencataroyapillah）がいた。これら6人は，順に3, 2, 2, 2, 1, 2のシェア，計12シェアを持っていた。つまり，この村は，4人のミーラーシダールと2人のパヤカーリーによって，それぞれ3/12, 2/12, 2/12, 2/12, 1/12, 2/12の割合で所有されていたことになる。
5) この点に関するブレースの指摘としては，ミーラーシダールとパヤカーリーの間には所有者と小作，永久と一時という差異があるとみなすという「ミーラーシダールは本当の所有者であるが，

236　第3章　村落リーダーの台頭と18世紀の政治経済変動

パヤカーリーは一時的な小作である」[Place's Letter to William Petrie, President & ca. Members of the Board of Revenue, Fort St. George, 1.7.1799 (Board's Miscellaneous Records, vol.45): Paragraph 69]という指摘，あるいは，ミーラーシダールが村の創始者の流れをくむ者であるのに対して，パヤカーリーが他の者の土地を一時的に耕作するだけであるという「仮に前者 [ミーラーシダール] が村の元来の開拓者，つまり本当の所有者の子孫であるか，その地位を継承したか，その地位を入れ替わったかした者であったとすれば，後者 [パヤカーリー] は，土地所有者よりも土地への関心は薄い。したがって，パヤカーリーは，他者の土地を，1年もしくはそれ以上の期間（大半は1年間）契約して耕作する農民を意味する」[ibid.: paragraph 73]という指摘，あるいはまた，何代にもわたってパヤカーリーが耕作を続けてきた場合はあっても，その権利はあくまで利用権であって，ミーラーシダールとは基本的に異なるという「ここで述べているところのパヤカーリーは，時限で耕作する権利を享受しており，彼ら自身もしくはその祖先が何代にもわたって耕作してきたので，ミーラーシダールの恣意によっては村から追い出されることはないし，ミーラーシダールは彼らに土地を割り当てないといけない。しかし，パヤカーリーは，儲けを目論んで自分たちの権利を売却したり，抵当化したり，あるいは譲渡したりすることはできない。というのは，その権利は，利用権と土地の実質だけであるからだ。子孫は相続するものの，もしそうしなかった場合は，土地はミーラーシダールの元に戻ることになる。しかしながら，これは，このような権益に対して元々適用される法であると考えるべきで，というのは，私が思うには，人口減のためにこれらのパヤカーリー達は他の者を呼び入れたり継承者を任命したりすることを許されているからである。とは言え，彼らの権利は決して売買や交渉の対象とはならないのである。かれらは，50％ではなくて45％の取り分を得ているが，それは，彼らが，一時的な関心しか持たないとは言え，少なくとも死ぬまでの権益へと改善されたからである。しかし，彼らは，どのような形であれ，ミーラーシダールの手当や特権に与ることはできないし，逆にミーラーシダールに対して手当を支払うのである」[ibid.: paragraph 74]というような例をあげることができる。

6)　プレースは，『プレース1799年報告』で，二つの具体的な村落の事例（Poolalloor と Damerlah）を挙げて，ミーラーシダールの株数，ミーラーシダールと sub-mirasidar の関係について次のように記述している [Place's Letter to William Petrie, President & ca. Members of the Board of Revenue, Fort St. George, 1.7.1799 (Board's Miscellaneous Records, vol. 45): Paragraph 69]。まず，Poolalloor 村は，元々は4つの株に分かれ，4人の「所有者すなわちミーラーシダール（proprietors or Meerassadars）」によって保有されていたが，時間の経過とともに分割されて現在は30人のミーラーシダールとなったと指摘する。他方，『ミーラーシダール権益調査報告』の方では，Poolalloor 村ではミーラーシダールとして13人，パヤカーリーとして17人，計30人の名前をあげている。つまり，『ミーラーシダール権益調査報告』でのミーラーシダールとパヤカーリーは，いずれもミーラーシダールとみなされているわけである。もう一つの Damerlah 村の場合，元々160の株に分かれていたものであり，現在は23人の所有者（proprietors）によって分有されていると指摘する。他方，『ミーラーシダール権益調査報告』では，ミーラーシダールとして5人，パヤカーリーとして18人，計23人の名前があがっている。つまり，ミーラーシダールもパヤカーリーもいずれも proprietors と扱っている。

『プレース1799年報告』のこの記述に引き続く部分で，プレースは，「sub-meerasadars は，このようにかれらの本家筋（principals）に従属しているとみなされているが，これ [本家筋への従属] のみが両者 [sub-meerasadars と principals] を分かつ違いであって，実際の耕作者であるミーラーシダールと臨時の耕作小作であるパヤカーリーの差を示すものである手当や特権に対して，彼らは平等に権益を有している」[ibid.: paragraph 69] と述べている。つまり，sub-meerasadars は，パヤカーリーとは異なり，ミーラーシダールの一員であるとしているわけである。

以上の，多少混乱した記述を整理すると，『プレース1799年報告』では，ミーラーシダールとパヤカーリーとを明確に異なる存在として認識し，一貫した叙述をしているものの，『ミーラー

第5節　村落リーダーの活動　237

シダール権益調査報告』では，いわば本家筋のミーラーシダール (principals, proprietors or Meerasadars) をミーラーシダールとし，本家筋以外ではあるがミーラーシダールとしての株を有し，ミーラーシダールの権益を享受しているもの (sub-meerasadars, proprietors) をパヤカーリーとして株数とともに記録したと考えられる。

　プレースがなぜこのような処理をしたのかについては，次の引用にあるように，ミーラース権が主張されておらず，パヤカーリーが占有している部分に関して，何らかの政治的理由でミーラーシダールがわざと権益を主張しないケースと，1780年のマイソール戦争やそれに引き続く飢饉によって実際にミーラーシダールがいないケースとの区別ができなかったというような事情があったのではないかと思われる。

　「次に記載する記録によって，ジャーギール地域の全ての土地が 17,821 7/8 のミーラーシー株に分割され，現存する正当な所有者が 8,387 人存在し，全部で 15,994 9/16 株を所有していることが見てとれるだろう。残り 1,827 5/16 株は所有を主張するものがおらずにパヤカーリーによって占有されている。しかしながら，それらの一部は，ミーラーシダールのものであり，ミーラーシダールが政治的な理由で休眠状態にしている場合や，あるいは1780年の戦争の結果やそれに引き続く飢饉のために権利を主張するものがいない場合がある。私がジャーギール地域を去る前に克服できなかった大きな困難は，そのいずれであるかが識別できなかったことである。というのは，たとえ村書記によって各村の所有者がきちんとわかっていたとしても，ミーラーシダールが一時的に土地の一部を放棄する秘密の動機を有しており，あるいは土地を完全に放棄する逼迫した理由があまりないのであるから，私はこの問題を急いで処理しないことにしたのである……。」[Place's Letter to William Petrie, President & ca. Members of the Board of Revenue, Fort St. George, 1. 7. 1799 (Board's Miscellaneous Records, vol. 45): paragraph 344]

　なお，プレースは，『1795年報告』では，全生産物に設定された取り分で，ミーラーシダールよりもパヤカーリーの方が高い比率が設定されているために，ミーラーシダールが一部をミーラーシダールのものとして登録し，他をパヤカーリーのものとして登録することによって，高い取り分を確保する不正がおこなわれているとも述べている [Report from the Collector of the Jaghire, 6. 10. 1795 (BOR Proceedings, 25. 1. 1796, P/285/27): 496-843, paragraph 63]。また，同様の記述は Letter to William Petrie Esq. President & ca. Members of the Board of Revenue, FSG, 1. 7. 1799 (Board's Miscellaneous Records, vol. 45): paragraph 115 にも見られる。しかし，『ミーラーシダール権益調査報告』で実際にそうした例を探すと，必ずしもプレースの主張通りではない例が少なくない。

7) 註3で指摘した理由から，実際のミーラーシダール数は，これより多い。
8) 以上の集計は，入力処理された人名データをそのまま集計して得られた結果であるが，それらの人名を，可能な限り共通化して集計した場合に，名寄せしたミーラーシダール数は，全部で 5,333 人へと減少するものの，個々のミーラーシダールがシェアを所有している村数の比率は，ここでの集計結果とほとんど同じ結果となっている。集計結果に全幅の信頼を置くことは困難ではあるものの，そこから得られる定性的な結論については，誤差をかなりとっても不動である。
9) たとえば二つの村に，それぞれ 0.5, 0.8 のシェアを有していたとすると，全体では計 1.3 村分のシェアを有していたということになる。
10) 名前の中に，「ムダリ」とか「チェッティ」などのようなはっきりとしたカースト名称が含まれている場合には，その名称をカースト分類の根拠とした。また，そうでなくても，たとえば，「アイヤール」や「アイヤンガール」が名前の一部に使われていれば，ブラーミンと判定した。カーストを示唆するような部分が名前に使われていない場合，ブラーミンの可能性が高いのではないかとの印象をもっているが，ここではカースト不詳 (unidentified) として分類した。
11) カースト称号によってカーストを判断する際，次ぎの2点が問題となる。第一は，カーストの歴史的な流動性のために，ある称号が複数のカーストによって使用されている場合である。たとえば，ナーヤカという称号が軍事関係者を意味するという観念が共有されていった場合に，複数のカーストから軍事関係者が誕生してナーヤカという称号を名乗る場合が少なくなかったと思

われる。一般に，新たな社会層が登場し，その地位や職種に幅広いカーストから参加者があった場合に，そうした現象が生ずることになる。『ミーラーシダール権益調査報告』の中でも，従来のカースト称号に加えて，別の称号を二重に有している事例がいくつかある。第二は，あるカーストが，何らかの契機で地位の上昇運動を起こそうとした場合に，地位の上昇に結びつくような称号を，そのカーストの一部成員がとり入れていくような場合である。椰子酒作りのイーラワーカーストの一部が，クシャトリヤの身分を主張してナーダルと称するようになっていく事例がよく知られている。カースト間のバウンダリーは，歴史的に流動的であるために，称号も常に過渡的で流動的な性格を持っているわけであり，ある時点で切った場合に，たとえ実態として同じカーストに属していても，別の称号を持っているということも十分に考えられる。

12) カーストを判断することができない場合，村落の種類が，一般にブラーミンが主に居住していると考えられるアグラハーラム村か，そうではないナッタム村かどうかが判断の根拠になるとも考えられるが，実際に『ミーラーシダール権益調査報告』で見てみると，アグラハーラム村のミーラーシダールが，明らかに非ブラーミンである事例が少なくない。

13) プレースは，註6に引用したように，『プレース1799年報告』で，ジャーギールでのミーラース権について，同地域が全体で17,821 7/8のシェアに分けられており，現存の所有者数（ミーラーシダール数）は8,387人，それらが保有するミーラース権が全部で15,994 9/16シェア，残りの1,827 5/16シェアはパヤカーリーによって占有されているとしている［Place's Letter to William Petrie, President & ca. Members of the Board of Revenue, Fort St. George, 1. 7. 1799 (Board's Miscellaneous Records, vol. 45): paragraph 344］。続いて第347パラグラフでは，ミーラーシダールの数が8,360人であるとして，その数は本家の数のみであり，実際にはその10倍の数はいるだろうとしている。これらの数値が，『ミーラーシダール権益調査報告』の数と異なる理由ははっきりしないが，ここでは『ミーラーシダール権益調査報告』を基準として論を進める。

14) 「古くから」の免税地が104 7/8 カーニ（灌漑地が25村に61 7/8 カーニ，非灌漑地が8村に43 カーニで，全て重複する），「新規」の免税地が1村で1 カーニ（灌漑地）という構成となっている。

15) 内訳は，「古くから」の免税地が85 カーニ（灌漑地が32村に81 カーニ，非灌漑地が17村に55 1/8 カーニ），「新規」の免税地が2村で4 カーニ（灌漑地）という構成となっている。

16) 計183 2/19 カーニ（灌漑地172 49/81 カーニ，非灌漑地10 1/2 カーニ）を得ている。

17) 計250 10/13 カーニ（灌漑地236 1/13 カーニ，非灌漑地14 9/13 カーニ）を得ている。

18) 第1章註21参照。

19) 地理情報システムをアジアの歴史研究に応用する際にもっとも困難な点は，資料上の地名と近年の地名を合致させる点である。単に，表記の不一致があるだけではなく，同一地名が多数にのぼること（たとえば『ミーラーシダール権益調査報告』ではAgaramが12村，Amanumbaukumが4村，Calatoorが5村等々あり，それに対応する基本地図として用いている1960年代の郡地図（1マイル1インチ縮尺）では，チングルプット県3,375村の自然村で，Agaramが15村，Amanumbaukumが5村，Calatoorが2村となる）。地名がしばしば変更されること，廃村や新村誕生が頻繁であることなど，いくつかの障害がある。

20) *Papers on Mirasi Right selected from the Records of Government*, Madras, Pharoah and Co. Atheneum Press, 1862: 172-344.

21) ある村に住む者達が，いくつかの村々でミーラーシダール権益を入手するという動きはタッタマンジ村（Tuttamunja BRPO074: PO100A）とペリアカヴァナム村（Periacavenum BRPO030: PO149A）でも見ることができる。まずタッタマンジ村の場合は，ニヨギ・ブラーミン（Niyogee Bramins）が120のシェアを，ピエルコッタ・ヴェッラーラ（Piercotah Vellaler）が8のシェアを有している村であるが，無人の村であるシラドパンジェリ（Silladpanjary BRPO 080: PO103A）ではピエルコッタ・ヴェッラーラ，22戸からなるカダパッカム村（Cudapacum BRPO082: PO098A）ではニヨギ・ブラーミンが，5つのカースト（戸数は史料欠損の

第5節　村落リーダーの活動　239

ため不明）がいるアサナプドゥール村（Asanpoodoor　BRPO098: PO165A）ではニヨギ・ブラーミンがそれぞれミーラーシダールとなっている。ペリヤカヴァナム村はトゥーリヴァ・ヴェッラーラのナッラムッタ・ムダリ（Nullamootta Mudali）とアルナチャラ・ムダリ（Aroonachela Mudali）がミーラーシダールの村であるが，無人の村であるトレヴェンガダプラム（Trevengadaporam　BRPO020: PO113C）でアンベラナム（Ambelanum）が他のミーラーシダールと並んで権益を持っている。

22) Letter from the Principal Collector in the Southern Division of Arcot, 15.12.1805, BOR Proceedings, 2.1.1806.
23) たとえば，谷口は18世紀後半のベンガルのザミンダールを例に，その徴収と支出の内容を分析している［谷口1990］。ここで取り上げた村の長の徴収と支出の規模ははるかに小さいが，その費目には多くの共通点が見られる。
24) 宗教活動のスポンサーとなることは，インド社会において「権威」を獲得するための重要な要素である。この点に関して，英領マラバールにおける植民地支配の性格を権威，正当性，権力という三つのキータームから論じた［水島1990B: 53-54］参照。また，植民地権力との関わりによって抬頭してきたドバシー（通訳）階層による宗教活動への積極的な関わりについては，［Neild-Basu 1984: 28-29］。
25) Letter from the Principal Collector in the Southern Division of Arcot, 15.12.1805, BOR Proceedings, 2.1.1806.
26) Letter from Ravenshaw, 15.12.1805, BOR Proceedings, 2.1.1806: paragraphs 4-7.

結　語

　本書は，18世紀後半の南インドを対象にして，17～18世紀の経済変動によって，ミーラース体制が分解を遂げ，ミーラーシダールと呼ばれる村落領主層の間から村落リーダーが台頭し，新たな社会へと動き始めていたことを論じたものである。

　最後に，この植民地支配直前の状況が，その後どのような展開を遂げるかについて，おおまかな見通しを示すことで本書を終えたい。18世紀の政治的混乱の一つの大きな要因となった村落リーダーの軍事的な力とその政治的自律性は，18世紀末に至る長期の戦乱を経て，南インドが東インド会社によって軍事的に制圧される過程で剥奪され，植民地統治が本格的に開始される19世紀初頭には，これらの村落リーダーは，その出身母体であるミーラーシダールと呼ばれる層の中に埋没していった。さまざまな性格をもつミーラーシダールは，しかし，その力を完全に喪失したわけではなく，生き残ったミーラーシダール達の政治的・経済的・社会的な支配の力は，19世紀初頭に植民地支配が本格的に開始された時点においても，それぞれの村落において強固に保持されていた。国家と農民との中間に位置したこれらのミーラーシダールの力を奪い取り，他の農民と同じ位置にまで落とすには，植民地政府はその後長い年月を要することになる。この問題に関しては，19世紀以降の展開を対象とした別稿を期したい。

参考文献

Aiyar, R. S. 1924. *History of the Nayaks of Madura*, University of Madras.
Alavi, Seema. 2002. *The Eighteenth Century in India*, Oxford University Press.
Appadurai, A. 1974. Right and Left Hand Castes in South India, *The Indian Economic and Social History Review*, 11, 2 & 3.
Appadurai, A. 1977. Kings, Sects and Temples in South India, 1350-1700 A. D., *The Indian Economic and Social History Review*, 14, 1.
Arasaratnam, S. 1966A. *The Dutch East India Company and Its Coromandel Trade 1700-1740*, Inhoud Van Deel 123, 3e Aflevering.
Arasaratnam, S. 1966B. Indian Merchants and Their Trading Methods (circa 1700), *The Indian Economic and Social History Review*, 3, 1.
Arasaratnam, S. 1979. Trade and Political Dominion in South India, 1750-1790: Changing British-Indian Relationships, *Modern Asian Studies*, 13-1.
Arasaratnam, S. 1980. Weavers, Merchants and Company: The Handloom Industry in South Eastern India 1750-90, *The Indian Economic and Social History Review*, 7, 3.
Arasaratnam, S. 1990. Weavers, Merchants and Company: The Handloom Industry in South-eastern India 1750-1790, in Subrahmanyam, Sanjay. (ed.) 1999.
Arasaratnam, S. 1992. Some Reflections on the 18th Century 'Crisis' in the Indian Subcontinent, *Journal of the Japanese Association for South Asian Studies*, 4.
Arasaratnam, S. 1994. *Maritime India in the Seventeenth Century*, Oxford University Press.
Arasaratnam, S. 1995. *Maritime Trade, Society and European Influence in Southern Asia: 1600-1800*, Variorum.
Arasaratnam, S. 1996. *Maritime Commerce and English Power: Southeast India 1750-1800*, Sterling Publishers Private Limited.
Arasaratnam, S. 1999. Coromandel's Bay of Bengal Trade 1740-1800: A Study of Continuities and Changes, in Prakash, Om and Lombard, Denys (ed.), 1999.
Baden-Powell, B. H. 1892. *The Land-Systems of British India*, vol. III.
Bajaj, J. K. and Srinivas, M. D. 1994. Indian Economy and Polity in the Eighteenth Century: The Chengalpattu Survey 1767-74, *Indian Economy and Polity*, Centre for Policy Studies, Madras.
Bajaji, Jitendra and Srinivas, M. D. 2001. *Restoring the Abundance: Regeneration of Indian Agriculture to ensure Food for All in Plenty*, Indian Institute of Advanced Study, Shimla.
Bajekal, Madhavi. 1990. The State and the Rural Grain Market in Eighteenth Century Eastern Rajasthan, in Subrahmanyam (ed.), 1990.
Baker, C. J. 1976. Tamilnad Estates in the Twentieth Century, *The Indian Economic and Social History Review*, 13, 1.

Baker, C. J. 1984. *An Indian Rural Economy 1880-1955 The Tamilnad Countryside*, Oxford University Press.
Bandopadhyay, Arun. 1992. *The Agrarian Economy of Tamilnadu 1820-1855*, K P Bagchi & Company.
Banerji, R. N. 1974. *Economic Progress of the East India Company on the Coromandel Coast 1702-1746*, Nagpur University.
Bayly, C. A. and Subrahmaniyam, S. 1988. Portfolio Capitalists and the Political Economy of Early Modern India, *The Indian Economic and Social History Review*, 25, 4.
Bayly, C. A. 1983. *Rulers, Townsmen and Bazaars: North Indian Society in the Age of British Expansion, 1770-1870*, Cambridge University Press.
Bayly, C. A. 1989. *Imperial Meridian: The British Empire and the World 1780-1830*, Longman.
Bayly, C. A. 2004. *The Birth of the Modern World 1780-1914: Global Connections and Comparisons*, Blackwell Publishing.
Bayly, Susan. 1989. *Saints, Goddesses and Kings: Muslims and Christians in South Indian Society 1700-1900*, Cambridge University Press.
Bayly, Susan. 1999. *Caste, Society and Politics in India from the Eighteenth Century to the Modern Age* (The New Cambridge History of India, IV. 3), Cambridge University Press.
Beck, B. E. F. 1972. *Peasant Society in Konku-A Study of Right and Left Sub-Castes in South India*, University of British Columbia Press.
Bajekal, Madhavi. 1988. The State and the Rural Grain Market in Eighteenth Century Eastern Rajasthan, *The Indian Economic and Social History Review*, 25, 4.
Bhattacharya, Bhaswati. 1999. The Chulia Merchants of Southern Coromandel in the Eighteenth Century: A Case for Continuity, in Prakash, Om and Lombard, Denys (ed.), 1999.
Bose, Sugata. 1994. *Credit, Markets and the Agrarian Economy of Colonial India*, Oxford University Press.
Brennig, Joseph J. 1986. Textile Producers and Production in Late Seventeenth Century Coromandel, *The Indian Economic and Social History Review*, 23, 4.
Broeze, Frank. 1997. *Gateways of Asia: Port Cities of Asia in the 13th-20th Centuries*, Kegan Paul International.
Buchanan, Francis. 1807. *A Journey from Madras through the Countries of Mysore, Canara, and Malabar*, London.
Champakalakshmi, R. 1987. Urbanisation in South India: The Role of Ideology and Polity, *Social Scientist*, 15, 8 & 9.
Chaudhuri, K. N. 1974. The Structure of Indian Textile Industry in the Seventeenth and Eighteenth Centuries, *The Indian Economic and Social History Review*, 11, 2 & 3.
Chaudhuri, K. N. 1978. *The Trading World of Asia and the English East India Company: 1660-1760*, Cambridge University Press.
Chicherov, A. I. 1971. *India: Economic Development in the 16th-18th Centuries*, translated by D. Danemanis, Nauka Publishing House, Moscow.

Crole, C. S. 1879. *The Chingleput, Late Madras, District. A Manual compiled under the Orders of the Madras Government*, Madras.
Datta, Rajat. 1986. Merchants and Peasants: A Study of the Structure of Local Trade in Grain in Late Eighteenth Century Bengal, *The Indian Economic and Social History Review*, 23, 4.
Datta, Rajat. 1999. Markets, Bullion and Bengal's Commercial Economy: An Eighteenth Century Perspective, in Prakash, Om and Lombard, Denys (ed.), 1999.
Datta, Rajat. 2000. *Society, Economy and the Market: Commercialization in Rural Bengal c. 1760-1800*, Manohar.
Dirks, Nicholas B. 1982. The Pasts of a Palaiyakarar: The Ethnohistory of a South Indian Little King, *Journal of Asian Studies*, 41, 4.
Djurfeldt, G. and Lindberg, S. 1975. *Behind Poverty*, Curzon Press, Sweden.
Dodwell, Henry. 1926. *The Nabobs of Madras*, Williams and Norgate Ltd.
Dubois, Abbe. 1906 (1978). *Hindu Manners, Customs and Ceremonies*, Oxford University Press.
Frykenburg, Robert E. 1966. Elite Formation in Nineteenth Century South India: An Interpretive Analysis, *Proceedings of the First International Conference Seminar of Tamil Stuidies*, vol. 1.
Frykenburg, Robert E. 1969A. Village Strength in South India, in Frykenburg (ed.), 1969B.
Frykenburg, Robert E. (ed.) 1969B. *Land Control and Social Structure in Indian History*, The University of Wisconsin Press.
Frykenburg, Robert E. (ed.) 1977. *Land Tenure and Peasant in South Asia*, Delhi, Orient Longman.
Frykenburg, Robert E. and Mukherjee. N. 1969. The Ryotwari System and Social Organization in the Madras Presidency, in Frykenburg (ed.). 1969B.
Frykenberg, R. E. and Kolenda, P. (ed.) 1985. *Studies of South India: An Anthology of recent Research and Scholarship*, New Era Publications and American Institute of Indian Studies.
Furber, Holden. 1990. *Rival Empires of Trade in the Orient 1600-1800*, Oxford University Press.
Garstin, J. H. 1878. *Manual of the South Arcot District*, Madras.
Gough, Kathleen. 1980. Modes of Production in Southern India, *Economic and Political Weekly*, Annual Number.
Gough, Kathleen. 1981. *Rural Society in Southeast India*, Cambridge University Press.
Gupta, Ashin Das. and Peason, M. N. 1987. *India and the Indian Ocean 1500-1800*, Oxford University Press.
Habib, Irfan. 1963. *The Agrarian System of Mughal India: 1556-1707*, Asia Publishing House.
Habid, Irfan. 1969. Potentialities of Capitalist Development in the Economy of Mughal India, *The Journal of Economic History*, 29, 1.
Hall, K. R. 1980. *Trade and Statecraft in the Age of the Colas*, Abhinav Publications, Delhi.

Hall, K. R. 1981. Peasant State and Society in Chola Times: A View from the Tiruvidaimarudur Urban Complex, *The Indian Economic and Social History Review*, 18, 3 & 4.
Harriss, J. 1982. *Capitalism and Peasant Farming*, Oxford University Press.
Harriss, J. 1988. A Review of South Asian Studies, *Modern Asian Studies*, 22, 1.
Harris-White, Barbara. 1996. *A Political Economy of Agricultural Markets in South India: Masters of the Countryside*, Sage Publications.
Heitzman, James. 1987. State Formation in South India, 850-1280, *The Indian Economic and Social History Review*, 24, 1.
Hossain, Hameeda. 1988. *The Company Weavers of Bengal: The East India Company and the Organization of Textile Production in Bengal: 1750-1813*, Oxford University Press.
Irschick, Eugene F. 1994. *Dialogue and History: Constructing South India 1795-1895*, Oxford University Press.
Karashima, N. 1984. *South Indian History and Society-Studies from Inscriptions A.D. 850-1800*, Oxford University Press.
Karashima, N. 1985. Nayaka Rule in North and South Arcot Districts in South India during the Sixteenth Century, *Acta Asiatica*, 48.
Karashima, N. 1986. Vijayanagar Rule and Nattavars in Vellar Valley in Tamilnadu during the 15th and 16th Centuries, 『東洋文化研究所紀要』, 101.
Karashima, N. 1989. Nayaka Rule in the Tamil Country during the Vijayanagar Period, *Journal of the Japanese Association for South Asian Studies*, 1.
Karashima, N. 1990. Vijayanagar Nayakas in Chingleput District Inscriptions, *The Memoirs of the Institute of Oriental Culture*, The University of Tokyo, 112.
Karashima, N. et al. 1983. Valangai/Idangai, Kaniyalar and Irajagarattar: Social Conflict in Tamilnadu in the 15th Century, *Socio-cultural Change in Villages in Tiruchirapalli District, Tamilnadu, India*, Part1: Pre-Modern Period, Institute for the Study of Languages and Cultures of Asia and Africa, Tokyo University for Foreign Studies.
Karashima, N. et al. 1988. *Vijayanagar Rule in Tamil Country as Revealed through a Statistical Study of Revenue Terms in Inscriptions*, Institute for the Study of Languages and Cultures of Asia and Africa, Tokyo University for Foreign Studies.
Kimura, Masaaki and Tanabe, Akio (ed.), 2006. *The State in India: Past and Present*, Oxford University Press.
Kulke, Herman. 1982. Fragmentation and Segmentation Versus Integration? Reflections on the Concepts of Indian Feudalism and the Segmentary State in Indian History, *Studies in History*, 4, 2.
Kumar, Dharma. (ed.) 1982. *The Cambridge Economic History of India, Volume 2: c.1750-c.1970*. Cambridge University Press.
Kumar, Dharma. 1998. *Colonialism, Property and the State*, Oxford University Press.
Lewandowski, Susan J. 1977. Changing Form and Function in the Ceremonial and the Colonial Port City in India: An Historical Analysis of Madurai and Madras, *Modern Asian Studies*, 11, 2.

Love, H. D. 1913. *Vestiges of Old Madras: 1640-1800*, London, Govt. of India, 3 vols.
Ludden, D. 1985. *Peasant History in South India*, Princeton University Press.
Ludden, D. 1988. Agrarian Commercialism in Eighteenth Century South India: Evidence from the 1823 Tirunelveli Census, *The Indian Economic and Social History Review*, 25, 4.
Ludden, David. 2005. *Early Capitalism and Local History in South India*, Oxford University Press.
Majumdar, R. C. and Dighe, V. G. (ed.) 1977. The Maratha Supremacy, *The History and Culture of the Indian People*, Bombay, Bharatiya Vidya Bhavan.
Malleson, G. B. 1906. *History of the French in India from the Founding of Pondichery in 1674 to the Capture of That Place in 1761*, Edinburgh, John Grant, 2nd ed.
Manning, C. 1996. *Fortunes a faire: The French in Asian Trade, 1719-48*, Variorum.
Marshall, P. J. 2003. *The Eighteen Century in Indian History: Evolution or Revolution?* Oxford University Press.
Marshall, P. J. 2005. *The Making and Unmaking of Empires: Britain, India, and America c.1750-1783*, Oxford University Press.
Mathew, K. S. 1999. Indian entrepreneurs and Maritime Trade in the bay of Bengal during the Eighteenth Century with Special Reference to Ananda Ranga Pillai, in Prakash, Om and Lombard, Denys (ed.), 1999.
Mines, Mattison. 1984. *The Warrior Merchants: Textiles, Trade, and Territory in South India*, Cambridge University Press.
Mizushima, T. 1980. Village Records on Landholding in South India and Ways for Processing Them, *Studies on Agrarian Societies in South Asia*, No. 5, Institute for the Study of Languages and Cultures of Asia and Africa, Tokyo University for Foreign Studies.
Mizushima, T. 1981. Nattar in Pondichery in Mid-Eighteenth Century, *Proceedings of the Fifth International Conference-Seminar of Tamil Studies*, Madurai, vol. II.
Mizushima, T. 1983. Changes, Chances and Choices —The Perspectives of Indian Villagers—, *Socio-Cultural Change in Villages in Tiruchirapalli District, Tamilnadu, India*, Part2 Modern Period-1, Institute for the Study of Languages and Cultures of Asia and Africa, Tokyo University for Foreign Studies.
Mizushima, T. 1986. *Nattar and the Socio-Economic Change in South India in the 18th-19th Centuries*, Institute for the Study of Languages and Cultures of Asia and Africa, Tokyo University for Foreign Studies.
Mizushima, T. 1990. A Study of Local Society in South India, *Regional Views*, 3.
Mizushima, T. 2002. From Mirasidar to Pattadar: South India in the Late Nineteenth Century, Land, Politics and Trade in South Asia, 18th-20th Centuries: Essays in Memory of Dharma Kumar, *The Indian Economic and Social History Review*, 39, 2 & 3.
Mizushima, T. 2004A. Constructing Spatial Databases from Old Paper Documents, *Islamic Area Studies with Geographical Information Systems*, Okabe Atsuyuki (ed.), Routledge Curzon, London.
Mizushima, T. 2004B. Islamic Rule and Local Society in Eighteenth-century South Indi-

a, *Islamic Area Studies with Geographical Information Systems*, Okabe Atsuyuki (ed.), Routledge Curzon, London.

Mizushima, T. 2005. A Perspective of GIS for Long-term Historical Analysis: a case from South India, *Proceedings of First International Symposium on Area Informatics: Potential of GIS/RS in Area Studies*, Center for Southeast Asian Studies, Kyoto University.

Mizushima, T. 2006. The Mirasi System as Social Grammar: State, Local Society, and Raiyat in Eighteenth-Nineteenth Century South India, in Kimura Masaaki and Tanabe Akio (ed.), 2006.

Mizushima, T. and Nara. T. 1981. Social Change in a Dry Village in South India, An Interim Report, *Studies in Socio-Cultural Change in Rural Villages in Tiruchirapalli District, Tamil Nadu, India*, No. 4, Institute for the Study of Languages and Cultures of Asia and Africa, Tokyo University for Foreign Studies.

Moreland, W. H. 1920 (1974). *India at the Death of Akbar: An Economic Study*, Reprints & Trans Publications, Delhi.

Mukherjee, N. 1962. *The Ryotwari System in Madras 1792-1827*, Firma K. L. Mukhopadhyay, Calcutta.

Mukherjee, R. 1955. *The Rise and Fall of the East India Company*, Popular Prakashan, Bombay.

Mukund, Kanakalatha. 1999. *The Trading World of the Tamil Merchant: Evolution of Merchant Capitalism in the Coromandel*, Sangam Books.

Nayeem, M. A. 1975. Mughal Documents relating to the Peshkash of the Zamindars of South India 1694-1752 A. D., *The Indian Economic and Social History Review*, 12, 4.

Neild, Susan M. 1979. Colonial Urbanism: The Development of Madras City in the Eighteenth and Nineteenth Centuries, *Modern Asian Studies*, 13, 2.

Neild-Basu, Susan. 1984. The Dubashes of Madras, *Modern Asian Studies*, 18, 1.

Nurul Hasan, S. 1969. Zamindars under the Mughals, in Frykenburg, R. E. (ed.), 1969B.

Perlin, Frank. 1983. Growth of Money Economy and Some Questions on Transition in Late Pre-Colonial India, *Social Scientist*, 11, 10.

Perlin, Frank. 1988. The Material and the Cultural: An Attempt to Transcend the Present Impasse, *Modern Asian Studies*, 22, 2.

Prakash, Om. 1976. International Trade and the Economy of Early Eighteenth Century Bengal, *The Indian Economic and Social History Review*, 13, 2.

Prakash, Om. 1998. *European Commercial Enterprise in Pre-Colonial India* (The New Cambridge History of India, II-5), Cambridge University Press.

Prakash, Om and Lombard, Denys (ed.), 1999. *Commerce and Culture in the Bay of Bengal: 1500-1800*, Manohar.

Prasannan, P. 1998. Rethinking Wages and Competitiveness in the Eighteenth Century: Britain and South India, *Past and Present*, 158.

Prasannan, P. 2001. *The Transition to a Colonial Economy: Weavers, Merchants and Kings in South India, 1720-1800*, Cambridge University Press.

Rajayyan, K. 1974. *Rise and Fall of the Poligars of Tamilnadu*, University of Madras.

Ramaswamy, Vijaya. 1985. *Textiles and Weavers in Medieval South India*, Oxford University Press.
Raychaudhuri, T. and Habib, I. (ed.) 1984. *The Cambridge Economic History of India*, vol. I, Cambridge University Press.
Ray, Ratnalekha. 1979. *Change in Bengal Agrarian Society: c1760-1850*, Manohar.
Reddy, D. Subramanyam. 1988. The Ryotwari Land Revenue Settlements and Peasant Resistance in the 'Northern Division of Arcot' of the Madras Presidency during Early British Rule, *Social Scientist*, 16, 181-182.
Richards, John F. 1975. European City-States on the Coromandel Coast, *Studies in the Foreign Relations of India*, State Archives, Government of Andhra Pradesh, Hyderabad.
Roche, Patrick A. 1975. Caste and the British Merchant Government in Madras, 1639-1749, *The Indian Economic and Social History Review*, 12, 4.
Rothermund, Dietmar. 1981. *Asian Trade and European Expansion in the Age of Mercantilism*, Manohar.
Roy, Tirthankar. 1993. *Artisans and Industrialization: Indian Weaving in the Twentieth Century*, Oxford University Press.
Roy, Tirthankar. 1996. *Cloth and Commerce: Textiles in Colonial India*, Sage Publications.
Roy, Tirthankar. 1999. *Traditional Industry in the Economy of Colonial India*, Cambridge University Press.
Sastri, K. A. Nilakanta. 1935, 1937. *The Colas*, University of Madras, 2 vols.
Sen, Sudipta. 1998. *Empire of Free Trade: The East India Company and the Making of the Colonial Marketplace*, University of Pennsylvania Press.
Shimada, Ryuto. 2006. *The Intra-Asian Trade in Japanese Copper by the Dutch East India Company during the Eighteenth Century*, Brill.
Shulman, David. 1980. On South Indian Bandits and Kings, *The Indian Economic and Social History Review*, 17, 3.
Sinha, Arvind. 2002. *The Politics of Trade: Anglo-French Commerce on the Coromandel Coast 1763-1793*, Manohar.
Sivakumar, S. S. 1978. Transformation of the Agrarian Economy in Tondaimandalam: 1760-1900, *Social Scientist*, 70.
Sivakumar, Chitra and Sivakumar, S. S. 1993. *Peasants and nabobs: Agrarian Radicalism in Late Eighteenth Century Tamil Country*, Hindustan Publishing Corporation.
Sivertsen, D. 1963. *When Caste Barriers Fall*, University Forlaget.
Slater, G. (ed.) 1918. *Some South Indian Villages*, Oxford University Press.
Specker, K. 1989. Madras Handlooms in the Nineteenth Century, *The Indian Economic and Social History Review*, 26, 2.
Spencer, G. W. 1976. The Politics of Plunder: The Cholas in Eleventh-Century Ceylon, *Journal of Asian Studies*, 35, 3.
Srinivasachari, C. S. 1940. *Ananda Ranga Pillai: The 'Pepys' of French India*, Madras.
Srinivas, M. N. 1952 (1978). *Religion and Society among the Coorgs of South India*, Media Promoters & Publishers, Bombay.

Srinivas, M. D. et al. 2001. *Thirupporur and Vadakkuppattu: Eighteenth Century Locality Accounts*, Centre for Policy Studies, Chennai.
Stein, Burton. 1992. *The Making of Agrarian Policy in British India: 1770-1900*, Oxford University Press.
Stein, B. 1969. Integration of the Agrarian System of South India, *Land Control and Social Structure in Indian History*, Frykenburg, R. E. (ed.), The University of Wisconsin Press.
Stein, B. 1977. Circulation and the Historical Geography of Tamil Country, *Journal of Asian Studies*, 37, 1.
Stein, B. 1980. *Peasant State and Society in Medieval South India*, Delhi, Oxford University Press.
Stein, B. 1984A. South India: Some General Considerations of the Region and its Early History, in Raychaudhuri, T. and Habib, I. (eds.) 1984.
Stein, B. 1984B. Vijayanagara c. 1350-1564, in Raychaudhuri, T. and Habib, I. (eds.) 1984.
Stephen, S. Jeyaseela. 1997. *The Coromandel Coast and Its Hinterland: Economy, Society and Political System A.D.1500-1600*, Manohar.
Subbarayalu, Y. 1973. *Political Geography of the Chola Country*, Madras, Tamilnadu State Department of Archaeology.
Subramaniam, K. R. 1928. *The Maratha Rajas of Tanjore*, Madras.
Subrahmanyam, Sanjay. 1986. Aspects of State Formation in South India and Southeast Asia, 1500-1650, *The Indian Economic and Social History Review*, 23, 4.
Subrahmanyam, Sanjay. 1990. *The Political Economy of Commerce Southern India 1500-1650*, Cambridge University Press.
Subrahmanyam, Sanjay. 2001. *Penumbral Visions: Making Polities in Early Modern South India*, Oxford University Press.
Subrahmanyam, Sanjay. (ed.) 1999. *Merchants, Markets and the State in Early Modern India*, Oxford University Press.
Subrahmanyam, Sanjay (ed.). 2004. *Land, Politics and Trade in South Asia*, Oxford University Press.
Thurston, E. 1909. *Castes and Tribes of Southern India*, vol. I, Government Press, Madras.
Veen, Ernst van. and Blusse, L. (ed.) 2005. *Rivalry and Conflict: European Traders and Asian Trading Networks in the 16th and 17th Centuries*, CNWS Publication.
Vicziany, Marika. 1986. Imperialism, Botany and Statistics in early Nineteenth-Century India: The Surveys of Francis Buchanan (1762-1829), *Modern Asian Studies*, 20, 4.
Wheeler, J. T. 1882. *Madras in the Olden Time: being a History of the Presidency from the First Foundation of Fort St.George to the Occupation of Madras by the French 1639-1748*, Madras, Higginbotham and Co.
Wheeler, J. T. 1886. *India under British Rule from the Foundation of the East India*, Macmillan & Co., London.
Wilson, H. H. 1855. *A Glosssary of Judicial and Revenue Terms and of Useful Words oc-

curring in Official Documents.
Winius, George D. and Vink, Marcus, P. M. (ed.) 1994. *The Merchant-Warrior Pacified: The VOC (The Dutch East India Company) and its Changing Political Economy in India*, Oxford University Press.

荒　松雄　1951.「インド村落共同体についての覚書――十九世紀におけるイギリス人による諸論考」『東洋文化研究所紀要』第2冊
応地利明　1977.「インド村落研究ノート――とくに19世紀における孤立・小宇宙的村落観の形成とその崩壊をめぐって」『人文地理』29, 5
上條安規子　1962.「19世紀以前のポリガールに関する一考察――マイソールにおけるポリガールの二階層」『史艸』3
辛島　昇　1975.「十七・十八世紀マドラス近郊地区のミーラーシダール」『榎博士還暦記念東洋史論叢』山川出版社
辛島　昇　1978.「17・18世紀の南インド――政治史」『南アジア農村社会の研究　2』東京外国語大学アジア・アフリカ言語文化研究所
辛島　昇（編）　1976.『インド史における村落共同体の研究』東京大学出版会
黒田明伸　2003.『貨幣システムの世界史――〈非対称性〉をよむ』岩波書店
小谷汪之　1969.「インド村落共同体論の再検討――18世紀デカン地方の村落共同体における分業関係」『歴史学研究』364
小谷汪之　1976.「十七世紀デカン地方における在地社会の構造」［辛島昇（編）1976］
小谷汪之　1982.「歴史学における社会認識――社会的分業論ノート」『思想』695
小谷汪之　1985.「インド封建社会論」『中世史講座　第5巻　封建社会論』学生社
小谷汪之　1989.『インドの中世社会――村・カースト・領主』岩波書店
小谷汪之（編）　2007.『南アジア史　2』山川出版社
佐藤正哲　1985.「17-18世紀北インドにおける政治権力と宗教（I）」亜細亜大学経済学会『経済学紀要』10, 1
佐藤正哲　1988.「回顧と展望」『史学雑誌』
佐藤正哲　1989.「17-19世紀北インドの銅板文書について（上）」亜細亜大学経済学会『経済学紀要』14, 2
佐藤正哲　1990.「17-19世紀北インドの銅板文書について（下）」亜細亜大学経済学会『経済学紀要』15, 1
重松伸司　1976.「イギリス支配前の南インドにおける村落様態と農民権益」［辛島昇（編）1976］
谷口晋吉　1977.「英国植民地支配前夜の北ベンガル地方のザミンダール」『アジア研究』25, 1
谷口晋吉　1990.「18世紀後半北部ベンガルの農業社会構造（1）」『一橋大学研究年報　経済学研究』31
中村尚司　1971.「南インドのイナーム村について――アビニマンガラム村の事例を中心に」［松井透（編）1971］
松井　透（編）　1971.『インド土地制度史研究』東京大学出版会
水島　司　1978.「南インド農村の類型化の試み――農民負債と流通形態との関連から」『史学雑誌』87, 7
水島　司　1987.『南インド在地社会の研究』東京外国語大学アジア・アフリカ言語文化研究

所
水島　司　1980.「19世紀初頭マイソールの社会組織社会集団」『東洋学報』62, 1 & 2
水島　司　1990A.「書評：小谷汪之『インドの中世社会』」『歴史学研究』605
水島　司　1990B.「1989年度歴史学研究会大会報告批判　近代史部会」『歴史学研究』601
水島　司　1990C.『18-20世紀南インド在地社会の研究』東京外国語大学アジア・アフリカ言語文化研究所
水島　司　1999.「空間の切片」(杉島敬志編『土地所有の政治史』風響社)
水島　司　2006.「インド近世をどう理解するか」『歴史学研究』821
水島　司, 柳沢悠　1988.『20世紀初め南インドにおけるカーストと土地保有構造の変動――ティルチラパッリ県22カ村の村落地税台帳分析』東京外国語大学アジア・アフリカ言語文化研究所
柳沢　悠　1972.「十八世紀末南インドにおける土地保有関係――『イギリス下院インド問題特別委員会第5報告』について」[松井透（編）1971]
山本達郎（編）1960.『インド史』山川出版社

資料

Abstract from the Minutes of the Committee of Assigned Revenue dated 24th November 1783, *Revenue Department Sundries*, vol. 2.

Abstract State of the Number of Meerassee Shares and of Meerassee Holders in the Several Districts of the Jagheer in Fusly 1207 shewing also the Quantity of Meerassee unclaimed & occupied by Pyacarries (Board's Collections, F/4/112, nos. 2,115-2,116).

Barnard Report: Jaghire - Barnard's Survey Accounts of Covelong (vol. 50), Chingleput (vols. 51, 52, 53, 54, 59, 62), Carangooly (vols. 55, 56, 57, 58, 72), Cavantundlum (vol. 60), Peria and Chinna Conjiveram (vol. 61), Manimungalum (vol. 63), Ootramallore (vol. 64), Pariapolliam (vol. 65), Poonamallee (vols. 66, 67), Ponnary (vol. 68), Salavauk (vol. 69), Sautmagan (vol. 70), Parumbauk (vol. 73), Chickercotah (vol. 89), Trepassore (vol. 71), Trivatore (vol. 71).

Correspondence relating to the Permanent Settlement of the Land Revenue of the Jagheer in the Year 1802 (Selections from the Old Records of the Chingleput District, Saidapet, Collectorate Press, 1889).

Cuddalore Consultations.

Fort St. David Cash Book.

Fort St. David Consultations.

Fort St. George Diary and Consultations.

Fort St. George Public Consultations.

Garrow's Report, 18.9.1803 (South Arcot District Records, vol. 178).

Greenway's Report, 29.3.1801 (Chingleput District Records, vol. 495).

Gazetteer of India, Union Territory of Pondicherry, vol. I, Francis Cyril Antony (ed.), Administration of the Union Territory of Pondicherry, 1982.

Hastings' Report, Public Consultations, 3.12.1771.

Jummabundy of Each Village for Fusli 1211, Board's Consultations, 13.7.1802 (Board of Revenue Miscellaneous Records, vol. 12).

Letters to Fort St. George.

Madras Public Proceedings.

Madras Revenue Proceedings.

Papers on Mirasi Right selected from the Records of Government, Madras, Pharoah and Co., Atheneum Press, 1862.

Permanent Settlement Records: Zamindari (vols. 20-22), Pagoda (vol. 23), Curnum (vol. 24), Poligar (vol. 26).

Place's Report on the State of Jagir Fusli 1205-07, 1.7.1799, to William Petrie Esq. President & ca. Members of the Board of Revenue, Fort St. George (Board's Miscellaneous Records, vol. 45).

Proceedings a Part relative to Letting the Hon'ble Company's Jaghire in 1783 and 1784, 7.11.1783 (Revenue Department Sundries, vol. 2).

Proceedings of Grain Committee 1768-71 (Public Sundries, vol. 17).

Proceedings of the Inam Commissioner.

Public Consultations.

Report from the Collector of the Jaghire to Edward Saunders, President & ca. Members of the Board of Revenue, 6.10.1795, Board of Revenue Proceedings, 25.1.1796.

Reports and Accounts of the Old Farm of Tiruvendipuram (Selections from the Records of the South Arcot District, No. IV, printed at the Collectorate Press, 1888).

Revenue Department Sundries (Cowle Books, vols. 5, 18).

South Arcot District Records, vol. 178.

Statement of the Privileges of the Nattawars, 28.3.1801 (Permanent Settlement Records, vol. 25).

Tanjore Commissioner's Proceedings, Range 316, vol. 90.

Tavernier, Jean-Baptiste. 1676 (1977). *Travels in India*, translated by V. Bali, Munshiram Manoharlal.

The Private Diary of Ananda Ranga Pillai, translated and edited by Price, J. F. and Rangachari, K., Madras, 1904-1928.

The Report of the Weights and Measures Committee, 1913-14, the Govt. Central Press, Simla, 1914.

Wallace's Jammabundi Report of Trichi, Board of Revenue Proceedings, 21.3.1803.

索 引

あ 行

アーナンダ・ランガ・ピッライ　28, 31, 140, 143, 163, 164, 169, 174, 176, 178-180, 216
アーンドラ　22, 42, 142, 179
アイヤール　237
アイヤンガール　217, 237
アウラングゼーブ　2
アグラハーラム　40, 194
油売り　36, 37
アフラパーッカム　26, 55-57, 59-61, 64-67, 69, 73, 78, 79, 98, 189
アマニ　194
アマルダール　84, 88, 91
アラサラトナム, S.　131, 132, 135, 136, 138
アラック　85, 117
アルディ・マラー　113
アルメニア　139, 180
粟(カンブー)　52
アンワルッディーン・カーン　104
イーシュヴァラム寺院　110
イギリス　2-4, 6, 14, 20, 26, 27, 55, 86, 94, 102, 131-133, 135-141, 143, 147, 148, 156, 164, 171, 174, 179, 189, 190, 232
医者　46, 47, 53, 56, 67, 68, 70, 81, 85, 87, 117, 230
一次分配　20, 108, 181
井戸　51, 66, 67, 80, 90
イナーム　84, 97, 206, 232, 233
イマーム・サーヒブ　152
インド共同体　48
インド洋　1, 2, 6, 139, 142
インド洋ネットワーク　141
ヴァキール(Vakil)　98, 174
ヴァラッパットゥル　57
ヴァルナ　19, 38
ヴィーラシャイヴァ・パンダーラム　43
ヴィジャヤナガル　10, 11, 14, 40, 42, 100, 142
ヴィシュヌ派　38, 40, 42, 43, 55, 56, 66
ヴェッティヤン　98
ヴェッラーラ　15, 36, 38-41, 214, 219, 222-227
ヴェッラール川　110
牛飼い　36, 38, 42, 43, 53, 56, 59, 67, 98, 223, 224, 226
ウダイヤールパーライヤム　122
ウルクディ　90, 93
運輸業者　27
エージェント　22, 106, 138, 143-145, 179
エナーディ　38, 222
遠隔地交易　22
オーラングゼブ帝　141
オッチャン　39
オットマン　4, 131
踊り子　36, 38, 39, 230-232
オランダ　20, 131-133, 139, 173, 194

か 行

カーヴァリ(警護料)　97
カーヴァル　36
カーヴァルガル　231, 232
カーシュ　31, 99, 117, 132, 135, 136, 141, 158, 159, 168
ガース　142, 152, 157, 158, 162, 164, 166, 172, 176, 179
カースト構造　29, 192, 203, 206, 228
カースト成員　19, 101
カースト的上下観　147
カースト的紐帯　16
カーニ(kani, cawnie)　15, 31, 49, 50, 56, 57, 59-63, 86, 89, 100, 178, 212
カーニヤッチ　15, 56
カーニヤッチカーラン　15, 56
カーヌンゴー　74, 77, 79, 103
カール(Kar)　57, 172, 179
カーンチープラム　30, 49, 52, 53, 61, 63, 74, 77, 79, 95, 148
カーンチープラム・ヴァラダラージャスワミ寺院　94, 95
海上交易　22, 142

カヴァライ　36, 37, 225
ガウンダー　109
楽師　81, 86
鍛冶屋　36, 37, 45, 47, 53, 67, 78, 81, 85, 88, 98, 230, 231, 233
課税地　57, 64, 233
カッラム　31, 65, 66, 68, 70, 79, 89, 172, 178
カディル・フサイン・カーン　107
カナカピッライ　36, 42, 43
カナラ　38, 109
上條安規子　97
カライ(karai)　56
辛島昇　218
換金作物　52
関税所　69, 117, 118, 121, 149
カンダーヤム(雑収入)　97, 98
カンマ　42
官僚機構　103
飢饉　22, 142, 146, 148, 179
共通手当　89
共同所有村落　234
居住区域　57
金細工師　36, 37, 44, 53
金納　22
金融業者　7, 27, 144, 145
空間ユニット　35
クーリ　31, 87
クーリー　87, 118, 137, 158-160, 231
クシャトリヤ　38, 238
靴造り　36, 81, 86, 88
クライヴ　140
グラマッタン　30, 190, 229, 231-233
『グラマッタン収支簿』　29, 30, 229
グリーンウェイ　33, 177
クリスチャン　147
グローバル・ヒストリー　4
郡(パラガナ)　30, 96, 112, 194, 195, 202, 229, 232
軍事領主　11, 21, 23, 24, 26, 27, 96, 97, 104, 107, 235
継承国家(succession states)　4
計量人(Toaty)　36, 53, 59, 60, 67-70, 78, 79, 81, 85
計量前に支払われる手当　44-47, 67, 69-72, 75, 77, 211, 214

ケーサヴァ・ラオー　106
劇場国家　9
郷(マガン)　25, 44-48, 109, 147, 148, 194, 195, 206, 231
公共地　57, 64
耕作者の使用人(cultivators' servants)　70, 72-75, 77, 81, 87-89, 93
工事局　159, 160
コーマティ　109
穀物委員会　172
小谷汪之　101
国家直轄村落　234
国家と耕作者が折半する手当　66, 67, 73-75, 77, 81, 100, 102, 103
国家のみによって支払われる手当　44, 45, 47, 66, 67, 73, 77-79, 102, 211
個別所有村落　234
コミュニティー　13, 16, 54, 146
ゴルコンダ　183
コロマンデル　32, 131-133, 136, 142, 147
コンダイカッティ　38, 125, 223-226
コンダイカッティ・ヴェッラーラ　38, 125, 223-226

さ　行

サーヴィス　8, 13, 43, 54, 68, 69, 81, 88, 89, 96, 115, 122
サーヴィス・カースト　45, 47, 48, 70
サーダットゥッラー・カーン　59
再生産体制　9-11, 13, 23, 27, 47, 101, 115, 181, 228, 232
再生産単位　47, 200
在地社会　7-14, 16, 19-26, 29, 35, 36, 39-42, 44, 45, 47, 49, 54, 63, 64, 67-69, 73-75, 77, 79, 87, 94, 95, 97, 100-104, 107, 116-118, 121, 122, 126, 142, 143, 180, 181, 189, 190, 192, 200, 206, 212, 214, 228, 229, 232
サッタヴァイド　98, 122
サバルタン　25
サバルタン・スタディーズ　25
サファヴィー　4, 131, 135
サフダル・アリー・カーン　105
ザミンダーリー制　ii, 8, 26, 49, 95, 96
『ザミンダーリー制報告』　26
ザミンダール　6, 7

ザリブダール 229
サントメ 182
シーマイ 109
寺院(pagoda) 11, 18, 21, 23, 24, 26, 27, 39, 40, 43, 49, 53, 59, 61-63, 67, 69-71, 74, 75, 77, 79, 89, 94, 95, 97, 104, 107, 117, 121, 146, 212, 230-232
シヴァートセン, D. 161
シヴァクマール, C. 16, 17
シヴァクマール, S.S. 16, 17
シヴァ派 38, 39, 43
シェア 90, 180, 194-199, 202, 203, 205, 206, 212, 215-219, 222-225, 227
ジェントゥー 38, 224, 225, 227
塩造り 37, 38
地金 2, 18, 20, 23, 126, 133, 139, 143, 147
重松伸司 190
シコクビエ(ラギー) 52, 161
シッドゥマスタバ・ファキール 36, 38, 39, 62, 63, 107, 121
シッパンディ 84, 98
地主経営村落 234
ジャーギール i, 15, 26, 28, 35, 49, 97, 99, 115, 177, 194
シャーナル 38
シャーラーヴァッカム 25, 26, 35, 37, 42-45, 48, 55, 57, 60-64, 67, 69, 70, 73, 74, 77-79, 81, 100, 115, 191, 210-212
社会的文法 10, 12, 13, 27, 100, 107, 108, 190
ジャジマニ制 54
宗教センター 53
宗教ネットワーク 232
集金人 81, 85
修正主義 5
18世紀問題 i, 3, 11, 24
住民の長(head inhabitant) 29, 63, 189, 210, 211
主村 191
シュタイン, B. 9, 103
ジュフェルト, G. 161
シュリニヴァーサン 94
シュロットリアム 84, 97, 99, 206
商業ネットワーク 141
商工業 2, 13, 18-20, 23, 27, 35, 50, 52, 84, 88, 115-118, 121, 122, 145-147

小郷主層 190
消費人口 53
書記 26, 36, 39, 42-44, 59-63, 67, 68, 70, 77-79, 81, 85, 88, 103, 115, 121, 169, 197, 211, 223, 224, 227, 229-232
職分 11-13, 19, 26, 35, 37, 40, 41, 47, 48, 54, 60, 67, 69, 72, 73, 78, 80, 81, 84-88, 96, 100, 102, 109, 116, 117, 121, 122, 181, 191, 212
植民地都市 2, 23, 53, 137, 139, 140-143, 146, 148, 149, 156, 158, 180
人口 22, 26, 45, 48, 49, 53, 75, 140-143, 149, 162, 163, 176
ジンジー 30, 106, 187
水路管理人 81, 86
スカヴァシ(sukavasi) 66
スキ 51
ステファン, S.J. 142
スブラマニヤム, K.R. 5, 140
スルタン・ファキール 63
スレーター, G. 160
スワタントラム 98
税務ネットワーク 231
セポイ 174
センサス 25, 30
染色工 117, 147
染色場 117
潜水夫(マダガムリギ, Madagamulligy) 81, 87
占星術師(パンチャンガ) 47, 67, 68, 70, 81, 85, 231
洗濯人 11, 12, 15, 36, 37, 43, 46, 47, 53, 54, 67-70, 79, 81, 86, 88, 98, 115
セント・ジョージ要塞(Fort St. George : FSG) 28, 149
セント・デーヴィッド要塞(Fort St. David : FSD) 143, 156
僧 11, 18, 36, 38, 39, 43, 53, 56, 62, 63, 70, 107, 121, 231, 232
ソウヤール 98
村外者(anniyar) 57, 61, 63, 64, 75, 93, 100, 102
村外者の財産である免税地 57, 61, 63, 64, 74, 75, 102
村長 16, 21, 39, 191, 229
村落関係の免税地 44-47, 212

索　引　257

村落機構（grama mirasukkarar）　57, 59, 60, 61, 63, 64, 67-69, 73, 102, 210, 211
村落機構に付随する免税地　57, 61, 63, 67-69, 210, 211
村落サーヴァント　81, 87
村落リーダー　i, 7, 8, 13, 16-18, 20, 21, 23, 24, 28-30, 41, 59, 189-192, 209-213, 215-217, 229, 232, 233
村落領主層　i, 7, 15, 16, 24, 29, 73, 94, 181, 190, 192, 199, 210-212, 215

た　行

ターキ・サーヒブ　105
タータチャーリア・ブラーミン　62
タールク　110
第一次分配　181
大工　11, 19, 36, 37, 43, 45, 47, 53, 54, 59, 67, 78, 81, 85, 88, 121, 159, 230-233
『第5報告』　34
第二次分配　181
タイプーサム　230
タヴェルニエ　173, 187
ダサラ　230, 232
脱穀場　57, 66
脱穀前に支払われる手当　44-47, 67-71, 79, 211, 214
ダッタ　21
タフシルダール　229-231
ダム管理人　81, 86
タライヤーリ　36, 44, 60, 68, 78, 79, 81, 84, 230, 232
タンジャヴール　10, 140, 144
チェッティ　36, 37, 42, 43, 56, 98, 115-117, 179, 219, 222, 225, 226
チチェロフ，A.I.　141, 162
地方国家　3-5
仲介者（intermediary）　9
中間者　7-9, 16, 18, 23, 24, 193
中間層（middle class）　4, 5, 7-9, 24, 228
中国　1, 136, 182
中国茶　136
チューリア　139
徴税機構　192
チョードリー，K.N.　133, 182
チョーラ　1, 14, 15, 48, 102, 140

貯水池　51, 53, 56, 57, 59, 66-68, 74, 81, 87, 90, 93, 230-233
地理情報システム　24, 30, 35, 49, 110
賃金　28, 137, 138, 159, 169, 174
チングルプット　i, 14, 26, 30, 49, 52, 55, 96-98, 122, 131, 141, 152, 177, 190, 206, 218, 219, 229
チンタードリペッタ　148, 227
壺造り　36, 37, 46, 47, 53, 56, 67-70, 81, 86
手当　20, 26, 44, 47, 57, 60, 64-68, 70, 71, 81, 84-90, 94, 97, 98, 100, 102, 104, 108, 116-119, 121, 174, 181, 210, 213, 229-233
ディーパーヴァリ　230
ディストリクトの住民の長　111
ティプー・スルタン　140
『ティルヴェンディプラム報告』　26, 27, 31, 80, 87, 88, 93, 115, 117
ティルチラパッリ　32, 53, 122, 178
デーシュムク　36, 39, 74, 77, 79, 103
手織機　26, 52, 85, 88, 117, 137
手織機税　137
手織業　52, 85, 148
手織工　13, 19, 20, 37, 38, 98, 115, 116, 122, 136-139, 147, 148
デュプレクス　28, 104, 105, 135, 146, 164, 169
テルグ　37, 39
トゥールヴァ　38, 42
トゥールヴァ・ヴェッラーラ　38, 42, 222, 226
ドヴェトロー　74, 77, 79, 112
投資　131, 132, 138
トゥッケリ　36, 97, 98
東南アジア　1, 136, 139, 182
トゥライユール　32, 122
トーッティ　113
床屋　11, 15, 36, 37, 45, 47, 53, 54, 59, 67-70, 78, 79, 81, 86, 88, 98, 115, 222
土地所有者　55, 56, 59, 69, 73, 189, 211, 212, 218
ドバシー　180, 239
度量衡調査委員会　185

な　行

ナーイク　40, 96, 216
ナーダル　238
ナーッタール　13-17, 48, 90, 93, 94, 117, 121,

191, 230
ナーッタムカール　190-192
ナードゥ　14, 48, 109
ナーヤカ　10, 200, 214
ナーヤカッタナム　110
ナイーム, M. A.　187
ナワーブ　10, 16, 39, 53, 59, 63, 64, 99, 102, 104-106, 125, 140, 141, 145, 146, 148, 152, 177, 205, 214, 225
荷牛　149, 168, 172-174, 176, 179
荷車　117, 118
ニザーム　104, 105, 113, 145, 179
『日記』　27, 31, 140, 143, 145, 148, 163, 164, 168, 169, 171, 172, 174, 178-180
ネットワーク　2, 6, 9, 18, 22-24, 142, 143, 179, 189, 193, 231
農産物価格　132, 143, 149, 152, 156, 164
農産物取引　2, 18, 20-23, 27, 28, 53, 108, 126, 139, 142, 148, 159, 162, 163, 169, 176-179, 181, 189, 228
農村社会(agrarian society)　4, 7-9
ノタガール　229
ノリス使節団　141

は　行

『バーナード報告』　12, 25-29, 31, 35, 40, 44, 50, 52, 55, 57, 80, 81, 87, 89, 90, 93, 94, 98, 100, 103, 104, 115, 116, 125, 189, 190, 194, 205, 210, 211, 214, 218, 219
パームリーフ　26, 55, 87, 116, 189
パーライヤカーラン　11, 95
パーリア・パンダーラム　74
パイルコッタイ　38
パゴダ　31, 89, 95, 96, 98, 99, 106, 116, 137, 152, 156, 158, 162, 164, 166, 168, 172, 174, 176-178
バジェカル　21
パッカー・セール　187
パッコラム・ヴェッラーラ　42
バッタ(batta)　174, 229, 232
パッラン　38, 70
パッリ　36, 38, 42, 43, 56, 219, 222, 226
パディヤル　87
パトナヴァル　36
バナナ　52, 97

パニサヴァン　79
パヤカーリー　194, 195, 236
パラール川　110
パライヤ　36, 38, 42, 43, 70, 75, 98, 159, 226, 231
パラクディ　90, 93
パラパッタダイ　97
バラモン　19, 36, 61, 63, 121, 212
ハリス, J.　161
パングー(pangu)　56
バンジャーリー　21, 22, 179
パンダーラム　39, 42, 56, 117, 121, 230
パンダラヴァダイ　110
パンナイカーラ［ン］　87
ビーテル　52, 98, 117, 118
ピール・サダット・ダスタギル・サーヒブ　105
ピオン　84, 230-232
東インド会社(イギリス)　6, 14, 20, 22, 23, 26, 55, 104, 133, 135-139, 143, 162, 177
東インド会社(オランダ)　132
東インド会社(フランス)　28, 131, 133, 135, 139, 143, 180
ピコタ(picotah)　80, 90
ピシャナム(Pishanam)　172
ピッライ　43, 200
ヒンドゥー　1, 39, 40, 104, 107, 230
ファキール　36, 38, 39, 107, 121
ファスリ暦　97, 177
ファテ・シング　106
ファナム　31, 84, 85, 89, 99, 117, 137, 158, 159, 162-164, 168, 174, 176
ファロフィールド　112
不可触民農業労働者　36, 38
付加手当　119
ブキャナン, F.　140, 173
副ミーラーシダール(sub-mirasidar)　195
フサイン・サーヒブ　105
船乗り　159
船　22, 142, 180
不法な徴収　29, 229
ブラーミン　11, 36, 38, 39, 41-43, 55, 56, 59, 66, 67, 69, 104, 107, 121, 194, 200, 217, 219, 222-226, 230-232
プラカーシュ, Om.　132, 135, 136, 141
ブラック・タウン　141, 162

索　引

フランス　20, 28, 104-106, 131, 133, 135, 139, 143, 146, 180
ブリカット　142
ブレース　15, 96, 98, 99, 182, 194, 195
『ブレース1799年報告』　28
『ブレース1795年報告』　28
ブレニグ, J. J.　173
ブローカー　137, 138, 179
分権的封建制　190
分節国家論　9
分村　191, 192
フンディ (Hundi)　144
兵　98, 161, 174, 176
兵站輸送　75
ベイリー, C. A.　4-9, 22, 228
ペシュカーシュ　97, 98, 187
蛇医者　46, 47, 53, 56, 67, 68, 70, 81, 86, 88
ベンガル　1, 21, 22, 108, 133, 135, 142, 157
ペンナイ川　110
ホイーラー, J. T.　140, 141
紡糸工　139
ボスカウェン　171
ポランボーク (purampokku)　57
ポリガール　11, 12, 26, 27, 36, 40, 41, 43-45, 47, 59, 60, 68, 72, 78, 79, 81, 84, 88, 94-99, 104, 107, 117, 118, 121, 194, 211, 214, 222, 230-233
ポリガール村　41, 97, 194
ポルール・ムハマッド・アリ・カーン　105
ポルトガル　33, 142, 183
ポンガル　230
ポンディチェリ　20, 23, 27, 28, 53, 104-106, 135, 142-146, 148, 149, 163, 164, 168, 169, 171, 172, 174, 176, 177, 179
ポンネリ　25, 30, 31, 35-42, 44, 98, 103, 104, 116, 125, 142, 202, 205, 210-212, 214, 215, 218, 219, 222, 225-227

ま　行

マーガーナム　109
マーニヤム　57, 97, 98
マーン　157, 158, 173
埋葬場　57
マイソール　10, 20, 104, 125, 140, 179
マイソール戦争　20, 125, 179
マイラポール　146
前貸し金　137, 179
マスリパトナム　183
マタム　40
マット　40
マドゥライ　53
マドラス・ファナム　184
マドラス・メジャー　161
マニング, C.　133, 163, 180
マハータディ・ピオン　81, 88
マハータド・ピオン　36
マハール　109
マフフズ・カーン　105, 106, 125, 146, 205, 225
マヘ　174
マラー (手当)　97, 98
マラーター　10, 104, 106, 107, 131, 145
マラッカ　31, 142
マラッカイヤール　139
マラッカル　31, 68, 70, 86, 88, 89, 156-158, 172
マルクス, K.　48
マルワリ商人　145
マレソン, G. B.　163
マンロー　191
ミーラーシダール　i, 8, 13, 15-18, 20, 21, 23, 24, 28, 29, 38, 55, 56, 61, 66, 67, 69, 70, 72, 73, 79, 80, 90, 93, 94, 125, 181, 189-192, 194-200, 202, 203, 205, 206, 209-219, 222, 224-227
ミーラーシダール権　8, 28, 29, 93, 125, 192, 194-196, 200, 206, 210, 214, 215, 218, 223, 225-228
『ミーラーシダール権益調査報告』　28, 219, 222
ミーラース権 (相続権)　11, 12, 41, 54, 57, 101, 108, 125, 191, 203, 205, 218
ミーラース体制　10-13, 17-21, 23-29, 35, 48, 53-55, 80, 88, 94, 96, 99-104, 107, 108, 115-118, 121, 122, 126, 179-181, 189, 190, 192, 194, 200, 209-211, 213, 228, 232
右手・左手カースト　147
ミッショナリー　147, 163
見張り人　53, 60, 81, 84, 85, 88, 117, 118, 121, 231
ムカーサー　97, 99

ムガル朝　　1-6, 10, 11, 105, 131, 137
ムスリム　　11, 39, 62, 63, 74, 104-107, 121, 139, 148, 214, 225, 231, 232
ムダリ　　15, 200, 214, 217, 219, 222, 224, 226
ムットリヤン　　56
ムッラー・サイーブ　　74
無任所資本家(portfolio capitalist)　　5-7, 180
ムハマッド・アリ・カーン　　105
ムハマッド・ミヤーン　　106
村書記　　12, 26, 39, 43, 53, 59, 67, 70, 81, 85, 121, 211, 232
村の長(chief of the village)　　29, 61, 189, 191, 210-212, 229-231
メイストリー　　184
メジャー　　31, 70, 85, 86, 88, 161, 162, 164, 168, 172, 174, 176
綿業従事者　　13, 43, 53, 54, 132, 138, 139
綿業村　　137
免税地　　11, 15, 26, 44-47, 49, 57, 59-64, 67-69, 73-75, 79, 81, 84, 86-88, 91, 93, 94, 97, 98, 100, 102, 104, 116, 210-212, 214, 232
綿布　　2, 18, 20, 22, 23, 27, 131, 132, 135-139, 143, 144, 145, 147, 148, 158, 169, 173, 179
綿布交易　　2, 131, 132

綿布商人　　136
モロコシ(チョーラム)　　52

や　行

椰子　　52, 143, 229, 230, 232
椰子酒売り　　36, 37, 117, 118
椰子酒造り　　222
輸出商　　137

ら　行

ラーイ　　22, 23
ラージャ　　36, 40, 71, 99, 214
ラージャースターン　　21
ラージャッヤン, K.　　96, 97
ライヤットワーリー制　　ii
ラヴェンショー　　29, 232, 233
リチャード, J. F.　　163
両替人(shroff)　　36, 37, 44, 47, 59, 60, 67, 68, 70, 78, 79, 81, 85, 229
漁師　　36-38, 117, 118
リンバーグ, S.　　161
ルッデン, D.　　182
ルノアー　　164
レッディ　　42, 200
レンター　　84, 112

著者略歴
1952 年　富山県富山市に生まれる
1976 年　東京大学文学部卒業
1979 年　東京大学大学院人文科学研究科修士課程修了
　　　　東京外国語大学アジア・アフリカ言語文化研究所助手，同助
　　　　教授，同教授を経て
現　　在　東京大学大学院人文社会系研究科教授，博士（文学）

主要著書論文

Nattar and the Socio-Economic Change in South India in the 18th-19th Centuries, Study of Languages and Cultures of Asia and Africa, Monograph Series No. 19, Institute for the Study of Languages and Cultures in Asia and Africa, Tokyo University of Foreign Studies, 1986
『ムガル帝国から英領インドへ』〈世界の歴史 14〉（共著，中央公論社，1998 年）
"From Mirasidar to Pattadar : South India in the Late Nineteenth Century", *The Indian Economic and Social History Review*, 39 : 2 & 3, 2002
『現代南アジア 6　世界システムとネットワーク』（共編，東京大学出版会，2003 年）

前近代南インドの社会構造と社会空間

2008 年 2 月 26 日　初　版

［検印廃止］

著　者　水島　司
　　　　みずしま　つかさ

発行所　財団法人　東京大学出版会
　　　　代表者　岡本和夫
　　　　113-8654　東京都文京区本郷 7-3-1 東大構内
　　　　電話　03-3811-8814　Fax 03-3812-6958
　　　　振替　00160-6-59964

印刷所　大日本法令印刷株式会社
製本所　矢嶋製本株式会社

©2008 Tsukasa Mizushima
ISBN 978-4-13-026133-3　Printed in Japan

Ⓡ〈日本複写権センター委託出版物〉
本書の全部または一部を無断で複写複製（コピー）することは，著作権法上での例外を除き，禁じられています．本書からの複写を希望される場合は，日本複写権センター（03-3401-2382）にご連絡ください．

【館外貸出可能】
※本書に付属の CD-ROM は，図書館およびそれに準ずる施設において，館外へ貸し出しを行うことができます．

辛島　昇編	ドラヴィダの世界 ——インド入門2	四六	3800円
小谷汪之著	罪の文化 ——インド史の底流	四六	3200円
関根康正著	ケガレの人類学 ——南インド・ハリジャンの生活世界	A5	5400円
早島鏡正・高崎直道 前田専学・原　実 編	インド思想史	A5	3400円
玉城康四郎著	近代インド思想の形成	A5	12000円

現代南アジア〈全6巻〉

長崎暢子編	1 地域研究への招待	A5	4800円
絵所秀紀編	2 経済自由化のゆくえ	A5	4800円
堀本武功 広瀬崇子 編	3 民主主義へのとりくみ	A5	4600円
柳澤　悠編	4 開発と環境	A5	4800円
小谷汪之編	5 社会・文化・ジェンダー	A5	4800円
秋田　茂 水島　司 編	6 世界システムとネットワーク	A5	4800円

ここに表示された価格は本体価格です．御購入の際には消費税が加算されますのでご了承下さい．